KB070096

일본 고대사의 새로운 해명

아스카의 목간

이치 히로키 지음 | 이병호 옮김

(中央公論新社 2012년)의 한국어판

아스카의 목간

일본 고대사의 새로운 해명

도1 이시가미 유적 제15차 조사 구역
도랑과 토갱에서 구주력 목간을 시작으로 2,422점의 목간이 출토됨

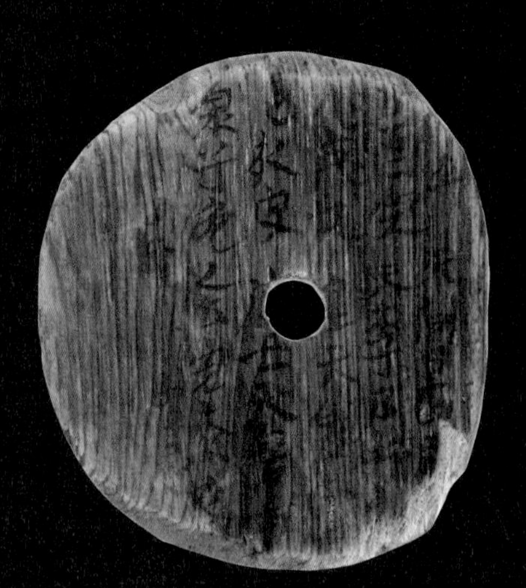

도2 구주력具注曆 목간(이시가미 유적 출토)

도3 관리의 얼굴을 그린 묵화(후지와라 궁 유적 출토)

도5 천황天皇 목간
(아스카이케 유적 출토)

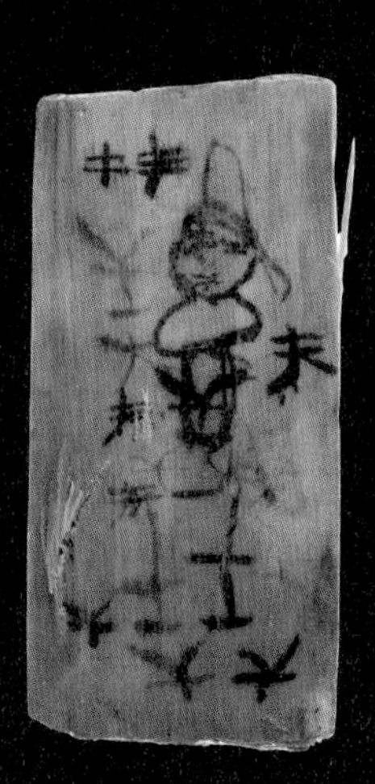

도4 희화戲畵 목간(다치바나데라 부근 출토)

도6 승려의 모습을 그린 묵화
(후지와라 궁 유적 출토)

도7 도누리(舍人) 황자 목간
(아스카이케 유적 출토)

도8 오쿠(大伯) 황자 목간(아스카이케 유적 출토)

도9 한시漢詩 목간
(아스카이케 유적 출토)

도10 만엽가萬葉歌를 기록한 목간
(이시가미 유적 출토)

도11 음의音義 목간
(아스카이케 유적 출토)

한국어판 서문

2001년 1월부터 2009년 3월까지 필자는 나라문화재연구소의 연구원으로 일본 고대 도성 유적의 발굴 조사와 목간을 정리할 기회를 얻었다. 2002년 5월 이후에는 아스카 후지와라 궁 발굴조사부(현 도성발굴조사부 아스카 · 후지와라 지구)에서 근무하면서, 592년부터 710년까지 일본의 수도였던 아스카 · 후지와라 경을 대상으로 연구 활동을 하게 되었다. 다행히 1990년대 후반부터 2000년대 전반에 걸쳐 아스카 · 후지와라 경에서 대량의 목간이 잇따라 출토되었다. 이러한 목간은 일본 고대 국가가 형성되어 가던 시기의 동 시대 사료이다. 이러한 목간을 통하여 일본 고대 국가의 형성 과정을 해명할 수는 없을까 라는 생각에서 정신없이 목간의 정리 · 해독 작업에 종사했다. 그 자그마한 성과가 이 책이다.

아스카 · 후지와라 경에서 연달아 출토되는 목간을 정리하면서 필자가 특별히 강하게 의식했던 것은 한국의 고대 목간이다. 마침 필자가 연구를 시작할 무렵 한국에서도 함안 성산산성에서 대량의 목간이 계속 출토되고, 목간에 대한 관심이 점차 커지고 있었다.

2004년에는 국립창원문화재연구소(현 국립가야문화재연구소)에서 호화판의 목간 도록 『한국의 고대 목간』이 간행되었다. 이 도록에는 한국의 12개 유적에서 출토된 319점의 목간 컬러 사진과 적외선 사진이 실려 있는데 한국 목간의 전모를 보여준 점에서 획기적이다. 이 도록의 제작에 중심 역할을 담당한 것이 정계옥 선생이다. 다행히 필자는 2003년 봄 국립문화재연구소의 특별한 배려로, 정 선생의 안내를 받아 함안 성산산성과 경주 월성 해자에서 출토된 목간을 볼 수 있었다. 또한 함안 성산산성에도 동행할 수 있었다. 한국 목간을 실견할 수 있는 소중한 조사 여행이었다.

2004년부터 2007년까지 일본 와세다 대학의 이성시 교수를 중심으로 「한국 출토 목간의 세계(Ⅰ~Ⅳ)」라는 제목의 심포지엄이 개최되었다(와세다 대학 조선문화연구소 편, 『한국 출토 목간의 세계』, 雄山閣出版, 2007년 참조). 이 심포지엄에서는 한국 목간과 일본 목간의 비교 연구의 중요성이 극명하게 드러났다. 2003년 이후에도 몇 차례 한국을 방문하여 다양한 연구 기관의 배려 아래 목간을 실견할 기회가 있었기 때문에 크게 공감하는 바가 있었다. 필자의 노력 부족으로 「경주 월성 해자 출토 사면 묵서목간」(국립문화재연구소·나라문화재연구소 편, 『한일문화재논집Ⅰ』, 2008년) 이외에는 이와 관련된 연구 논문을 발표하지 못했지만 나의 머릿속에서 한국 목간이 사라진 적은 없다. 일본의 고대 목간, 특히 아스카·후지와라 경에서 출토된 목간을 이해하는 데 한국 목간의 이해가 필수적이라는 것은 아무리 강조해도 지나치지 않다.

2007년 한국목간학회의 설립에서 상징적으로 알 수 있듯이 최근 한국의 목간 연구에 대한 관심은 굉장하다. 다양한 공동 연구를 통해 한국의 많은 연구자와 만날 수 있었는데 언제나 그 파워에 압도되었다.

이번에 필자의 10년 된 친구이자 한국목간학회의 중심 멤버 중한 명인 이병호 씨의 노력으로 『아스카의 목간-일본 고대사의 새로운 해명』(中央公論新社, 2012년)이 한국어로 출판되어 더 없이 기쁘다. 이 책은 전문 연구서인 『아스카 후지와라 목간의 연구』(塙書房, 2010년)의 내용을 바탕으로 몇 가지 새로운 견해를 덧붙여 일본의 일반인 독자용으로 새롭게 집필한 것이다. 목간이라는 것이 어떤 성격의 자료인지, 목간의 해독에 의해 일본 고대사상을 어떻게 고쳐 쓸 수 있는지, 이런 점을 조금이라도 전달할 수 있었으면 하는 바람에서 집필했다.

이 책을 집필하면서 무엇보다 절실하게 느낀 것은 일본 고대 국가의 골격이 한반도에서 많은 것을 배움으로써 형성되었다는 사실이다. 서투른 내용이지만 한국의 독자들도 널리 읽어 주셔서 양국 관계를 재검토하는 계기가 되었으면 하는 바람이다.

한국어판을 작성할 때는 나의 부주의에 따른 명백한 오기를 제외하면 특별한 가필이나 수정을 하지 않았다. 향후 연구의 진전에 따라 개정해야 할 점도 많이 나오겠지만, 그 시안試案이 되면 다행이겠다. 번역을 맡아준 이병호 씨를 비롯한 출판사의 관계자 여러분께 깊이 감사드린다.

2014년 5월

이치 히로키

머리말

많은 사람들의 마음을 사로잡는 아스카(飛鳥). 주위가 낮은 산과 구릉으로 둘러싸인 작은 분지로 여유로운 전원 풍경이 넓게 펼쳐져 있다. 592년에 스이코(推古) 천황이 도유라 궁(豊浦宮)에서 즉위한 후 710년에 겐메이(元明) 천황이 후지와라 경(藤原京)에서 헤이조 경(平城京)으로 천도할 때까지 약 120년 간 아스카와 그 주변의 땅은 일본의 '수도'였다.

아스카를 찾는 사람이라면 누구라도 이곳이 일본 고대국가의 건설에 매진한 사람들의 활동무대였다는 것을 선뜻 믿지 못할 것이다. 하지만 일단 발굴 조사에 착수하면 놀랄만한 발견에 직면하게 된다. 일본에서 가장 오래된 본격적인 사원인 아스카데라(飛鳥寺), 소가(蘇我) 본종가의 저택지로도 이야기되는 아마카시노오카(甘樫丘) 동록東麓 유적, 물시계(漏刻, 로코쿠)가 놓였던 미즈오치(水落) 유적, '아스카의 영빈관'이라 할 수 있는 이시가미(石神) 유적, 덴무(天武) · 지토(持統) 천황이 만든 아스카 기요미하라 궁(飛鳥淨御原宮), 후혼센(富本錢)을 주조한 아스카이케(飛鳥池) 유적…….

아스카의 중심에서 서북쪽으로 조금 가다 보면 지토 · 몬무(文

武)·겐메이 3대의 왕도였던 후지와라 경이 나온다. 694년부터 710년까지 약 16년 동안의 도읍으로 아스카만큼 지명도가 높지는 않다.

하지만 후지와라 경이야말로 일본 최초의 본격적인 중국식 도성이었다. 발굴 조사가 진전되면서 후지와라 경이 사방 5.3km의 드넓은 도읍이었다는 견해가 유력시 되고 있으며 실제로 헤이조 경보다 더 넓다. 701년 다이호 령(大寶令) 시행이 상징하는 것처럼 일본 고대 국가는 후지와라 경 시대에 크게 꽃을 피웠다.

아스카·후지와라 경에 도읍을 둔 시대, 즉 아스카 시대는 중국에서 약 370년 만에 통일을 이룬 수(隋: 581~618)와 당(唐: 618~907)의 탄생으로 인해 동아시아 세계, 아니 유라시아 세계가 크게 격동하던 시기이기도 했다.

600년의 견수사遣隋使 파견으로 약 120년 만에 중국과의 국교 관계가 수립된다. 643년 상궁왕가上宮王家 멸망 사건과 645년 을사乙巳의 변(다이카 개신, 大化改新)은 몽골 고원의 패자였던 동돌궐의 멸망(630년), 투루판 분지를 다스리던 고창국高昌國의 멸망(640년) 등에 이어 마침내 당나라의 관심이 한반도로 향하고, 642년에 한반도 삼국(고구려·백제·신라)에서 전쟁과 권력 집중이 이루어진 것이 일본에도 파급된 결과로 생각된다.

660년에는 일본과 오랫동안 동맹 관계에 있던 백제가 멸망한다. 663년에 일본은 백제를 부흥시키기 위해 한반도로 출병하지만 당나라와 신라 연합군에게 큰 패배를 맛본다. 백촌강白村江의 전투이다. 망국의 위기에 빠진 일본은 중앙집권적인 국가 체제 구축에 한층 힘을 쏟았다.

일본 고대 최대의 내란으로 일컬어지는 672년 임신壬申의 난도 유라시아 정세와 무관하지 않다. 668년, 당과 신라의 연합군에게 고구려가 멸망하자 신라는 한반도 통일을 목표로 670년부터 당나라와 전쟁을 벌인다. 670년에는 티벳의 토번吐蕃도 당나라의 영토를 침범한다.

671년, 당나라는 신라 공격의 지원을 요청하는 사신을 일본에 두 차례 보낸다. 그 와중인 12월에 덴지(天智) 천황은 파란만장한 생애를 마감하게 된다. 이듬해 672년 5월, 당나라로부터 두 번째 사신을 맞이한 일본은 상중喪中이라는 이유로, 일단 대량의 무기(갑옷과 투구, 활과 화살)와 군사 물자(시絁·포布·면綿)를 전달하여 귀국시킨다. 그러나 당에서 군대 파견을 요청하는 사자가 다시 올 것이 분명했기 때문에 일본은 징병 작업을 진행시킬 수밖에 없었을 것이다. 이런 와중에 6월 임신壬申의 난이 발발한다. 최근에는 임신의 난에서 오아마(大海人) 황자가 승리한 것이 대규모의 대對신라 파견용 군사를 가장 먼저 자기 군대로 끌어들였기 때문이라는 견해가 나오고 있다.

아스카 시대를 연구하는 것은 일본 고대국가의 형성 과정을 해명하는 것에 다름 아니다. 그 동시대 사료로서 각광을 받고 있는 것이 문자가 쓰여 있는 나무 조각, 즉 목간木簡이다.

일본에서 목간을 인지한 것은 1961년 헤이조 궁 발굴 조사에서였다. 1966년에는 후지와라 궁, 그리고 아스카에서 목간이 출토되었다. 하지만 대량의 목간이 출토된 헤이조 경과 비교하면 아스카 후지와라 경 출토 목간의 수는 미미한 것이었다.

그런데 1990년대 후반부터 2000년대 전반에 걸쳐 아스카와 후지와라 궁에서는 계속해서 목간이 출토되었다. 2011년 말 시점의 출토 수량은 아스카 목간 약 1만 5천점, 후지와라 경 목간 약 3만점(그 중 후지와라 궁 목간은 약 1만 6천점)이다. 다행히 필자는 2002년 5월부터 2009년 3월까지 나라문화재연구소의 아스카 · 후지와라 궁 발굴조사부(현 도성발굴조사부 아스카 후지와라 지구)에 재직하면서 이 목간들을 정리하는 귀중한 경험을 했다.

이 책에서는 주로 아스카 · 후지와라 궁에서 출토된 목간을 읽어 나가면서, 어떻게 일본이 고대 국가를 만들어 나갔는지 생각해 보고자 한다. 동시에 아스카 시대 사람들의 숨결도 느껴 보고 싶다.

목간 연구의 참다운 즐거움은 목간이 출토된 유적이나 유구와의 관련 속에서 목간의 사료적 가치를 끌어내고, 문헌사료와의 비교를 통해 새로운 역사적 사실을 찾아내는 데 있다. 필자의 변변치 않은 경험을 바탕으로 목간 연구의 즐거움을 조금이라도 알려서 목간에 흥미를 갖는 사람이 늘어나기를 간절히 바란다.

차례

한국어판 서문
머리말

서장 1,300년의 시간을 넘어서 … 21

제1장 일본 최고의 목간 … 39

제2장 다이카 개신은 있었는가
1. 개신의 조의 신빙성 … 71
2. 「을축년」 하찰목간의 충격 … 79
3. 하찰목간에서 본 '군-평-오십호'제 … 86

제3장 덴무 천황과 지토 천황의 왕궁
1. 일본 최고의 역 … 101
2. 이시가미 유적의 성격 … 109
3. 아스카 기요미하라 궁의 모습 … 123

제4장 아스카의 종합 공방
1. 후혼센을 주조한 공방 … 139
2. 아스카이케 공방의 성격 … 150

제5장 아스카데라의 다채로운 활동
1. 아스카데라와 도쇼 … 165
2. 종교·의료·경제 활동 … 172

제6장 후지와라 경의 탄생
1. 오랜 조영 공사 … 191
2. 후지와라 경의 거리 … 203
3. 도시 문제의 발생과 신앙 … 220

제7장 일본 고대국가의 전환점 - 다이호 령 제정의 파문
1. 1,300년 후의 대발견 … 237
2. 획기로서의 701년 … 253

종장 「아스카 목간」의 의의 … 271

칼럼
① 창고와 목간 ② 구카이의 출신지 ③ 이시가미 유적 출토 정목
④ 「임신기」 편찬 때의 목간일까 ⑤ 만엽가를 새긴 목간
⑥ '부部'자를 어떻게 쓸까 ⑦ 두 명의 환속승

나오는 말 … 287
옮긴이의 말
참고문헌
아스카 목간 관련 연표

아스카 후지와라 경의 주요 유적 위치도
출전: 나라문화재연구소편 飛鳥藤原宮木簡1 (2007년) 도면2를 바탕으로 수정 가필

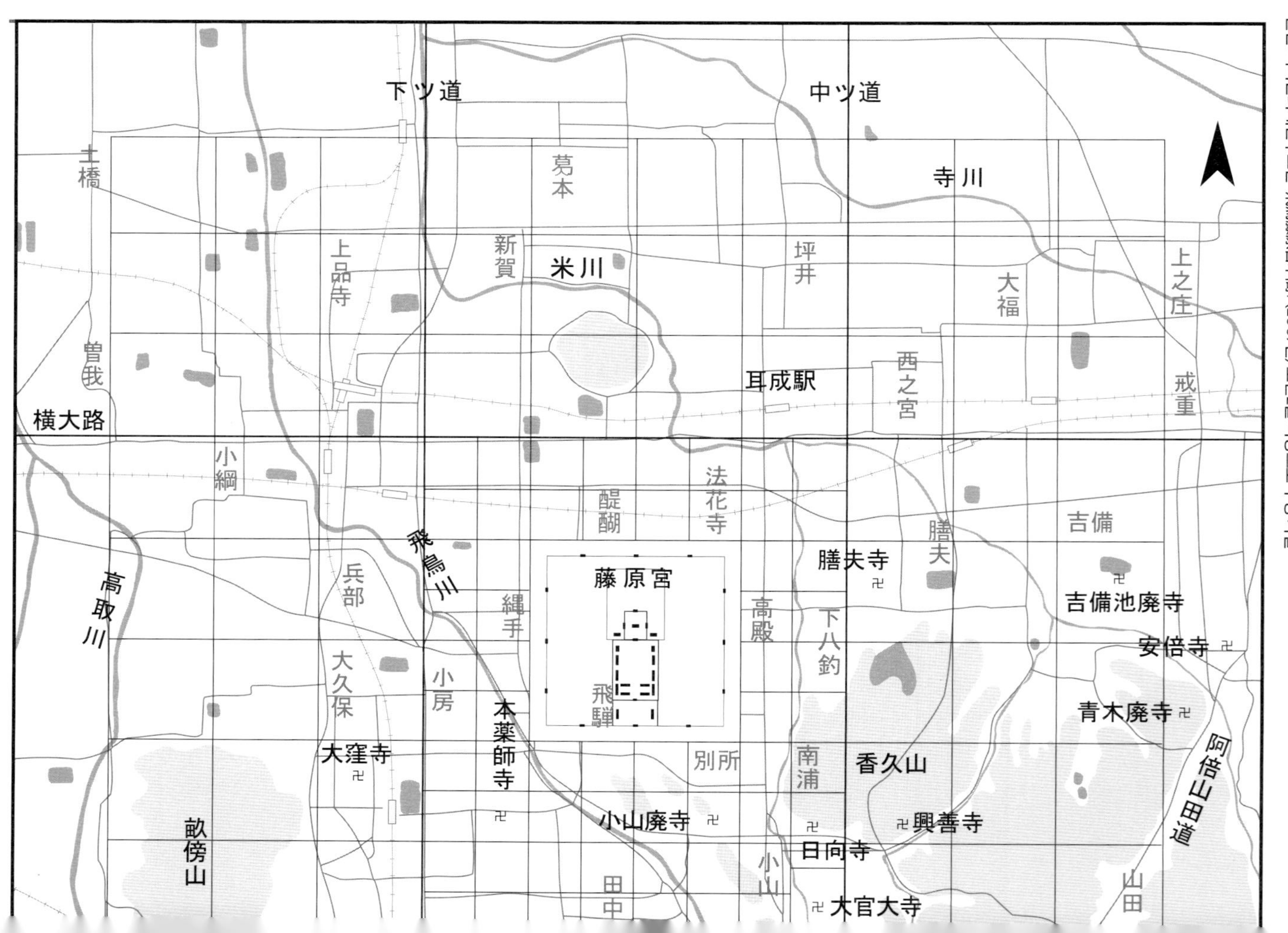

大官大寺
田中廃寺
奥山廃寺
古宮遺跡
雷丘
和田廃寺
山田寺
豊浦宮
豊浦寺
石神遺跡
水落遺跡
飛鳥池東方遺跡
飛鳥寺
飛鳥池遺跡
甘樫丘
植山古墳
久米寺
軽寺
見三才古墳
丸山古墳
甘樫丘東麓遺跡
飛鳥京跡苑池遺構
川原寺
飛鳥浄御原宮跡
亀石
岡寺
橘寺
益田岩船
岩屋山古墳
梅山古墳
カナヅカ古墳
嶋宮
天武持統陵
石舞台古墳
定林寺
牽牛子塚古墳
鐙子塚古墳
中尾山古墳
飛鳥
稲淵宮殿跡
高松塚古墳
カヅマヤマ古墳
ジョウセン塚古墳
（伝文武陵）
坂田寺
冬野川
マルコ山古墳
檜隈寺
東明神古墳
栗原寺
キトラ古墳
阿部山
0
1km
山田
田中
奥山
八釣
小原
和田
石川
豊浦
飛鳥
久米
鳥屋
大軽
見瀬
五条野
川原
野口
橘
岡
島庄
立部
祝戸
細川
平田
阪田
越
真弓
地之窪
檜前
佐田
稲淵
栗原

일러두기

- 일본의 국명은 7세기 말까지는 '왜', 그 후 '일본'으로 바뀌지만 일부를 제외하면 '일본'으로 표기했다.
- 7세기 이전 왜국 왕에 대해서 '유랴쿠(雄略) 천황' 등 8세기 후반에 정해진 중국식 시호에 의한 천황 호칭을 사용했다. 천황 이외의 역사상 인물도 '쇼토쿠(聖德) 태자' 등 통칭을 사용한 곳이 있다.
- 『일본서기』 등의 사료를 인용할 때 원칙적으로 한문을 번역해 두었다.
- 목간의 석문釋文 중에서 □로 기록한 것은 문자를 판독할 수 없는 것, ▭ ▭는 문자를 판독할 수 없고 글자 수도 확정할 수 없는 것을 의미한다. ┐또는 ┌는 그 기재 내용에서 위 또는 아래에 한 글자 이상의 문자가 있었던 것으로 추정된다는 의미이다. 다만 삭설削屑의 경우는 원래 단편적인 기재이기 때문에 이 기호를 생략했다.
- 목간의 석문 중 「 」를 붙인 것은 필체가 다르거나 추가로 쓴 것을 말하고, ○는 구멍을 뚫었던 것을, 또 ⺄는 해당 글자가 지워진 것을 표시한 것이다.
- 목간의 길이·폭·두께는 최대치를 가리킨다. 결손이 있거나 2차적으로 가공한 것은 현존 크기를 괄호 안에 표기했다. 다만 삭설의 경우는 생략했다.

역자 일러두기

- 이 책은 『飛鳥の木簡-古代史の新たな解明』(中公新書2168), 中央公論新社(2012년 6월 25일 발행)를 바탕으로 하였고 오자 등 일부 내용에 대해서는 저자와 협의를 통해 수정한 것이 있다.
- 한자어의 경우 한글과 한자를 병기했으며 필요 시 일본어 발음도 함께 적어 두었다.
- 일본 지명과 인명은 괄호를 사용하여 병기했다. 다만 '코호리(コホリ)'(평評·군郡) 등 역사 용어에 사용된 가나는 일본어를 그대로 사용한 곳이 있다.
- 목간의 원문을 인용할 경우는 「 」를 붙여 두었다. 또 원문의 일본식 한자는 본문에 인용된 경우 한국식 한자로 수정하였다.
- 독자의 편의를 위해 필요하다고 생각되는 부분에 일부 간단한 역주를 덧붙였다.

서장

1,300년의 시간을 넘어서

목간이란 무엇인가

도쿄 올림픽이 개최되던 1964년, 나라국립문화재연구소의 연구원으로 채용된 기토 키요아키(鬼頭清明)는 지인에게서 '목간'을 무덤에 사용하는 '목관木棺'으로 착각했다는 말을 들었다고 한다. 1961년에 헤이조 궁 유적에서 목간이 출토되긴 했지만 그것에 대한 당시의 사회적 인지도는 높지 않았다.

이러한 분위기가 바뀐 것은 1988~89년으로 약 11만 점에 달하는 목간이 나라 시의 나가야 왕(長屋王) 저택 유적 등에서 출토된 시점부터이다. 당시 아이치 현에 사는 고등학생이었던 나도 그 대대적인 보도를 기억하고 있다.

그렇다면 목간이란 어떤 것일까.

일반적인 정의는 "발굴 조사에서 출토된 문자가 쓰인 나무편"이다. 다만 도다이지(東大寺)의 쇼소인(正倉院)에 전래된 나라(奈良) 시대의 문자가 쓰여 있는 목찰木札도 고대 목간에 포함시키고 있다.

하지만 목간은 고대에 한정되지 않는다. 중세 · 근세의 목간은 물론 근대 · 현대의 목간도 존재한다. 현대 목간의 일례를 들면 도쿠시마 시 간논지(觀音寺) 유적 출토의 '명찰命札'이 있다. 초등학교에서 수영장 풀에 들어갈 때 목에 매단 명찰이다. 체육 수업이 끝나면 정해진 장소에 되돌아와 안전을 확인하는 데 사용된다. 이 명찰에는 그 지역 초등학교의 이름과 학년, 학생의 이름이 쓰여 있어 1950년대에 해당한다는 것이 확인되었다.

일본의 목간은 38만 점 이상(2011년도 말 시점)이다. 그 70% 이상이 고대 목간이다. 그 중 아스카 목간은 15,000점, 후지와라 경 목간(후지와라 궁 목간은 제외)은 약 14,000점, 후지와라 궁 목간은

16,000점을 헤아린다【서-1~3】. 본래의 모양을 확실하게 유지한 목간도 있지만 파손되어 작아진 파편도 있다. 특히 목간의 표면을 손칼을 사용하여 깎아낼 때 생긴 삭설削屑(역주: 우리나라에서는 '목간 부스러기'라고도 씀)도 문자를 판독할 수 있으면 목간으로 본다.

가령 묵흔이 있는 10편의 단편이 있는데, 그 중 3편은 잘 접속되지만 남은 7편이 접속되지 않는다고 하자. 이 경우 3편은 1점의 목간으로 센다. 그리고 7편 중 2편이 앞선 3편과 접속되진 않지만 나뭇결이나 문자의 상황 등에서 같은 목간인 것이 거의 확실하다고 할 수 있으면 2편과 앞의 3편을 합쳐 5편으로 구성된 1점의 목간으로 센다. 나머지 5편에 대해서는 동일한 목간으로 판단할 수 없으면 각각의 작은 단편으로 보아 목간 5점으로 센다.

삭설도 마찬가지 방식으로 수량을 헤아린다. 본래는 한 점의 목간이지만 그것을 깎을 때 여러 번 칼날이 들어가 여러 점의 삭설이 생긴다. 삭설이 크면 접속 관계를 비교적 쉽게 알 수 있지만 그렇지 않으면 쉽지 않다. 그 때문에 삭설은 실제의 수보다 많게 세는 경향이 있다. 유적이나 유구, 시대마다 목간의 점수는 제각각이지만 기본적으로 80~90%가 삭설이다.

매스컴에서 보도하는 목간들은 본래의 모양을 잘 간직하고 문자도 선명하게 읽을 수 있는 것이 많다. 그러나 그런 목간은 소수에 지나지 않는다. 다만 단편이나 삭설도 같은 한 점으로 취급한다.

이처럼 일본 목간 출토 점수 38만 점 이상이라는 숫자는 목간의 개수를 그대로 보여준다고 하기는 어렵지만 결코 작지는 않다. 대략 100만 점을 돌파한 중국과는 큰 차이가 있지만 한국에서는 아직 약 700점 밖에 출토되지 않았다.

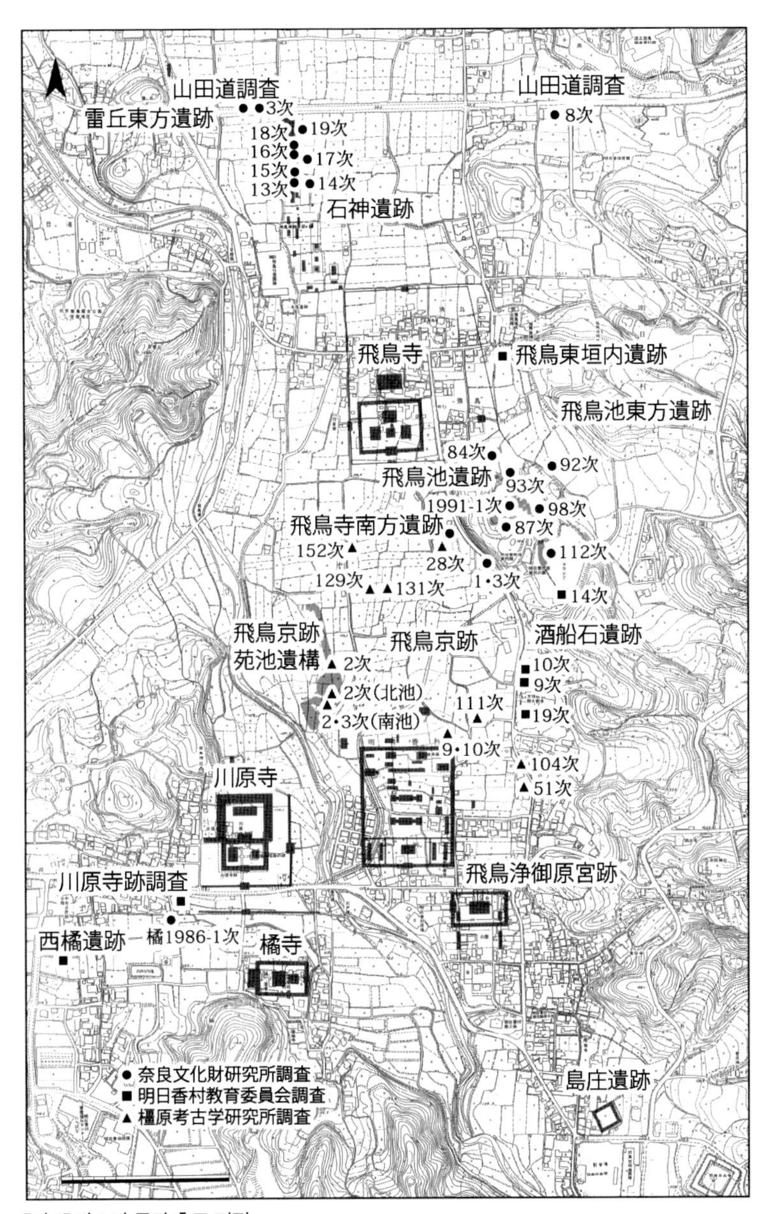

【서-1】 아스카 목간 출토 지점

출전: 나라문화재연구소편 『飛鳥·藤原宮發掘調査出土木簡概報22』(2008년) 23쪽 삽도를 바탕으로 수정 가필

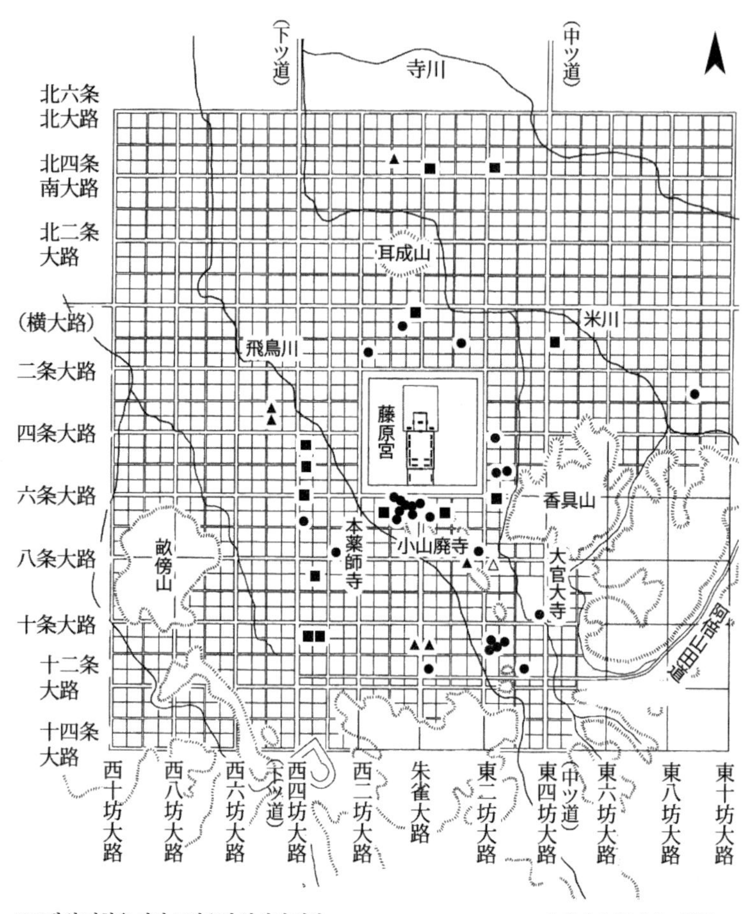

【서-2】 후지와라 경 목간 출토 지점
출전: 나라문화재연구소편『飛鳥藤原宮木簡2』(2009년) 도면1을 바탕으로 수정 가필

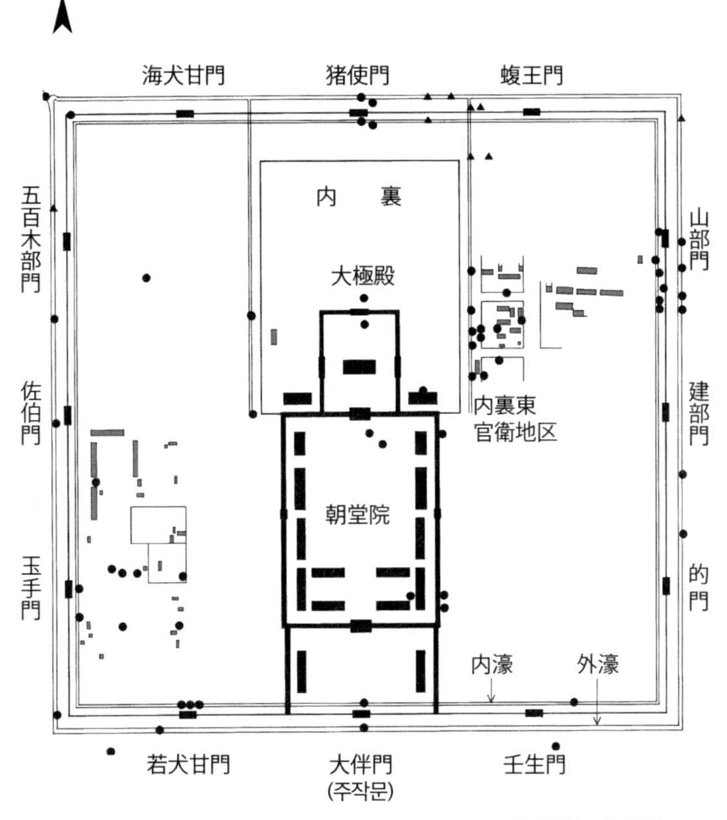

【서-3】 후지와라 궁 목간 출토 지점

출전: 나라문화재연구소편 『飛鳥·藤原宮發掘調査出土木簡概報22』(2008년) 24쪽 삽도를 바탕으로 수정 가필

지목紙木 병용 시대의 구분

종이가 서사書寫 재료로 보급되기 시작한 것은 중국 후한 시대인 서기 105년, 채륜蔡倫이 황제에게 개량지改良紙를 헌상한 이후라고 한다. 그 전에도 종이는 있었지만 기본적으로는 포장지였다.

채륜이 종이를 개량할 때까지 중국에서 주로 사용된 서사재료는 죽간과 목간이었다. 죽간은 세장하게 가공한 대나무를 여러 개 준비하여 발 모양으로 끈을 엮은 것이다. 이것을 '책서冊書'라고 부른다. 이에 반해 목간은 낱개로 사용되는 경우가 많았다. 중국에서는 기원전 5세기 전반(전국 시대)의 죽간이 확인된다. 일본의 죠몬(繩文) 시대에 해당한다. 점차 서사 재료로 종이가 보급되자 죽간을 사용하는 비율이 급격히 감소한다. 그 후 주로 낱개로 사용되는 목간이 종이와 함께 사용되지만 시대와 함께 목간 사용 빈도는 감소하게 된다.

한편 일본에서 문자가 본격적으로 사용된 것은 이미 종이가 서사 재료로 보급되었던 시대였다. 즉 주요한 서사 재료로 나무와 종이가 함께 사용된 '지목紙木 병용 시대'였다. 이미 종이가 등장했으며 죽간은 사용되지 않았다.

그렇다면 지목 병용 시대의 일본에서 종이와 나무는 어떻게 구분하여 사용했을까.

일본 고대의 목간은 '문서목간' '부찰목간' '기타' 세 가지로 크게 구분된다. 문서목간文書木簡은 어떤 의사를 전달하거나 기록한 것이다. 전자를 '협의의 문서목간' 후자를 '기록목간'으로 구분하기도 한다. 부찰목간付札木簡은 물품 관리를 위해 붙인 것과 지방에서 도읍으로 보내는 조세용 물품에 붙인 것이 있다. 전자를

'협의의 부찰목간' 후자를 '하찰목간荷札木簡'으로 부르는 경우가 많다. 기타 목간은 문자 등을 연습한 '습서목간習書木簡'이 두드러진다.

문서목간은 재료의 크기에 제약이 있어 그다지 복잡한 내용은 쓰지 않는다. 도장을 찍지 않은 경우도 있어 경미한 내용이 많고 용건이 끝나면 필요 없어 진다. 이런 점에서 종이 문서와는 큰 차이가 있다.

하지만 한편으로 목간은 몇 번이라도 깎아 재이용하는 것이 가능하다는 장점이 있다. 특히 나무는 종이와 달리 견고하다. 그 때문에 목간은 사람이나 물건의 이동과 관련하여 사용되는 경우가 많다. 또 기록목간은 카드로 사용할 수 있다는 편리함이 있다. 기록목간을 여러 개 늘어놓고 정보를 집적하거나 그것을 정리하여 종이에 기록을 작성한 것이다. 이와는 반대로 종이에 쓰인 정보를 분해하여 목간에 기록한 경우도 있다.

부찰목간도 나무의 견고한 성질을 활용하여 사용한 것이다. 특히 장거리를 이동하는 하찰목간은 비바람에 노출되기 때문에 종이는 적절한 방식이 아니다. 문서목간(특히 협의의 문서목간)은 기본적으로 고대에 한정되지만 부찰목간은 중세 · 근세, 그리고 근대에 이르기까지 계속해서 사용되었다. 제2차 베이비 붐 세대인 내 기억에는 없지만 10여 년 전만 해도 나무패에 수신자를 써서 짐을 보내는 것이 일반적이었다고 한다.

습서목간도 나무를 깎아 여러 차례 사용할 수 있다는 장점을 활용한 것이다.

나무에 문자를 쓴 이유로 종이는 값이 비싸고 귀하지만 나무는 싸기 때문이라고 설명하는 경우가 있다. 이것은 부분적으로는 맞다. 하지만 보다 더 본질적인 것은 깎아서 반복적으로 이용할 수 있고 가지고 다녀도 파손되지 않으며, 일종의 카드로서 정렬하여 정보 처리가 용이하다는 나무의 특성 때문이라고 해야 할 것이다.

출토 장소-이상적인 쓰레기 구덩이

중국의 서역 등에는 건조한 지역에서도 목간이 출토되지만 일본의 목간은 지하수가 풍부한 토양에서 밖에 출토되지 않는다. 목간은 통상적이라면 흙 속에서 썩어야 한다. 하지만 충분한 수분이 유지되면서 흙 속에 있는 경우 햇빛(자외선)과 공기(산소)가 차단되어 목간을 썩게 하는 세균의 활동이 억제된다.

이러한 좋은 조건을 갖추고 목간이 출토되는 대표적인 유구로 쓰레기 구덩이와 도랑 두 가지가 있다. 고고학계에서는 쓰레기 구덩이를 좀 더 점잖게 '토갱土坑'으로 부른다.

쓰레기 구덩이(토갱)는 목간이 출토되는 유구로 가장 이상적이다. 쓰레기를 버린다는 의도를 가지고 구덩이를 파서 단기간에 묻는 것이 보통이므로 그것들이 합쳐져 목간군木簡群이 되는 경우가 많기 때문이다. 또 쓰레기를 폐기할 때 일부러 먼 곳에서 가져와 버리는 것은 그다지 생각하기 어려워, 근처에 목간을 사용한 기관이 있었다는 것을 예상할 수 있기 때문이다.

이에 반해 도랑 등 수로에서 출토된 목간에는 주의가 필요하다. 도랑은 일정 기간 사용되다가 도중에 여러 차례 준설을 하게 되고, 또 물이 흘러가게 된다. 그 때문에 목간은 한 곳에 모이지 않는 경향을 보인다. 하지만 주의 깊게 살펴보면 몇 가지 특징이 있다. 여러 기관 · 시기의 목간이 들어 있는 점에 주의하면 중요한 실마리를 얻을 수 있게 된다.

도랑 안에는 단기간에 사용되어 한 번에 매몰된 것도 있다. 매몰 직전에 쓰레기를 버리는 것은 흔한 일이고 그 속에 목간이 섞여 있는 경우도 있다.

그리고 쉽게 생각해서는 안 되는 것이 대지를 조성하기 직전에 버린 목간이다. 당시의 지형은 우리들이 상상하는 것 이상으로 울퉁불퉁했다. 그런 웅덩이나 저습지, 경사면 등을 메울 때 목간을 포함한 쓰레기를 함께 버리는 경우가 적지 않았다. 그와 마찬가지로 불필요하게 된 우물이나 기둥을 뽑아서 생긴 구덩이들도 자주 쓰레기 구덩이로 이용되었다.

한편 목간은 별도의 용도를 가진 목제품으로 재이용하는 경우도 있다. 구체적인 사례로 배설한 다음 항문을 닦는 데 사용한 주목籌木을 들 수 있다. 주목(뒷가지)이 모여서 출토되는 장소는 화장실 유구일 가능성이 높다. 화장실 유적이었다고 인정되는 유구는 많지 않지만 이곳도 목간의 주요 출토 유구의 하나이다(제6장 참조).

이처럼 목간이 출토되는 유구는 다양하지만 필요가 없어 의도적으로 버린 것은 공통된다. 당시 사람들에게 목간은 매우 흔한 것으로 일부러 후세에 남길만한 것이 아니었다. 하지만 그 자체만으로 당시의 일상을 전하는 일급 사료가 된다. 이것이 어떤 변형이 가해질 위험성이 높은 편찬사료와는 크게 다른 점이다. 『일본서기』 등과 비교하면 목간이 수행한 역할의 크기는 아무리 강

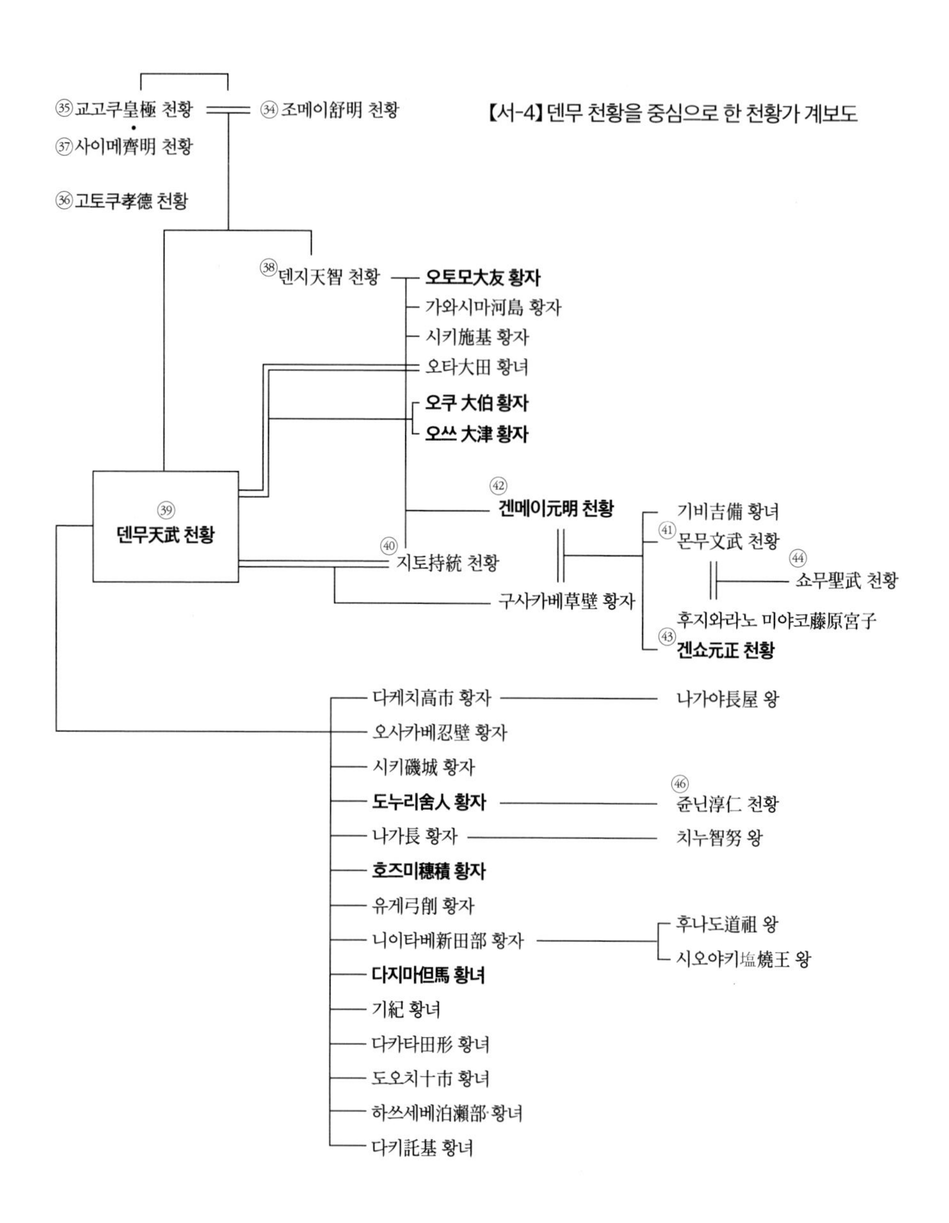

【서-4】 덴무 천황을 중심으로 한 천황가 계보도

· 천황 옆에 있는 원문자는 대수代數를 가리킴. 다만 고분(弘文) 천황(오토모 황자)은 넣지 않음.
· 고딕체의 인물은 아스카·후지와라 경에서 출토된 목간에 등장하는 인물

조해도 지나치지 않을 것이다.

목간 연구자의 임무는 고대의 사람들이 버린 쓰레기를 출발점으로 하여 목간의 작성 · 사용 · 폐기의 과정, 즉 '목간의 일생'(목간의 라이프 사이클)을 재현하는 것이다. 한 점의 목간만으로는 좀처럼 구체적인 것을 알기 어렵다. 하지만 어떤 유적 · 유구에서 목간이 출토되었는가를 면밀하게 검토하고, 함께 출토된 목간이나 유물에 주목함으로써 많은 정보를 끌어내는 것이 가능해 진다.

아스카 시대 사람들과의 만남

1,300년 이상 땅 속에 묻혀 있던 목간을 꺼내어 가슴 설레며 신중하게 흙을 털어내다 보면 갑자기 선명한 묵흔이 눈에 들어온다. 가장 감동적인 순간이다.

목간에 기록된 문자 중에는 아스카 시대 사람들의 이름이 종종 나오곤 한다. 그 중에는 고등학교 교과서에서 본 익숙한 인물도 등장한다(이하 「 」 안은 목간을 표기).

백제 승려로 일본에 역법을 가져온 「관륵觀勒」. 임신의 난에서 오아마(大海人) 황자와 싸웠던 덴지 천황의 황자 「오토모(大友)」. 즉위 후의 오아마 황자를 가리킬 가능성이 있는 「천황(天皇)」(덴무 천황). 우아한 한시문漢詩文을 남기고 비운의 죽음을 맞은 「오쓰(大津) 황(자)皇(子)」(덴무 천황의 황자). 『일본서기』의 편찬에 관여했던 「도누리(舍人) 황자皇子」(상동). 나중에 겐메이 천황으로 즉위한 「황태비皇太妃」 아헤(阿閇) 내친왕內親王. 나중에 겐쇼(元正) 천황으로 즉위한 「니노미(新家) 친왕親王」 (히타카(氷高) 내친왕內親王). 다이호(大寶) 율령 · 요로(養老) 율령을 편찬하고 후지와라 4형제(藤原

四子)와 고묘시(光明子)의 아버지이기도 한 후지와라노 후히토(藤原不比等)를 가리키는 「우대전(右大殿, 미기노오토도)」. 다이호의 견당사와 다이호 령의 편찬 등으로 저명한 「아와타(粟田)」 마히토(眞人) 등등.

또 고대사에 관심이 많은 분들이라면 잘 알고 있을 것으로 생각되는 인물도 등장한다. 오쓰 황자의 누이로 실질적인 초대 재왕(齋王, 사이오)인 「오쿠(大伯) 황자」(오쿠 황녀. '태래太來'로도 씀). 나가야왕(長屋王)의 어머니인 「미나베(御名部) 내친왕」. 『만엽집萬葉集』에 수록된 상문가相聞歌로 알려진 「다치마(多治麻) 내친왕」(다지마(但馬) 황녀)과 「호즈미(穗積) 황자(친왕)」. 후지와라노 후히토의 처로 고묘시의 어머니인 「아가타이누카이노 미치요(縣犬養道代(三千代)」. 미치요는 한 때 미노왕(美努王)의 처였는데 그 사이에서 낳은 아들이 유명한 타치바나노 모로에(橘諸兄)이다.

조금 재미있는 사례로 「소가베노 에미시(宗部毛人)」가 있다. 「소가베(宗部)」는 「소가베(宗我部)」의 약자로 「소가베(蘇我部)」로도 쓴다. 「에미시(毛人)」는 「에미시(蝦夷)」로도 기록되어 있다. 즉 「소가베노 에미시(蘇我部蝦夷)」가 된다. '베(部)'를 빼면 소가노 이루카(蘇我入鹿)의 아버지로, 645년 을사의 변(다이카 개신, 大化改新)에서 자해하여 죽음을 맞이한 소가노 에미시(蘇我蝦夷)가 된다. 「소가베노 에미시(宗部毛人)」로 쓰여 있는 목간은 8세기 초의 것으로 이 인물은 후지와라 궁 경비를 맡은 위사衛士의 한 사람으로 볼 수 있다. 물론 역사상의 유명 인물과는 전혀 다른 사람으로 신분도 전혀 다르다.

동일한 인물인지 아닌지 약간 미묘하지만 8세기 초 목간에 등장하는 「후타타노 미야쓰코시오(二田造塩)」가 있다. 649년, 우대신右大臣 소가노 쿠라야마다노 이시카와노마로(蘇我倉山田石川麻呂)는 모반의 의심을 받아 나라현 사쿠라이시의 야마다데라(山田寺)에서 처자와 함께 스스로 목숨을 끊는다. 이미 죽은 이시카와노마로의 목을 베어 떨어뜨린 것이 모노노베 후타타노 미야쓰코시오(物部二田造塩)였다. 『일본서기』에는 "모노노베 후타타노 미야쓰코시오를 불러서 대신인 소가노 쿠라야마다노 이시카와노마로의 목을 베게 하였다. 이에 미야쓰코가 칼을 뽑아 그 살을 찌르고 큰 소리를 지르면서 베었다"고 기록되어 있다. 포효하면서 이미 죽은 사람을 베는 일은 심상치 않은 행동으로 생각되지만 모노노베는 형벌을 담당하는 씨족이므로 이것도 일종의 윤색이었다.

이처럼 아스카의 목간과 대면하면 가끔 유명 인물과 만나는 경우가 있다. 그 인물에 얽힌 여러 가지 역사적인 사건들도 떠오른다. 다만 유명 인물의 이름이 쓰인 목간은 극히 일부에 지나지 않는다. 대부분은 편찬 사료에 이름이 전해지지 않는 인물들이다. 특히 조세 물품에 붙여진 하찰목간에 기록된 민중의 이름은 목간에만 있는 것이다.

그리고 숨겨진 주역이라고도 할 수 있는 것이 '하급관인下級官人'으로 불리는 신분이 낮은 관리(役人)들이다. 역사적으로 유명한 인물의 이름이 쓰인 목간이나 민중의 이름이 쓰인 하찰목간도 대부분 하급관인들이 쓴 것이다. 하급관인들은 업무의 필요에 따라 대량의 목간을 만들어서 쓰고, 전하고, 읽고, 깎고, 버렸다. 또 목간에 문자를 지루하게 길게 쓰거나 노래를 기록한 것도 있다. 목간에는 하급관인들의 평범한 일상이 응축되어 있는 것이다.

아스카 사람들과의 만남이 문자로만 가능한 것은 아니다. 원색 도판을 참고해 주시기 바란다.

도3은 후지와라 궁 유적의 내리內裏(역자 주: 고대 도성의 왕궁에서 왕의 생활공간과 같은 사적인 구역을 가리키는 말) 가까운 곳에서 출토된 것으로 관리의 자화상 같은 것으로 생각된다. 매우 특징적인 얼굴 모습으로 아는 사람의 얼굴이 떠오를 것 같기도 하다. 왼쪽 아래에는 「악渥」이라는 글자가 있는데 글쓴이의 서명과 같은 것으로 보인다. 서명을 할 정도로 자신 있는 작품이었던 것일까.

도4는 아스카무라에 있는 다치바나데라(橘寺) 부근에서 출토되었다. 나라 시대의 쓰레기 구덩이에서 출토되었지만 참고를 위해 제시했다. 표면에 「대大」「부夫」「간干」 자를 쓰고 인물을 극화풍劇畫風의 터치로 묘사하고 있다. 표면은 관리의 상반신이지만 도3과는 달리 일을 잘 할 것 같은 인상은 주지 않는다. 이면은 사실성이 매우 부족하지만 어딘지 미워할 수 없다.

도6은 후지와라 궁 조영 시 운하에서 출토된 것으로 근직謹直한 표정의 승려 모습이 그려져 있다.

또 제6장에서 살펴볼 치수治水를 위한 주부목간(呪符木簡, 주술을 하는데 사용하는 목간)에도 여자 노비가 그려져 있기 때문에 꼭 살펴보기 바란다【6-6의 1】.

얼마 되지 않는 사례를 제시했지만 진지하게 그린 것이 있는 반면 장난 같이 그린 것도 있다. 사실성의 정도도 제각각이다. 당연한 것이지만 아스카 사람들도 역시 각양각색이었다. 1,300년 이상의 먼 옛날이기에 터무니없이 먼 세계의 사람들로 생각할 수 있지만 지금의 우리들과 그다지 큰 차이가 없었다.

이 책에서는 아스카의 목간들을 읽어가면서 목간 사용의 시작(제1장), 다이카 개신의 평가(제2장), 덴무·지토 천황의 왕궁인 아스카 기요미하라 궁의 모습(제3장), 후혼센으로 유명한 아스카이케 공방의 성격(제4장), 아스카데라의 다채로운 활동(제5장), 후지와라 경 탄생의 의의(제6장), 다이호 령 시행의 영향(제7장) 등과 같은 문제를 거론하고자 한다.

이상의 문제들은 아스카 시대의 국가 만들기를 고찰하는 것에 다름 아니다. 일본의 고등학교 교과서에서는 겨우 수 페이지에 지나지 않지만 '머리말'에서도 말했던 격동의 유라시아 정세 속에서 여러 가지 시행착오가 반복되던 시대였다. 아스카 목간을 통해 어떻게 일본이 국가 만들기를 추진했는지 살펴보고자 한다. 아울러 아스카 시대 사람들의 숨결을 조금이라도 느낄 수 있었으면 좋겠다.

제1장

일본 최고의 목간

1. 기년명 목간에서 찾기

「무신년戊申年」이 쓰여진 목간

목간 정리 업무를 하고 있을 때 "일본 최고最古의 목간은 어느 때의 것입니까"라는 질문을 자주 받았다. 나는 으레 "현재까지 기년이 명확한 것으로 가장 오래된 것은 오사카 시의 나니와 궁(難波宮) 유적에서 출토된 목간입니다"라고 답하곤 했다【1-1】.

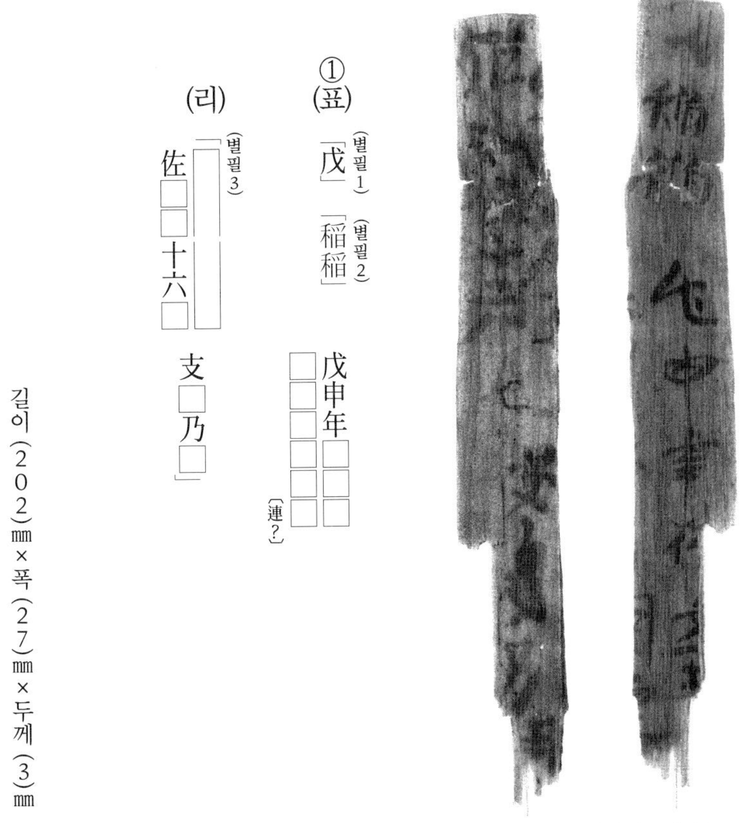

【1-1】 일본 최고의 간지를 가진 목간

이 목간은 나니와 궁 유적의 동북쪽 귀퉁이에서 100미터 정도 북쪽, 현재의 오사카 성(大阪城) 바로 서쪽에서 출토된 목간이다. 나니와 궁 유적이나 오사카 성이 있는 우에혼마치 대지(上町台地)는 원래 기복이 심한 지형으로 몇 개의 계곡이 지나가던 곳이다. 목간①이 출토된 곳도 그러한 계곡의 하나다. 출토 층위는 최하층의 '계곡부 16층'으로, ①을 포함하여 모두 32점의 목간이 출토되었다.

목간①을 자세히 보면 문자의 크기나 먹색의 농담이 몇 군데 차이가 난다. 글자의 배치를 함께 고려하면 네 차례 정도의 서사를 상정할 수 있다. 그 중 가장 먼저 기재한 것으로 볼 수 있는 것이 표면 아랫부분의 「무신년戊申年」 이하이다. 한편 별필1은 아래 「무신년」의 「무戊」자를 흉내 낸 것이며 별필2는 「도稻」자를 반복해서 쓰고 있다. 또 문자가 약간 기울어져 있어 추기追記한 것이 확실하다. 또 이면의 별필3은 엄밀하게 말하면 표면에 기재된 것과 전후 관계가 불명확하다. 여기에서는 잠정적으로 「무신년」의 기재를 '최초의 기재'로 부르면서 이야기를 진행하고자 한다.

'최초의 기재'의 구체적인 내용은 유감스럽게도 불명확하다. 다만 눈길을 끄는 문자가 있다. 바로 첫머리의 「무신년」이다. 「무신년」은 십간과 십이지를 조합시킨 간지년干支年으로 7세기 이전의 중요한 기년 표기 방식이다. 701년 '다이호(大寶)'라는 연호를 정한 뒤에는 연호 표기가 일반적이지만 그 이전에는 주로 간지년을 사용하였다.

「무」자는 특징적인 자형字形으로 8세기 이후의 문자 자료에는 거의 보이지 않기 때문에 7세기 목간이라는 느낌이 매우 강하다.

간지는 60년에 한 바퀴씩 도는데 이 목간의 「무신년」은 648년을 가리키는 것이 틀림없다. 기년이 쓰인 목간으로서는 현재까지 목간①이 '일본 최고의 목간'인 것이다.

648년은 나카노오에(中大兄) 황자 · 나카토미노 가마타리(中臣鎌足) 등이 소가 본종가(蘇我本宗家)를 타도한 을사乙巳의 변(다이카 개신, 645년)이 일어난 후 3년이 지난 때이다. 새로 즉위한 고토쿠(孝德) 천황은 아스카에서 나니와로 천도한다. 천도 당시에는 나니와오고리 궁(難波小郡宮)을 사용하지만 곧바로 나니와 나가라토요사키 궁(難波長柄豊碕宮)의 조영에 착수한다. 나니와 나가라토요사키 궁이 바로 목간이 출토된 나니와 궁 유적에 해당한다. 이것은 '무신년' = 648년이라는 견해를 강하게 방증한다.

언제 쓰여진 것일까, 연대를 생각하다

하지만 목간①을 간단하게 648년에 작성한 목간으로 단정할 수는 없다. 목간①과 함께 660년대의 토기가 다수 출토되는 등 공반 유물과 10년 이상의 연대 차이가 있기 때문이다. 여기에서 '목간의 연대'를 생각할 필요가 있다. 이 경우 적어도 다음 세 가지를 구별하지 않으면 안 된다.

A 목간**에** 쓰여진 연대
B 목간**이** 쓰여진 연대
C 목간이 폐기된 연대

먼저 A와 B의 관계를 정리해 보기로 하자. A는 문자로서 글자가 쓰여진 연대를 가리키는 것에 비해 B는 어떤 연대에 목간이 쓰였는가를 문제 삼는다. 의사를 서로 전달하기 위한 문서목간이나 도성에 세금을 보낼 때 매다는 하찰목간의 경우 A와 B의 연대는 거의 합치된다. 이것은 우리들이 편지를 쓸 때를 생각하면 좋을 것이다. 한편 기록목간의 경우 과거의 기년이 쓰여진 경우가 가끔 있다. 특히 '○○년 분'으로 쓰여진 것은 그 가능성이 높다. 또 대형의 기록목간은 장기간 사용되어 복수의 연대가 쓰여진 경우가 있다. 이러한 기록목간의 경우 A와 B의 연대가 일치하지 않는다.

다음 B와 C의 관계는 어떨까. 이것은 목간의 보존기간이나 사용기간과 밀접하게 관련되며 그 시간 폭이 매우 다양하다. 문서목간이나 어패류 등 생선 식품류의 부찰목간 등은 단기간에 폐기되는 경향이 강하다. 다만 동일한 식료품의 부찰이라고 해도 소금 등 장기간 보존이 가능한 물품의 경우는 폐기까지의 기간이 비교적 길다. 또한 목간은 다른 용도의 목제품으로 전용되기도 한다. 목간이 일단 폐기된 후 다른 시대의 전혀 다른 유구에 섞여 들어가는 경우도 있다.

마지막으로 A와 C의 관계를 보면 A가 B와 시간적인 격차가 적으면 A와 C는 보다 더 근접한다. 다만 합치되는지의 여부는 역시 경우에 따라 다르다.

목간①을 중심으로 조금 더 구체적으로 살펴보자. 먼저 '무신년'(684)은 목간에 쓰여진 연대 (A)에 해당한다. 한편 ①이 폐기된 연대 (C)는 함께 출토된 토기를 볼 때 660년대일 가능성이 높다. 즉 A와 C는 상당한 시간차가 있다.

그렇다면 ①이 쓰여진 연대 (B)는 어떨까. '최초의 기재' 내용을 충분하게 알 수 없기 때문에 판단이 용이하지 않다. 그러나 미약하지만 단서는 있다. 그것은 2행 이상으로 쓰여져 있는 점이다. 문서 · 하찰 · 부찰목간은 1행 쓰기가 기본인데 반해 기록목간은 복수행으로 쓰여지는 경우가 비교적 많다. 또 별필3도 주목된다. 「좌 □□ 십육(佐 □□ 十六)」이라는 수량 기재가 있고, 2행 (이상) 쓰여져 있기 때문에 이것도 기록일 가능성이 높다. 별필3의 기재와 '최초의 기재'가 직접적인 관계가 있다는 보증은 없지만 같은 목간에 쓰여진 기재라는 점을 중시하면 '최초의 기재'가 기록 관계라는 것을 방증한다.

이처럼 목간①의 '최초의 기재'가 기록이었다고 한다면 과거의 연대가 쓰여졌을 수도 있다. 또 ①은 모두 네 차례 서사되는 등 목간이 쓰여진 연대 (B)가 일정한 폭을 가진 점에도 주의할 필요가 있다. 더 나아가 본래 '최초의 기재'는 이면으로 이어졌지만 나중에 이면의 묵서를 깎아 내고 별필3의 기재가 이루어졌을 가능성도 부정할 수 없다. 따라서 무신년이 목간이 쓰여진 연대 (B)라고 곧바로 대답하기 어려운 것을 이해할 수 있을 것이다.

확실한 '일본 최고의 목간'은?

이처럼 '목간의 연대'를 생각할 때는 전술한 A~C의 차이를 염두에 둘 필요가 있다. 목간에 쓰인 연대 (A)를 그대로 믿어버리지 말고 그것이 어떤 장소에서 출토되었는지, 또 어떠한 종류의 목간인지 심사숙고해야 한다.

특히 '일본 최고의 목간'을 생각할 때 목간이 쓰여진 연대 (B)

가 문제시 된다. A와 B가 일치하면 좋지만 간단하게 단정할 수는 없다. 기년을 가진 목간 가운데 A가 B와 일치하는 확실한 최고의 사례는 아스카 경 유적 원지苑池 유구의 수로에서 출토된 다음 목간일 것이다.

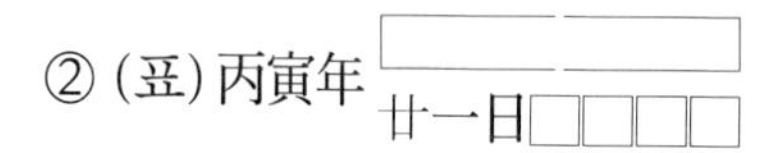

(리) 十八日子古鮑一列勅人奈□
十九日寅子鮑三井上□□
〔女?〕

길이 162mm×폭 35mm×두께 5mm

「병인년丙寅年」은 666년이다. 원지 유구는 노치노 아스카 오카모토 궁(後飛鳥岡本宮: 656-667)의 일부로 그 다음에 축조된 아스카 기요미하라 궁(飛鳥淨御原宮: 672-694)으로도 이어졌기 때문에 유적 · 유구의 연대와 모순은 없다.

내용은 전복(鮑)의 출납을 기록한 것이다. 표면 하부의 오른쪽 행, 미판독 부분을 「20일(廿日)…」로 볼 수 있다면 표리에서 연속하는 4일분의 기록이 된다. 그 경우 흥미로운 것이 날짜가 이면(우행→좌행) → 표면(우행→좌행) 순번이 되고 있다는 것이다. 표면의 「병인년」은 약간 큰 글씨로 쓰여 있다. 아마 처음에는 기년 아래에 문자를 기입하지 않았고 날짜는 이면부터 쓰기 시작했던 것이 아닐까 한다. 하지만 2일분을 추가로 기재할 필요가 생겨서 표면의 아랫부분도 사용하게 되었을 것이다. 표면의 우행과 좌행을 비교해 보면 부분적으로 문자의 분위기가 다르고, 한 번에 쓴 것이 아니라는 점이 이를 방증한다. 이와 같이 이해할 수 있다면 목간에 쓰여진 연대 (A)인 「병인년」은 목간이 쓰여진 연대 (B)라고도 할 수 있게 된다.

또 이 목간의 경우 본래 기년과 날짜 사이에 달을 기록해야 하지만 무슨 이유에서인지 생략되어 있다. 또 날짜 아래의 십이지도 18일이 「자子」의 날짜라면 19일은 '축丑'이 되기 때문에 약간의 혼란이 있는 것 같다. 이러한 점에도 불구하고 목간②가 병인년(666)에 쓰여진 목간이라는 것에는 의문의 여지가 없을 것 같다.

그런데 목간①(무신년)과 목간②(병인년) 사이에 기년이 쓰여진 목간으로 임자년(652), 신유년(661), 계해년(663), 을축년(665) 등이 존재한다. 그 중 산죠큐노쓰보(三條九ノ坪) 유적(효고 현 아시야 시) 출토의 임자년 목간은 야요이 시대부터 헤이안(平安) 시대 초기까지의 유물이 포함된 유로流路에서 출토되었기 때문에 652년으로 판정하기에는 약간 불안하다.

신유년과 계해년 목간은 모두 후지와라 궁(694-610)에서 출토되었다. 후지와라 궁의 조영은 680년대에 개시되었는데(제6장 참조) 이 두 점의 기년 목간은 그보다도 훨씬 오래된 것이다. 그 중에서도 신유년의 것은 기록목간으로 나중에 썼을 가능성이 높다.

을축년 목간은 아스카의 이시가미 유적과 야시로(屋代) 유적군(나가노 현 지쿠마 시)에서 각각 출토되었다. 이시가미 유적 출토품은 하찰목간으로 목간이 쓰여진 연대 (B)로 볼 수 있다. 다만 제2장에서 서술하는 것처럼 「정축년丁丑年」(677)을 「을축년乙丑年」(665)으로 잘못 썼다고 보는 견해도 있다. 야시로 유적군 목간도 동일한 토층에서 「요로 칠년(養老七年)」(723)과 「진구 삼년(神龜三

年)」(726) 목간이 출토되었기 때문에 60년 뒤인 725년을 가리킬 가능성이 없지 않다.

이처럼 무신년부터 을축년까지 기년이 쓰여진 6점의 목간은 모두 그 기년을 목간이 쓰여진 연대 (B)로 단정하기에는 조금씩 주저되는 것들 뿐이다. 일곱 번째로 오래된 기년을 보여주는 목간 ②가 누구라도 인정할 수 있는 확실한 '일본 최고의 목간'이라 할 수 있다.

이러한 점에 주의하면서 간지년이 쓰여진 목간을 정리해 보면, 덴지 조(662-671) 이전과 덴무 조(672-686) 이후의 상황이 매우 다르다. 덴지 조 이전의 간지년 목간은 산발적으로 밖에 보이지 않는다. 그렇지만 덴무 조 이후가 되면 675년을 기점으로 매년 간지년 목간이 발견되고 또 동일한 해에 복수의 사례도 등장한다.

또 몇 안 되는 덴지 조 이전의 간지년 목간 중에서 해당 연도에 쓴 것이라고 확실히 단정할 수 있는 것은 목간②의 666년까지 시기가 내려온다. 이에 반해 덴무 조 이후가 되면 그 해에 쓴 것으로 볼 수 있는 사례가 다수 존재한다.

즉 목간에 간지년을 쓰는 것이 일반화된 것은 덴지 조 이후이다. 물론 이것은 목간의 사용 상황에 의한 바 크다. 후술하는 것처럼 목간의 사용은 덴무 조부터 급격히 증가한다. 하지만 보다 더 본질적으로는 덴지 조에 국가 기구의 정비가 비약적으로 진전되고, 기년을 써야할 필요가 증대된 것이 보다 더 큰 이유일 것이다.

대좌 묵서가 말하는 것

지금까지 본 것은 간지년이 명기된 오래된 목간이었다. 목간의 정의에서는 빠뜨렸지만 '일본 최고의 목간'을 생각할 때 간과할 수 없는 자료가 있다. 그것은 호류지(法隆寺)의 금당 석가삼존상을 받치고 있는 대좌의 보완재에 남아 있는 묵서이다. 이것은 문짝판으로 추정되는 건축 부재에 묵서한 후에 대좌의 보완재로 전용된 것이다.

③ (상) 辛巳年八月九月作□□□□
(하) 椋費二段

길이 (1340)mm×폭 (120)mm×두께 52mm

④ (상) 留保分七段
書屋一段
尻官三段　ッ支与三段
(하) 辛

길이 (1355)mm×폭 (125)mm×두께 56mm

이 대좌 묵서의 의미를 살펴보기 위해서는 금당 석가삼존상의 광배에 적혀 있는 명문의 내용을 함께 언급할 필요가 있기 때문에 이를 간략히 제시하면 다음과 같다.

612년 12월 쇼토쿠 태자(聖德太子)의 어머니인 하시히토(間人) 황녀가 죽었다. 이듬해 정월 22일, 쇼토쿠 태자가 병들어 눕고 가시와데 부인(膳夫人)도 간병하는 수고 때문에 병이 들었다. 왕후·왕자와 여러 신하들은 병환 치료를 기원하며 불상제작을 발원하지만 2월 21일에 가시와데 부인이, 이튿날 쇼토쿠 태자가 사망했다. 발원자들은 623년에 삼존상을 완성했는데, 쇼토쿠 태자 · 가시와데 부인 · 하시히토 황녀의 극락왕생과 자신들의 현세 안녕을 기원하였다. 불상의 제작자는 시바노오비토(司馬首) 도리불사(止利佛師)이다.

요컨대 석가삼존상은 622~623년에 제작된 것으로 전하고 있다. 명문은 후세에 추각追刻하는 경우도 있지만 이것은 추각되지 않았다. 불상 양식이나 기법 등을 고려해도 623년 무렵에 완성되었다고 볼 수 있다.

석가삼존상은 나무로 만든 커다란 대좌에 안치되어 있는데 그 대좌의 보완재는 ③④의 문자가 쓰여 있는 건축 부재를 전용하여 제작한 것이다. 따라서 ③ 상면의 「신사년辛巳年」은 621년으로 생각할 수 있다. 이것은 쇼토쿠 태자가 병환에 걸리기 한 해 전이다. 대좌의 보완재로 전용되었기 때문에 신사년을 서사 연대로 보아도 큰 잘못은 없다.

④ 상면의 묵서 내용을 보면 2단 3행으로 구성되고 「○ ○단段」으로 쓰여 있어 '유보분留保分 7단 = 서옥書屋 1단 + 고관尻官 3단 + 쓰지여ツ支与 3단'이 된다. '단'은 포布의 단위로 ③에도 보인다. 주조화폐가 탄생하기 이전에 포는 주요한 교환 수단이었다. ③④는 포 출납 · 관리의 기록으로 생각할 수 있다.

「유보분留保分」은 창고에 남겨 둔 여분의 포를 가리키며, 기타의 포가 여러 창고에서 모아졌음을 알 수 있다. 「서옥書屋」은 그 이름에서 문서관리를 위한 건물이 아닐까 한다. 「고관(尻官,'시리노쓰카사)'」은 '대관(代官, 시로노쓰카사)'과 통하기 때문에 나시로(名代) · 고시로(子代)(왕궁과 관련된 부서)를 관리하는 조직이라는 설을 따르

고자 한다. 「쓰지여(ツ支与)」는 '쓰키요(ツキヨ)'로 개인의 인명일 것이다.

석가삼존불이 하시히토 부인의 출신 씨족인 하시히토 씨(膳氏)를 중심으로 만들어져, 원래는 하시히토 씨와 연고가 있는 호린지(法輪寺)에 안치되었다고 추정되기 때문에 이러한 건축 부재들은 아마 하시히토 씨의 저택에서 사용되었던 것으로 보인다. 그것은 창고의 문짝 판으로 볼 수 있다.

여기서 중요한 것이 ③의 아래쪽에 있는 「구라노 아타이(椋費)」라는 씨족의 이름이다. '경(椋)'은 창고를 의미하는데 중국에는 이러한 글자가 없다. 예전에는 일본에서 만든 한자인 국자國字로 생각한 적도 있었다.

하지만 최근에는 한국에서 '경'자가 쓰여 있는 자료가 복수로 출토되어 한반도에서 유래한 것으로 판명되고 있다. 와세다 대학의 이성시 교수는 삼국지『三國志』 위지魏志 고구려전의 "커다란 창고는 없지만 집집마다 작은 창고가 있다. 이것을 부경桴京이라고 부른다"라는 기록에 착목하여, '부경桴京'은 음音인 '부桴'와 훈訓인 경京(이것 자체로 창고의 의미를 가지고 있다)으로 만들어진 문자로 그것을 조합시킨 것이 '경椋'자라고 추정하였다. 구라노 아타이(椋費)는 창고의 출납 업무에 종사하는 씨족으로 보아도 좋을 것이다.

창고에는 갖가지 물자가 들고 난다. ③④는 그 때의 메모로 창고의 문짝 판에 기록한 것으로 생각된다. 서사 전용의 판이나 종이를 사용하지 않은 것이 특이하지만 '일본 최고의 목간'을 생각할 때 중요하다.

2. 고고학적 관점에서 찾기

643년 이전의 목간일까

지금까지는 기년이 기록된 자료에서 '일본 최고의 목간'을 생각해 보았다. 하지만 그러한 목간은 수량적으로도 몇 점 되지 않는다. 일본 최고의 목간을 찾고자 하면 목간이 직접적으로 설명해주지 않는 정보에도 눈을 돌릴 필요가 있다. 이 때 중요한 것이 '목간은 고고 유물이다'는 관점이다. 목간과 함께 출토된 유물이나 유구의 상황을 살피는 것으로 목간의 연대를 어느 정도 파악할 수가 있다.

여기에서는 아스카 북동쪽에 위치하는 야마다데라(山田寺)의 하층 도랑에서 출토된 목간을 사례로 살펴보기로 하자.

야마다데라 남문의 바로 남쪽에서는 창건 시에 형성된 두께 80cm 정도의 조성토가 확인되었는데, 그것보다 더 하층의 도랑에서 목간 48점(그중 삭설 41점)이 출토되었다. 그 중 문자가 판독되는 것은 11점이다. 그 중 9점은 「성城」자가 쓰여 있는 삭설이며, 본래는 하나의 목간에서 유래했을 가능성이 있다. 남은 두 점 중 한 점은 「악惡」이나 「신身」 등의 문자를 연습한 목간, 다른 한 점은 「이耳」자 밖에 읽을 수 없는 작은 단편이다. 유감스럽게도 문자의 내용에서는 재미있는 것이 없다. 그러나 이 목간들에서 중요한 것은 목간이 출토된 지점이다.

소가노쿠라노 야마다노 이시카와노마로(蘇我倉山田石川麻呂)가 발원한 야마다데라는 『상궁성덕법왕제설上宮聖德法王帝說』의 이서裏書를 통해 조영 과정을 개략적으로 파악할 수 있다. 그에 따르면 641년에 사찰을 만들기 위한 정지 작업이 시작되었다. 금당이 643년에 조영되므로 대략 2년이라는 세월에 걸쳐 정지되었다고 생각된다. 목간이 출토된 하층 도랑과 조성토에서 출토된 토기들은 모두 동일한 시기의 것이다. 따라서 목간도 이 정지 작업을 할 때 폐기되었을 가능성이 높다. 즉 목간이 폐기된 연대는 641~643년으로 생각할 수 있다.

물론 모든 정지 작업이 641~643년에 실시되었다고 확증할 수는 없다. 다만 함께 출토된 토기의 시기를 보면 643년보다 늦은 것은 보이지 않는다. 그것을 보여주는 것이 아스카의 토기 편년이다. 토기는 시대와 더불어 조금씩 양식이 변화한다. 7세기 중엽의 토기가 많이 출토되는 유적·유구는 다음과 같은 순서를 보이는 것으로 판명되고 있다.

가와라데라(川原寺) 하층의 사행구斜行溝→야마다데라 하층 사행구·정지토→아마카시노오카 동록 유적의 소토층→아스카이케 하층의 사행구→사카타데라(坂田寺)의 연못→미즈오치 유적의 기단토 및 잡석(貼石) 유구

그 중 아마카시노오카 동록 유적의 소토층은 645년 을사의 변에서 아마카시노오카에 있던 소가노 에미시·이루카의 저택이 소실될 때 형성된 것으로 생각된다. 또 아마카시노오카 동록 유적에서는 7세기 전반의 담장(石垣)과 굴립주건물군도 함께 발견되었다. 이런 유구들이 소가 씨 저택과 관련된 것이라면 645년에 소실된 토기군으로서 매우 중요한 것이 된다.

미즈오치 유적도 660년에 물시계(漏刻, 로코쿠)가 설치된 장소로 물시계는 641년에 오우미(近江)로 이전되었기 때문에 660~671년으로 생각할 수 있다. 이와 더불어 니시타치바나(西橘) 유적에서는 미즈오치 유적과 거의 동시기의 토기가 다량 발견되었는데, 그 중에는 「사월중십칠일수□□(四月中十七日水□□)」라고 쓰인 목간이 포함되어 있었다. 「사월 중」은 역曆의 24절기의 하나인 '중기소만中氣小滿'에 해당한다. 「사월 중 십칠일」은 중기 소만이 17일에 시작하는 것을 의미하며 그 해는 661년으로 추정되고 있다.

이러한 토기들의 시기를 볼 때 야마다데라 하층의 도랑이나 정지토의 토기들은 643년 무렵에 폐기되었을 가능성이 높다. 특히 아마카시노오카 동록 유적의 소토층이 645년 소가 씨 저택의 소실과 관련된 것이라면 야마다데라 하층의 토기는 641~643년에 폐기된 것이라 할 수 있다. 나아가 함께 출토된 목간들도 동시기에 폐기되었을 가능성이 높다. 이곳에서 발견된 목간들은 대부분 문자를 연습한 것으로 장기간 보관할 만한 것이 아니다. 목간에 글씨를 쓴 연대도 대략 641~643년이라 할 수 있다.

고고학에서 본 '일본 최고의 목간'

이러한 고고학적인 방법을 통해 '일본 최고의 목간'이라 말할 수 있는 것으로 우에노미야(上之宮) 유적(나라 현 사쿠라이 시)에서 출토된 목간⑤가 있다. 이 유적은 아스카에서 북동쪽에 있는 미와야마(三輪山)의 남서쪽 기슭에 위치한다. 이 일대는 아스카 시대 이전에 왕궁이 다수 조영된 장소이다.

〔金?〕
⑤ 別□塗銀□其項□頭刀十口

우에노미야 유적에서는 크게 다섯 시기 정도의 유구가 확인되었다. 그 중 3 · 4기(6세기 후반에서 7세기 전반)에는 사면에 차양(四面庇)을 갖춘 격식이 높은 대형건물이 건립되고, 그 서쪽에는 '원지園池 유구'로 불리는 잔자갈을 깐 이시구미(石組) 시설이 설치되었다. 유력자의 거택居宅일 가능성이 높고, 쇼토쿠 태자의 가미쓰미야(上宮) 유적으로 보는 연구자도 있다. 다만 별도의 왕궁으로 보거나 이 일대의 호족인 아베 씨(阿倍氏)의 거택으로 볼 가능성도 있어 아직 유적의 성격을 단정할 수는 없다.

목간⑤는 원지 유적에서 출토되었다. 8편으로 분리되었지만 접속하면 전체 길이 183mm가 되는데 삭설로서는 대형에 속한다. 그 내용은 금은으로 장식한 호화로운 대도大刀에 대한 것이다. 다섯 번째 글자를 「수繡」와 같은 것으로 보면 자수가 놓여진 대도였을지도 모르겠다. 어쨌든 상당히 값비싼 것이다. 이 유적에서는 대모갑(鼈甲)의 단편도 함께 출토되었다.

원지 유구는 6세기 후반에서 7세기 전반까지 상당한 시기 폭이 있다. 목간⑤가 그 초기 단계의 것이라면 다음에서 말하는 '일본 **최고급**(最古級) 목간'들과 시기적으로 그다지 큰 차이가 나지 않는다.

고고학적으로 '일본 **최고급**最古級 목간'으로 이야기되는 것들은 야마다데라 하층 도랑이나 우에노미야 유적 외에도 아베야마다미치(阿倍山田道) 조사(사쿠라이 시), 이시가미 유적 하층, 아스카이케 유적 하층, 아스카데라(飛鳥寺) 남방 유적, 이카즈치노오카(雷丘) 북방 유적(이상 아스카무라), 나니와 궁 유적 하층, 구와즈(桑津) 유적(이상 오사카 시) 등에서도 출토되었다. 야마다데라부터 이카즈치노오카 북방 유적까지는 아스카와 그 바로 주변에 있는 유적이다. 구와즈 유적은 나니와 궁이 축조된 우에혼마치 대지의 동쪽 기슭에 위치한다. 당시에는 현재의 동 오사카 시를 중심으로 가와치 호(河內湖)가 넓게 자리하였기 때문에 그 나루(津)의 하나였다고 생각된다.

현재까지 '일본 최고급 목간'은 약 70점 정도 존재한다. 그 중 아스카이케 유적 하층에서 출토된 한 점은 아스카데라(588년 조영 개시)의 창건 시점에 해당할 가능성이 있는 암회색점토층에서 출토되었다. 다만 특정 지점을 탐색 조사(단면 조사)할 때 출토된 것이어서 상층의 새로운 시기 목간이 혼입되었을 가능성도 배제할 수 없다. 이것과 우에노미야 유적 출토의 목간⑤를 제외하면 '일본 최고급 목간'은 640년대 무렵에 해당한다.

그 중 내용을 어느 정도 알 수 있는 것은 야마다데라 하층의 습서목간 이외에 구와즈 유적의 주술목간, 나니와 궁 하층의 습서목간, 아스카데라 남방 유적의 부찰목간, 이시가미 유적 하층의 「□□녀정대인정의취□구어(□□女丁大人丁意取□久御)」로 기록된 문서목간, 「대가신…□수대□(大家臣…□首大□)」가 쓰여 있는 하찰목간, 「십오근十五斤」으로 기록된 부찰목간 등에 지나지 않는다.

하지만 문서, 하찰, 부찰, 주술, 습서 등 다채로운 목간을 확인할 수 있다는 점은 중요하다. 그 후 이어지는 목간의 기초적인 사용 방법이 '일본 최고급 목간'이 확인되는 640년대에 이미 시작되었다고 이해할 수 있기 때문이다.

3. 일본에서 목간 사용의 시작

일본에서 '문자'

이상에서 검토한 것처럼 일본 최고의 목간은 목간이 쓰여진 연대라는 측면에서 보면 확실하게 640년대에 속한다. 일부 6세기 후반까지 소급될 수 있는 목간도 있지만 이것은 아직 확실하지 않다.

말할 것도 없이 문자를 기록한다는 행위는 그보다 훨씬 더 오래되었다. 5세기 후반의 유랴쿠(雄略) 천황 시대에 제작된 이나리야마(稻荷山) 고분(사이타마 현 교다 시) 출토 철검鐵劍이나 에다후나야마(江田船山) 고분(구마모토 현 다마나 군) 출토 은상감대도에 새겨진 명문 등을 보면 일본에서 문자의 사용은 확실히 5세기까지 소급된다.

문자가 쓰여 있는 자료들은 그보다 훨씬 이전 시기의 것도 있다. 에도 시대 시카노시마(志賀島, 후쿠오카 시)에서 출토된 '한위노국왕漢委奴國王'이 쓰여 있는 금인金印은 57년에 후한의 광무제가 사여賜與한 것이다. 야요이 시대의 무덤 등에서 출토된 화천貨泉이나 청동거울의 명문 등에도 문자가 쓰여 있다. 하지만 이러한 자료들은 중국에서 가져온 것이기 때문에 일본에서 문자의 사용을 직접적으로 알려주는 것은 아니다.

일본 열도에서 문자가 쓰여 있는 초기의 자료로 토기가 있다. 오시로(大城) 유적(미에 현 쓰 시)에서 출토된 2세기 말 경의 굽다리접시에는 「봉奉」자, 미쿠모(三雲) 유적(후쿠오카 현 마에바루 시)에서 출토된 3세기 중엽 경의 동이(甕)에도 「경竟」자와 같은 각서刻書가 있다. 이러한 사례는 더 많이 있지만 한 글자만 쓴 것이 대부분이다. 협의의 문자라고 하기 보다는 오히려 기호로 생각해야 할 것이다.

또 야나기마치(柳町) 유적(구마모토 현 다마나 시)에서 출토된 4세기 초반의 목제단갑류구木製短甲留具에는 가로 방향으로 네 글자 정도의 묵서가 있는데 맨 마지막 글자는 「전田」자와 같은 것으로 보인다. 전술한 토기와 달리 한 글자만 쓴 것이 아니다. 발굴 조사에서 출토된 묵서가 있는 나무편으로, 흡사 목간 같은 것이다. 하지만 통상적으로 이것을 목간으로 취급하지는 않는다. 협의의 문자라기 보다는 기호와 같은 것이기 때문이다. 또 만약 네 글자로 의미있는 문장이나 어구를 썼다면 세로 방향으로 문자를 기록해야 하지만 가로 방향으로 되어 있기 때문이다.

물론 4세기 이전 일본 열도에서도 중국의 후한과 교섭한 노국奴國이나 위 · 서진과 교섭한 야마타이 국(邪馬台國) 등에서는 문자를 사용하는 사람이 존재했을 것이다. 그러나 그것은 매우 특수한 존재였다. 중국의 『위략魏略』이라는 역사서에 따르면 3세기의 일본에서는 사계절을 알지 못하고, 다만 봄의 경작과 가을의 수확을 통해 1년을 어림잡았다고 한다. 이것은 역曆이 없었던 것을 의미하며 이래서는 연월일에 기초한 기록을 적을 수 없다.

역의 수용과 본격적인 문자의 사용

일본에서는 5세기 후반에 역曆을 수용했다. 『일본서기』에 붙어 있는 역일曆日을 보면 안코우(安康) 3년(456) 8월조부터 지토 기(持統紀, 687~697)까지는 중국 남조의 송(420~479)에서 445년에 시행한 원가력元嘉曆에 의거하여 쓰여 있다. 안코우 천황은 왜 5왕 중 네 번째 '흥興'으로 비정되는데, 이는 유랴쿠 천황 '무武'(왜 5왕의 다섯 번째 왕), 인교(允恭) 천황 '제濟'(세 번째)와 함께 그다지 이론이 없다. 왜 5왕은 남조 송나라에 조공할 때 중국 황제의 시간적 통제 아래 들어갔다는 것을 드러내는 증거(証)로서 역을 받아 사용한 것이다.

그렇지만 유랴쿠 천황이 478년에 사신을 파견한 이후 600년 견수사遣隋使를 파견할 때까지 중국과의 국교 관계는 없었다. 하지만 이 사이에도 한반도, 특히 백제와의 교섭은 빈번하게 이루어졌다. 원가력은 백제에서도 채택되었으며 그것은 백제가 멸망한 660년까지 지속되었다. 6세기 중엽, 일본이 백제에 군사적인 원조를 제공한 답례로 백제에서 각종 문물이나 기술, 사상이 전래되었다. 불상이 유명하지만 원가력도 그 하나였다. 『일본서기』에 따르면 553년 일본은 백제에게 역박사曆博士의 교체(그 이전부터 역박사가 일본에 와 있었다)와 역본曆本을 보내줄 것을 요구하여 그 이듬해에 새로운 역박사가 일본에 오게 되었다.

602년에는 백제 승려 관륵觀勒이 일본에 오는데, 역본 · 천문지리서 · 둔갑방술서遁甲方術書를 가지고 왔다. 야고노후비토(陽胡史)의 조상인 다마후루(玉陳)는 관륵에게서 역의 산술 방법을 배웠다고 한다. 그리고 604년에는 처음으로 역일曆日을 이용하게 된다.

이후 역법을 이해하고 독자적으로 역을 작성하는 단계에 들어간다.

이처럼 일본에서 역의 사용은 5세기 후반 경에 시작된다. 이 무렵부터 서서히 기록이 작성되어 목간도 사용되었을 가능성이 있다. 그러나 문자를 다룰 수 있는 것은 주로 한반도 출신의 도래인 등 일부에 그쳤으며, 만약 목간이 사용되었다고 해도 그것은 왕궁과 그 주변, 혹은 일부의 항만 등에 한정되었을 것이다.

열도 규모에서 목간이 사용된 것은 야마토 왕권의 지방 거점이라고도 할 수 있는 둔창(屯倉, 미야케)이 각지에 설정된 6세기 이후로 생각된다. 이에 대해서는 『일본서기』에 현재의 오카야마 현에 설치된 백저둔창(白猪屯倉, 시라이노 미야케)에 관한 흥미로운 이야기가 전해진다.

긴메이(欽命) 천황이 통치하던 555년, 백저둔창이 설치되었다. 이 때 둔창에 딸려 있는 전지田地를 경작하는 전부田部가 설치되고 그 '적籍'을 작성하였다. 그런데 14년 후에 연령이 10여 세에 달했지만 적에 빠져 부과賦課를 면제 받는 자가 많아졌다. 즉 '적'이 처음에는 만들어졌지만 그 후 갱신되지 않았던 것이다.

그래서 도래인 이쓰(胆津)에게 명하여 전부田部를 조사하고 그 '정적丁籍'을 작성하게 했다. 이쓰는 이 공으로 시라이노후비토(白猪史)라는 성을 사여 받고, 백저둔창의 전령田令으로 임명되었다. 그리고 비다쓰(敏達) 천황 시대인 578년, 기비(吉備)에 파견된 소가노 우마코(蘇我馬子)가 백저둔창과 전부의 농민을 더욱 늘려주고 전부의 '명적名籍'을 이쓰에게 주었다고 한다.

'적籍'은 '나무후타(ナムフタ)'(이름의 찰札)라는 일본어 고훈古訓이 전하고 있어 목간일 가능성이 있다.

또 『일본서기』에 따르면 540년에 진인秦人과 한인漢人 등 도래인을 소집하여 지방에 안치하고 '호적'에 기입했는데 진인의 호구 수가 7,053호였다고 한다.

백저둔창에서 작성한 전부田部의 적籍이라는 호적을 만드는 기술은 도래인에 의해 도입되었다. 전국 규모의 본격적인 호적은 670년의 경오년적庚午年籍까지 내려오지만 둔창 등에서는 이미 호적이 작성되었던 것이다.

한반도로부터의 영향

2008년 한국의 서남부, 나주시 복암리 유적에서는 7세기 초의 주목할 만한 목간이 출토되었다. 이 유적은 백제의 5방성의 하나인 남방南方의 관할 아래 있는 군郡의 관청 터로 추정되고 있다.

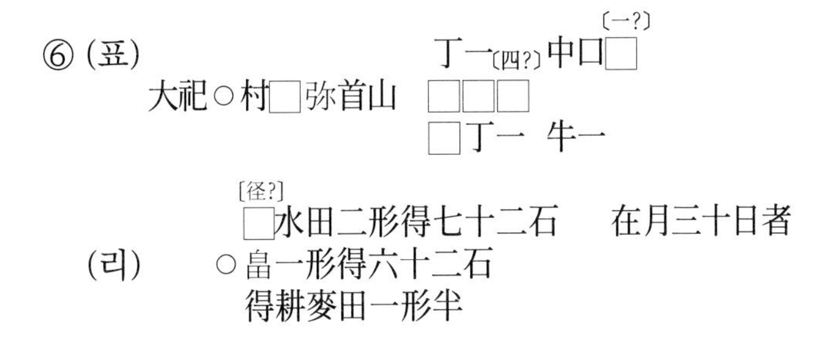

⑥ (표) 大祀○村□弥首山 丁一〔四?〕中口□〔一?〕 □□□ □丁一 牛一

(리) □〔徑?〕水田二形得七十二石 在月三十日者 ○畠一形得六十二石 得耕麥田一形半

길이 185mm×폭 27mm×두께 6mm

표면의 「정丁」 「중구中口」는 연령 구분에 관한 기재이다. 「정」은 성인, 「중구」는 청년일 것이다. 이 유적에서는 별도로 「형장제공정兄將除公丁」 「부중구이婦中口二」 「소구사小口四」 「□형정문정□兄定文丁」 「매중구일妹中口一」 등이 쓰여 있는 기록목간도 출토되었다. 「소구小口」는 어린이, 「제공정除公丁」은 노인으로 생각된다. 아마도 '소구-중구-정-제공정'이라는 연령 구분이 될 것이다. 이러한 연령 구분이 있었다는 것은 모종의 호적이 존재했다는 것을 의미한다.

이면에는 「수전水田」 「전畠」 「맥전麥田」의 각종 면적(단위는 '형形')이 기록되어 있는데, 맨 앞 두 줄에는 수확량(단위는 석石)이 쓰여 있다. 또 「전畠」이라는 글자도 지금까지는 일본의 국자國字로 이해되었지만 전술한 「경椋」자와 동일하게 한반도 계통의 문자라는 것을 가르쳐 주고 있다.

이 목간⑥은 수전 · 전 · 맥전의 경작과 더불어 그 노동력(소(牛)를 포함한)을 연령 구분에 따라 집계한 것으로 생각된다. 일본의 둔창에서 목간 사용을 고려할 때 주목된다.

『논어』가 기록된 목간

그런데 앞서 백저둔창에서 활약한 이쓰라는 인물은 왕진이王辰爾의 조카에 해당한다. 왕진이는 백제에서 건너온 도래인이지만 '왕王'을 성으로 하기 때문에 중국계일 가능성이 높다. 553년, 긴메이 천황이 구스노마가리 궁(樟勾宮, 오사카 부 히라카타 시)에 행차(行幸)할 때 왕진이가 소가노이나메(蘇我稻目)에 의해 파견되어 '선부船賦'를 셈하고, 그 공으로 후네노후비토(船史) 성을 하사 받았다. '선부'는 배에 관한 세금으로 그것을 기록한 이상 문자를 사용할 수밖에 없다.

또 572년, 예전에 건너온 후비토(史)들이 고구려에서 온 국서國書를 읽을 수 없었는데 왕진이만이 해독할 수 있었다는 전승이 남아 있다. 오래 전에 건너온 도래인의 지식으로는 충분히 대응하지 못하여 새롭게 건너온 도래인의 지식이 필요해졌음을 상징적으로 보여준다.

왕진이 일족에게는 쓰노후비토(津史)라는 인물이 있었다. 나루(津)의 관리에서 유래한 씨족명이다. 갖가지 물자나 사람들, 정보가 오가는 나루에서는 문자를 사용한 경우가 많았을 것이다.

왕진이와 동일한 중국계 백제인으로 보이는 인물로 왕인王仁이 있다. 5세기, 오진(應神) 천황 시대에 백제의 박사였던 왕인이 일본의 초청으로 『논어論語』와 『천자문千字文』을 가져왔다고 전한다. 그 중 『천자문』은 천 개의 문자를 중복없이 4자 1구의 운문韻文으로 만든 것이다. 중국 남조 양나라 때 주흥사周興嗣가 만들었기 때문에 그 성립시기는 6세기이다. 당연히 5세기에 일본에 전래될 수 없다. 하지만 왕인의 전승은 한반도, 특히 백제로부터 건너 온 도래인에 의해 『논어』나 『천자문』이 전해졌다는 것을 설화화했다고 볼 수 있다.

『논어』나 『천자문』은 일본에서 초학서로 널리 읽혀졌다. 그 때문에 이 서적들의 한 구절을 기록한 목간이 다수 출토되고 있다. 그 초기의 사례로서 아와 국부(阿波國府) 유적으로 생각되는 간논지(觀音寺) 유적(도쿠시마 시)에서 출토된 7세기 후반 경의 목간이 주목을 끈다【1-2】.

60센티미터 이상의 기다란 각재角材로 네 측면에 묵서가 있다(이러한 종류의 다면체 목간을 중국에서는 '고觚'로 부른다). 예서체를 떠오르게 하는 약간 예스러운 독특한 글씨체로 써 있다. 그 1면에 「자왈 학이습시불고□호□자붕원방래역시락호인부지역불온(子曰 學

而習時不孤□乎□自朋遠方來亦時樂乎人不知亦不慍)」이 기록되어 있다. 유명한 『논어』 학이편學而篇 첫머리 부분에 해당한다.

일본의 목간은 평평한 재료가 대부분으로 각재는 대단히 희귀한 사례이다. 각재에 『논어』나 『천자문』을 기록한 목간은 아스카무라의 아스카이케 유적(2점)이나 이시가미 유적(1점)에서도 출토되었다(제5장 참조). 모두 7세기 후반의 목간들이다. 8세기 이후에도 『논어』나 『천자문』을 기록한 목간이 일본에서 다수 출토되고 있지만 각재에 기록한 것은 전무하다.

그렇다면 왜, 초기의 사례에 한하여 각재를 사용했던 것일까.

이때 참고가 되는 것이 한국의 봉황동 유적(김해시)과 계양산성 유적(인천시)에서 출토된 목간이다. 모두 각재로 전자는 4면에, 후자는 5면에 걸쳐 『논어』 공야장편公冶章篇의 문장을 기록하고 있다. 본래는 1미터 이상이나 되는 기다

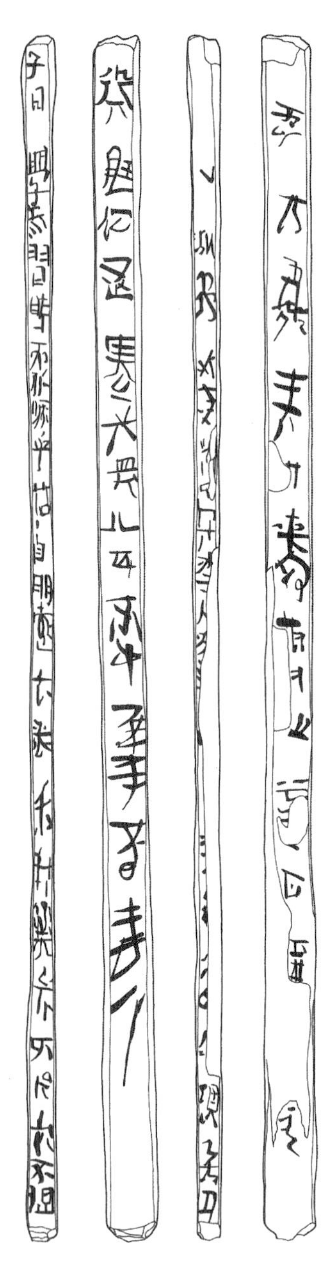

【1-2】『논어』 학이편을 기록한 목간

란 것이었다. 한반도를 통해서 『논어』나 『천자문』이 일본에 전래될 때 각재에 기록한다는 방법도 함께 전해졌다고 생각할 수 있을 것이다.

다만 한국과 일본의 차이도 인정된다. 한국의 목간 두 점은 4면이나 5면에 일련의 문장을 썼지만 일본에서 그러한 예는 아스카이케 유적에서 출토된 한 점에 지나지 않는다. 다른 세 점은 1면만 『논어』와 관련되고 다른 면에는 별도의 내용이 기재되어 있다(제5장 참조).

원래 각재는 다수의 문자를 기록하는 것이 가능하고, 일련의 문장을 쓰기에 적합하기 때문에 사용되었다. 다만 일본에서는 각재를 이용하는 메리트가 그다지 없었던 것 같다. 이것은 각재에 문장을 쓴 의미를 점차 이해할 수 없게 되어 그 형식만 계승했음을 시사한다. 그래서 8세기가 되면 각재에 『논어』나 『천자문』을 쓰는 것도 사라지게 된다.

또 『논어』 등을 기록한 기다란 각재목간은 식자識字 교본이나 학습 도구라는 실용적인 용도 이외에도 시각적으로 호소하는 상징적인, 혹은 주술적인 용도를 생각할 수 있을 것이다.

이처럼 일본에서 문자사용에는 주로 한반도 출신 도래인의 역할이 컸다. 이것은 예전에도 추정할 수 있었지만 최근 한국 목간이 연달아 출토되면서 구체적으로 뒷받침되고 있다. 이하 이 책에서도 적절하게 언급하겠지만, 7세기 일본의 목간을 살펴보다보면 한반도로부터의 강한 영향을 인정할 수밖에 없을 것이다.

최근에는 백제의 수도 부여의 쌍북리 유적에서 「나이파(나니와)연공那尔波連公」이라는 왜인의 이름이 쓰여 있는 부찰목간이 출토되어 일본과 백제와의 교류를 보여주는 사료로 이목을 집중시키고 있다.

일본에서 목간 사용의 여러 단계

이상의 내용에 비추어 볼 때 일본에서는 이미 6세기부터 목간이 사용되었다고 해도 그다지 이상하지 않다. 그러나 현상적으로는 확실한 6세기 목간이 출토되지 않았다. 장래에는 출토될 것으로 생각하지만 매우 소수에 그칠 것으로 예상된다. 왜냐하면 7세기 전반까지의 목간과 그 이후의 목간 사이에는 현저하게 출토 수량의 차이가 인정되기 때문이다.

먼저 7세기 전반 목간은 100점에도 미치지 않는다. 그것도 중심은 640년대에 있다.

다음 임신의 난이 일어난 672년까지로 고토쿠 · 사이메 · 덴지 천황 시대의 목간을 보면 수백점까지 늘어난다. 그리고 672년부터 694년까지 아스카 기요미하라 궁 시기의 목간, 즉 덴무 · 지토 천황 시대의 목간이 한꺼번에 증가하여 아스카이케 유적 · 이시가미 유적 · 아스카 궁지로 대표되는 것처럼 1만 점 이상에 달하게 된다.

694년부터 710년까지 후지와라 경 시기의 목간, 즉 지토 · 몬무 · 겐메이 천황 시대의 목간은 3만점 이상이다. 후지와라 경 시기는 701년의 다이호 령 시행을 경계로 양분되는데, 특히 후반에 해당하는 것이 압도적으로 많다. 또 지방에서 출토되는 목간도 7세기 말경부터 수가 증가한다.

710년 헤이죠 경으로 천도한 후, 784년 나가오카 경(長岡京)으로 천도할 때까지는 지방 출토 목간을 포함하여 20만 점을 돌파한다. 그러나 그 후 목간 사용이 점차 감소하여 중세 이후가 되면 매우 제한적으로만 사용하게 된다.

이처럼 7세기 말부터 8세기 말까지는 일본 역사상 가장 많은 목간이 사용되던 시대였다. 이 시대를 '목간의 시대'로 부르는 연구자도 있는데 그 출발점은 덴무 조였다.

물론 출토된 목간은 빙산의 일각이다. 그러나 이때까지 출토된 목간이 38만 점 이상에 달해 시기별로 본 출토 수량이 목간 사용 상황을 어느 정도 반영한다고 생각할 수 있다. 아스카 시대야말로 실질적인 의미에서 목간 사용이 시작된 시기였다.

칼럼① 창고와 목간

오우미 국(近江國) 야스 군(野洲郡)의 관청으로 추정되는 니시가와라(西河原) 유적의 미야노우치(宮ノ內) 유적(시가 현 야스 시)에서는 목간과 창고의 관계를 직접적으로 보여주는 흥미로운 발견이 있었다. 3칸×4칸으로 바닥 면적이 약 48평방미터인 창고를 해체하면서 기둥을 뽑아낼 때 생긴 구멍 20기(17기가 검출됨) 중 5기에서 당시 폐기된 여섯 점의 목간이 모습을 드러냈던 것이다(판독 가능한 목간은 다섯 점).

기년을 가진 목간은 세 점으로 691년 · 700년 · 702년에 해당한다. 모두 첫머리에 기년을 썼는데, 702년 목간의 경우 「다이호 2년(大寶二年)」이 아닌 「임신년壬申年」이라는 간지를 쓰는 등 과도기적 상황을 보이고 있다. 목간은 길이 60센티미터 전후의 것이 많은데 완전히 두 동강난 채 폐기되었다.

이 목간들은 '대도貸稻'(출거出擧)를 행할 때 창고에 수납한 벼를 관리하는데 이용되었던 것이다. 함께 출토된 목편(묵서는 없음)에 생쥐의 이빨 흔적이 남아 있어 틀림없이 창고와 밀착되어 사용했던 것을 알 수 있다. 그 때문에 창고가 해체되면서 목간도 쓸모없어지자 적당한 크기로 부러뜨려 기둥을 뽑은 구덩이에 버렸던 것을 짐작할 수 있다. 지방에서는 출거와 관계된 목간이 종종 출토되는데, 창고와 밀착되어 사용한 것을 직접적으로 보여주고 있어 매우 귀중한 사례라고 할 수 있다.

제2장

다이카 개신은 있었는가

1. 개신의 조의 신빙성

'군평 논쟁'을 매듭지은 목간

일본의 고도 성장기인 1960년대, 국도 165호 가시하라 우회도로를 후지와라 궁 북쪽으로 통과시키려는 계획이 수립되었다. 1966년부터 발굴 조사가 실시되어 최종적으로 약 2,000점의 목간이 모습을 드러냈다. 후지와라 궁에서는 처음으로 발견된 목간이다. 헤이죠 궁에서는 1961년부터 목간이 출토되고 있었지만 그것보다 더 오래된 것이었기 때문에 주목을 받았다. 특히 다음의 하찰목간은 이목을 끌었다.

① 己亥年十月上捄國阿波評松里

길이 (175)mm×폭 26mm×두께 6mm

「기해년己亥年」은 699년에 해당한다. 「가즈사 국(上捄國)」은 가즈사 국(上總國)의 옛 표기이다. 「아와 평(阿波評)」은 718년에 아와 국(安房國)이 되지만 원래는 가즈사 국의 일부였다. 「마쓰 리(松里)」는 나중에 「마쓰 향(松樹鄕)」으로 바뀌며, 현재의 지바 현 미나미보소 시 지쿠라쵸에 해당한다고 추정되고 있다. 지명 아래는 공진자貢進者의 이름이나 세물稅物의 내용이 쓰여 있었던 것 같지만 하단이 결실되었기 때문에 알 수 없다.

이 목간①이 커다란 충격을 준 것은 699년에 '평評'자가 사용되고 있었음을 보여주는 동시대 사료이기 때문이다.

일본 고대국가의 지방 행정 구분은 국(國, 쿠니)-군(郡, 코호리)-

리(里, 사토)라는 중층구조를 이루고 있다. 이 하찰에 의하면 가즈사 국(上捄國)-아와 평(阿波評)-마쓰 리(松里)가 된다. 701년 다이호 령 시행을 목전에 둔 699년임에도 「아와 군(郡)」이 아니라 「아와 평(評)」으로 쓰여 있는 점이 주목되었던 것이다.

여기에서 이야기는 645년 을사의 변(다이카 개신)으로 거슬러 올라간다. 나카노오에 황자와 나카토미노 가마타리는 소가노 에미시 · 이루카를 멸하고 고토쿠 천황을 필두로 한 새로운 정권을 탄생시킨다. 신정권은 새로운 체제 만들기에 착수하여 이듬해 646년 정월 초하룻날, 유명한 '개신改新의 조詔'를 발포한다.

이것은 주문主文 네 항목과 부문副文 13조로 구성되어 있다. 주문의 제1항에서는 황족이나 호족이 부민部民과 둔창屯倉을 지배하는 체제를 폐지하고 그 보상으로 식봉食封 · 녹祿(모두 급료의 일종)을 황족 · 호족들에게 지급함을 말하고 있다. 제2~4항에서는 지방 행정 구분을 국-군-리로 새롭게 정비하고, 호를 단위로 공민을 호적戶籍 · 계장計帳에 등록하여 논밭을 나누어 주는 반전수수班田收授를 실시하며, 새롭게 세제稅制를 개편하여 세금을 부과함을 말하고 있다.

개신의 조는 720년에 완성된 『일본서기』 안에서도 기재 내용이 잘 정리되어 있으며, 특히 부문은 701년에 시행된 다이호 령의 규정과 거의 동일한 것이 포함되어 있다. 개신의 조가 정말 646년에 나온 것인지 의문을 갖게 한다.

이 문제는 1950년대부터 '군평郡評 논쟁'이라고 하여 크게 논란이 되었다. 개신의 조를 포함하여 『일본서기』에서는 코오리(コホリ)를 모두 '군郡'으로 기록했지만 한편에서는 '평評'으로 쓰여 있

는 금석문 등 다른 계통의 사료가 존재한다. 『일본서기』가 '평'을 '군'으로 바꿔 쓴 것으로 볼 수 있는지 여부, 만약 바꿔 썼다면 무엇에 근거한 것으로 볼 것인지에 대해 기탄없는 논의가 이루어졌다. 개신의 조를 어떻게 볼 것인지에 따라 일본 고대국가의 성립 과정에 관한 이해가 크게 달라지기 때문이다.

이 군평 논쟁을 매듭지은 것이 ① 하찰목간이다. 「기해년」 즉 699년은 701년 다이호 령이 시행되기 바로 직전에 해당한다. 이 때까지 '평'이 사용되고 있었던 것이다. 그 후 후지와라 궁 유적에서는 700년에 상당하는 「경자년庚子年」 하찰목간도 출토되었다. 현재까지 많은 목간이 출토되었지만 지방 행정 구분인 코오리가 700년까지는 '평', 701년 이후는 '군'으로 전혀 예외가 없다.

이리하여 『일본서기』에 기술된 개신의 조에서는 다이호 령의 지식에 입각하여 '군'으로 표기한 것이 분명해졌다. 오랜 군평 논쟁은 완전히 마무리 된 것이다.

'리'에 선행하는 '오십호', '용'에 선행하는 '양'

개신의 조에서 문자를 바꿔 쓴 것은 '군'만이 아니었다. 사토(サト)도 원래는 '리里'가 아니라 '오십호五十戶'로 표기했다는 것이 최근 아스카 목간이 대량 출토됨으로써 판명되었다. '오십호'에서 '리'로 바뀌는 시기는 실제 사례로 판단하면 681~683년경이다. 참고로 전환점에 위치하는 하찰목간을 살펴보기로 하자.

② (표) 辛巳年鴨評加毛五十戶
(리) 矢田部米都御調卅五斤

길이 161mm×폭 21mm×두께 4mm

③ 癸未年十一月 三野大野評阿漏里
□漏人□□白米五斗
〔阿?〕

길이 (169)mm×폭 24mm×두께 3mm

목간②는 아스카 이시가미 유적 출토품으로 「신사년辛巳年」은 681년이다. 기년이 있는 '조調'의 하찰로는 가장 오래되었다. 품목은 쓰여 있지 않지만 수량이 「삼십오근卅五斤」이기 때문에 생선인 가다랑어로 추측할 수 있다. 가다랑어를 공진貢進하는 야타베(矢田部)가 다수 거주하는 지역이라는 점에서 이즈 국(伊豆國)의 하찰이라는 것을 알 수 있다.

목간③은 후지와라 궁을 조영할 때 이용한 운하에서 출토되었다. 「계미년癸未年」은 683년이다. 「미노 국 오노 평(三野國大野評)」이 아닌 「미노 오노 평(三野大野評)」으로 '국'자가 생략되었지만 이 점은 제3절에서 검토하기로 하겠다.

당나라의 호령戶令에서는 자연 집락인 방坊 · 촌村과 인위적인 행정 구분인 향鄕 · 리里로 구성되어 있다. 일본의 호령에서는 후자만을 계승하여 "무릇 호戶는 오십호五十戶로써 리里를 삼는다. 리 마다 장長 1인을 둔다"라는 규정을 만들어냈다. '리里'는 '오십호五十戶'로 구성된다. 인간 집단으로서의 측면을 단적으로 표기한 것이 '오십호'인 것이다.

개신의 조에서는 사토를 모두 '리'로 한다고 했지만 이것도 후세의 지식에 의해 바꿔 썼을 가능성이 있다. 다만 이미 683년에 '리'가 등장하고 있기 때문에 다이호 령의 지식에 의한 것으로 단정할 수는 없다. 다이호 령 바로 직전의 기요미하라 령(淨御原令)

은 689년에 시행되지만 그 편찬은 681년에 시작되었다. 685년의 48계 관위제 등 기요미하라 령의 일부가 선행적으로 시행되었다. 사토의 표기가 바뀌게 된 것도 비슷한 것으로 생각할 수 있을 것이다.

이 사토의 표기가 바뀐 시기와 관련된 지방의 큰 사업으로서 683~685년에 실시된 국경획정사업國境劃定事業이 있다. 관인과 기술자들이 전국을 순행하면서 복잡하게 얽힌 이해 관계를 정리하여 제국諸國의 경계를 정한 것이다. 이 국경획정사업은 도읍에서 방사상으로 연결된 칠도七道 즉 도카이 도(東海道)·도야마 도(東山道)·호쿠리쿠 도(北陸道)·산인 도(山陰道)·산요 도(山陽道)·난카이 도(南海道)·사이카이 도(西海道) 등의 정비와 연동하여 실시되었다. 그 무렵 기비(吉備)·고시(高志)·쓰쿠시(筑紫)·히(火)·도요(豊) 등 거대한 국國의 분할도 이루어졌다.

이처럼 국경획정사업은 국의 영역을 명확하게 하고, 오기五畿·칠도제七道制의 틀을 만든 중요한 정책이다. 이 사업의 실시와 관련하여 기요미하라 령의 규정에 의거하여 사토의 표기를 '오십호'에서 '리'로 바꿨을 가능성은 충분하다.

개신의 조에서 문자를 바꿔 쓴 사례로서 제4항 부문의 '용庸'도 지적할 수 있다. 7세기 하찰의 실례를 보면 '용'이 아니라 모두 '양養'으로 되어 있다.

④ (표) 甲午年九月十二日知多評

(리) 阿具比里五□〔木?〕部皮嶋□養米六斗

길이 213mm×폭 28mm×두께 4mm

이것은 후지와라 궁 유적의 북쪽 외호에서 출토된 하찰목간이다. 「갑오년甲午年」은 아스카에서 후지와라 경으로 천도한 694년이다. 「지타 평(知多評)」은 아이치 현 지타 반도 일대이다. 기요미하라 령제가 시행되던 694년 시점에 「양養」자가 사용되었던 것을 보여주고 있다.

그밖에도 이시가미 유적에서 '양'이 명기된 하찰목간 3점이 출토되었다. 하지만 7세기 목간에서 '용'으로 쓰여 있는 것은 전무하다. 다만 8세기가 되면 「용庸」이 쓰인 하찰이 다수 존재한다. 즉 701년의 다이호 령 시행을 계기로 '양'에서 '용'으로 변화한 것이다. 개신의 조에서는 '용'자를 사용하고 있지만 이것도 다이호 령의 지식에 의한 것이다.

개신의 조에 대한 평가

이상에서 동시대 사료인 하찰목간을 근거로 개신의 조에 보이는 '군' '리' '용'이 당시 사용되지 않았다는 것을 언급하였다. 나아가 개신의 조 제3항에 기록된 '정町' '단段' '보步'라는 전적田積 단위도 7세기 대에는 '대代'를 사용한 것이 일반적이기 때문에 다이호 령의 지식에 근거하였다고 생각된다. 그밖에도 '무릇(凡)'으로 시작하는 부문 문장을 비롯하여 당시의 용어로서 의심되는 것이 있다.

그렇다면 개신의 조 규정들은 전혀 믿을 수 없는 것일까. 사실은 그리 간단하게 말할 수 없다. 여기서는 '군郡'과 '용庸'을 중심으로 검토하고자 한다.

먼저 '군'에 대해서 보면 개신의 조와 다이호 령에는 다음과 같은 규모의 차이가 보인다.

구분	(대군)	(상군)	(중군)	(하군)	(소군)
개신의 조	31~40리		4~30리		1~3리
다이호 령	16~20리	12~15리	8~11리	4~7리	2~3리

다이호 령은 꼼꼼하게 5단계로 나누고 있지만, 개신의 조는 대략 3분류에 머물고 있다. 또 중군中郡을 보면 개신의 조에서는 그 폭이 매우 크다. 개신의 조가 다이호 령의 용어인 '군郡'자를 이용하고 있지만 그것에 완전히 의거하지는 않았다는 것이 분명하다.

다음 '용庸'에 대해서 보자. 개신의 조에서는 중앙 관사 등에서 잡역雜役을 맡은 사정仕丁이나 후궁을 시중드는 채녀采女의 생활비로 사용되던 것이다. 이것은 순수한 의미에서는 세금이 아니다. 이에 반해 다이호 령에서 용은 세역(歲役, 매년 10일 간의 무상노동)의 대납물代納物로 세금에 해당한다. 그전과 마찬가지로 사정 등의 식료로도 충당되었지만, 새롭게 중앙정부가 고용하는 인부의 삯이나 식료로도 사용하게 되었다. '용庸'은 '고용하다'는 뜻으로 세역의 대납물에 어울리는 말이다. 한편 '양養'은 사정들의 생활비에 어울린다. 이처럼 개신의 조에 보이는 '용'은 다이호 령의 지식에 의해 쓴 용어이기는 하지만 그 내용은 7세기의 상황에 부합한다.

그러나 개신의 조를 둘러싸고 논란이 되는 것은 단순히 용어뿐만이 아니다. 예를 들어 제3항의 호적 · 계장을 살펴보자. 전국적인 호적이 작성되는 것은 670년 경오년적庚午年籍에서 시작되며, 6년마다 한 번씩 작성하는(六年一造)의 호적은 690년 경인년적庚

寅年籍까지 내려온다. 그 때문에 다이카 연간에 호적 · 계장을 작성했다는 것에 의심을 가졌으며, 그 작성을 인정하는 경우에도 매우 간단한 대장에 지나지 않았다고 보았다.

더욱 심각한 것은 개신의 조의 근간을 이루는 제1항이다. 소위 '공지공민公地公民'제를 주장한 부분인데, 『일본서기』에 따르면 같은 취지의 법령이 646년 8월 14일에도 나오고 있다. 지금까지 천황부터 오미(臣) · 무라지(連) · 도모노미야쓰코(伴造) · 구니노미야쓰코(國造)가 모두 부민部民을 보유하고 있었기 때문에 국가가 어지럽게 되었다고 하고, 이 부민을 폐지하여 '국가의 백성'으로 삼을 것을 명하고 있다.

그렇지만 664년에 다시 "가키베(民部) · 야카베(家部)를 정한다"라는 정책이 나오고 있다. 이 해의 간지를 따라 '갑자甲子의 선宣'으로 부른다(제3절). 이처럼 일견 모순된 정책에 대해서 '가키베'는 국가 소유의 인민, '야카베'는 호족 소유의 인민이라는 해석을 바탕으로 664년에 처음 공민이 탄생하고, 675년 가키베(部曲)가 폐지됨에 따라 호족 소유민이 공민화公民化되었다는 주목할 만한 견해가 제시되었다. 개신의 조 제1항은 제2~4항의 전제가 되기 때문에 이것은 다이카 개신을 전면적으로 부정하는 것으로도 이어진다. 하지만 이러한 해석은 여러 견해 중 하나로, 특히 '가키베(民部)'를 공민으로 끌어와 이해하는 데는 많은 의문이 제기되고 있다.

현재, 개신의 조가 후세의 지식에 의한 부분이 있다는 것은 공통된 인식이라 할 수 있다. 쟁점이 되는 것은 개신의 조 내용을 고토쿠 조의 정책으로 ⓐ기본적으로 인정, ⓑ일부만 인정, ⓒ거의 인정하지 않는 것 가운데 어떤 입장을 취할까 하는 점이다. 물론 법령의 발포와 그 실효성과의 관계도 함께 고려해야 할 것이다.

지금까지의 연구는 동시대의 사료가 거의 전무했기 때문에 『일본서기』의 내용 비판에 입각한 연구가 주류였다. 아스카 시대의 목간이 다수 출토된 현재도 유감스럽지만 다이카 연간의 것이 거의 없기 때문에 확실하게 논의할 만한 재료는 얻을 수 없다.

그러나 최근에는 덴무 조(672-686) 목간의 수가 비약적으로 증가하고, 덴지 조(662-671) 이전의 목간도 조금씩 증가하고 있다. 얼마 전까지 주로 후지와라 궁 시기(694-710)의 목간밖에 없었던 것을 생각하면 엄청나게 혜택 받은 상황이다. 그래서 다음에서는 7세기의 하찰목간을 활용하여 현재까지의 성과를 살펴보고자 한다.

2. 「을축년」 하찰목간의 충격

'665년'의 놀라움

필자가 아스카에서 근무하기 시작한 2002년, 아스카데라 서북쪽에 있는 이시가미 유적에서 발굴 전의 예상을 뒤엎는 목간들이 계속해서 출토되었다. 「오십호」에서 「리」로 바뀌는 전환 시기가 명료해진 것도 이시가미 유적에서 기년을 가진 목간이 다수 출토되었기 때문이다. 이 해의 조사에서는 최종적으로 2,422점의 목간이 출토되었는데 특히 다음의 하찰목간에서 큰 충격을 받았다【2-1의 1】.

⑤ (표) 乙丑年十二月三野國ム下評
(리) 大山五十戸造ム下部知ツ
從人田部兒安

길이 152mm×폭 29mm×두께 4mm

「을축년乙丑年」은 665년이다. 2003년 이후에 조사된 것을 포함하여 이시가미 유적에서 다른 기년이 쓰여 있는 목간은 675년부터 692년의 범위에 있지만 목간⑤는 그것보다 10년 정도 오래된 것이다. 사이메(齊明) 천황의 뒤를 이은 나카노오에 황자가 아직 정식으로 천황에 즉위하기 이전의 일이다.

이 하찰목간이 충격적이었던 것은 다음의 세 가지 이유 때문이다.

(가) 가키베(部曲)가 폐지된 675년을 훨씬 소급하는 665년에 「대산 오십호(大山五十戸)」(나중에 미노 국(美濃國) 무기 군(武儀郡) 대산향(大山鄕)이 되며, 현재의 기후 현 도미카쵸 부근)라고 하는 지명地名에 의거한 사토가 탄생하였다.

(나) 더구나 '국國-평評-오십호五十戸'라고 하는 중층적인 지방행정 구분이 성립되어 있다.

(다) 전국에서 처음 호적을 만든 경오년적(670년)에 선행하여 민중층인 「전부아안(田部兒安, 다베노코야스)」에게까지 부성部姓을 주고 있다.

왜 충격을 받았을까

이것만으로는 약간 이해하기 어려울 것으로 생각되기 때문에 약간의 설명을 덧붙이고자 한다.

먼저 (가)에 대해서 보자. 이때까지 초기의 「오십호」 관련 사료는 ⓐ 아스카 경 유적 출토의 「백발부오십호(白髮部五十戶) / 쿠와십구(皺十口)」가 쓰여 있는 하찰목간, ⓑ호류지 전래의 번(幡, 장엄 공양의 기)에 쓰여 있는 「계해년산부오십호부위명과원조번지(癸亥年山部五十戶婦爲命過願造幡之)」(계해년에 산부 오십호가 부인이 목숨이 이어지기를 바라면서 번을 만들었다) 등 두 점이 알려져 있다. ⓐ는 함께 출토된 목간과 토기와의 관계에서 사이메 조(655~661) 무렵의 하찰로 생각된다. ⓑ에는 「계해년」이라는 기년이 쓰여 있는데 663년으로 보는 견해가 유력하다.

ⓐ는 「백발부 오십호」, ⓑ는 「산부 오십호」로 기록되어 있어 '부명 + 오십호'로 되어 있다. 즉 '지명+오십호'가 아니다. 675년에 부민제部民制가 완전히 폐지될 때까지 영역적인 사토는 존재할 수 없다는 것이 일반적인 이해이기 때문에 ⓐⓑ는 앞 시대의 부민 집단으로 편성된 사토의 실태를 보여주는 것으로 평가된다.

그렇지만 하찰목간⑤에 따르면 부곡이 폐지된 675년에 앞서 이미 「대산 오십호」라는 '지명+오십호'의 사토가 탄생했던 것이 된다. 이처럼 지명을 관칭冠稱하는 사토는 675년 이후에 등장한다고 하는 것이 종래의 대체적인 시각이었다.

다음으로 (나)를 보자. 앞 절에서 설명한 것처럼 7세기 후반 지방지배의 중요 정책의 하나로 683~685년의 국경획정사업이 있다. 사토 표기가 '오십호'에서 '리'로 변경된 것도 이것과 연관된 것으로 생각된다. 동일하게 '국-군-리'라고 하는 상하 관계를 가진 국國도 이 국경획정사업을 기반으로 성립되었다고 보는 것이 지금까지의 유력한 견해였다.

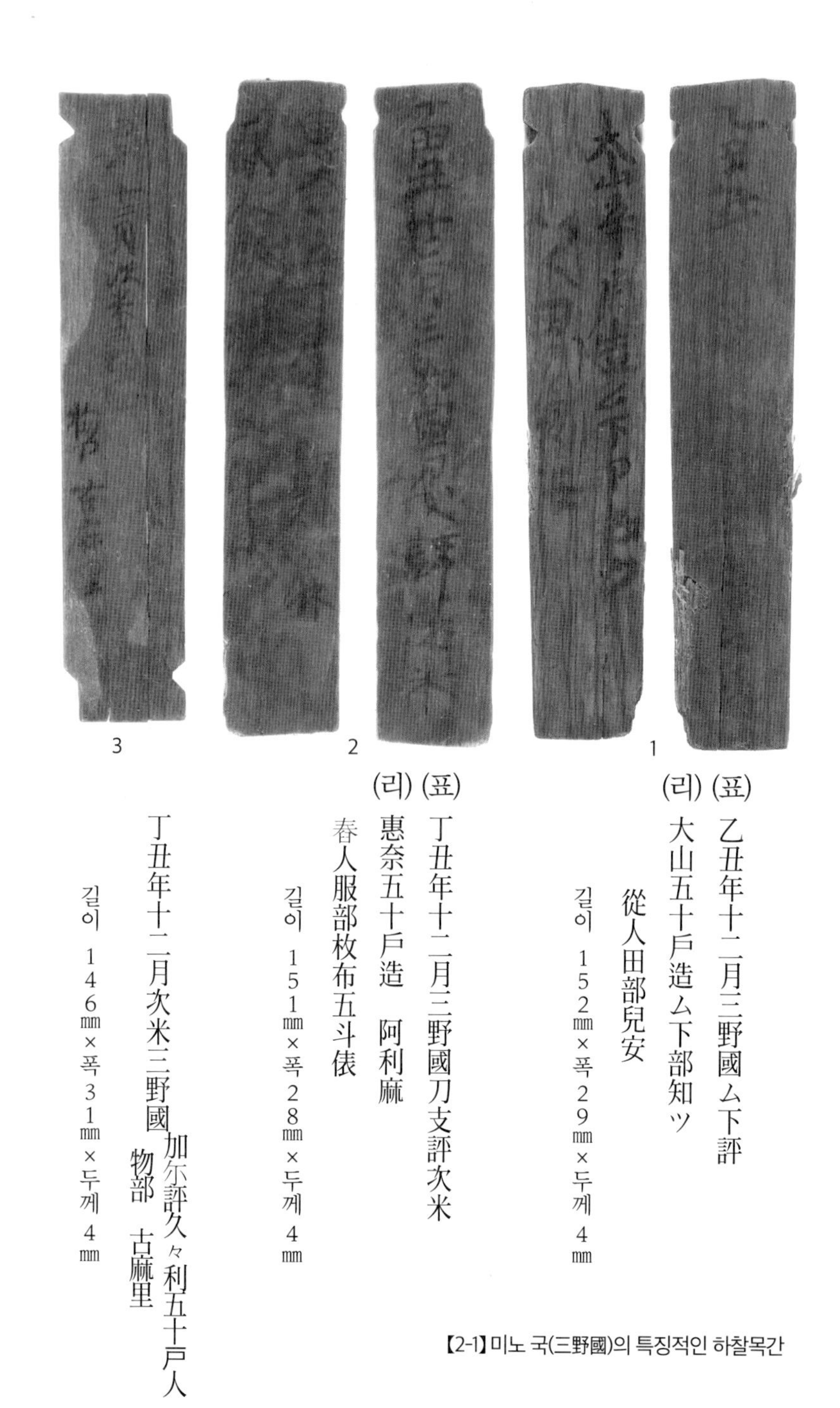

1

(표) 乙丑年十二月三野國ム下評

(리) 大山五十戸造ム下部知ツ
從人田部兒安

길이 152㎜×폭 29㎜×두께 4㎜

2

(표) 丁丑年十二月三野國刀支評次米

(리) 惠奈五十戸造　阿利麻
春人服部枚布五斗俵

길이 151㎜×폭 28㎜×두께 4㎜

3

丁丑年十二月次米三野國加尓評久々利五十戸人
物部　古麻里

길이 146㎜×폭 31㎜×두께 4㎜

【2-1】미노 국(三野國)의 특징적인 하찰목간

하지만 1997년, 아스카이케 유적 북쪽지구(아스카데라 관계 시설, 제5장 참조)에서 출토된 「정축년」(677)이 쓰여 있는 두 점의 하찰목간【2-1의 2 · 3】에 의해, 국경획정사업이 실시되기 이전부터 '국-평-오십호'라는 중층구조가 있었던 것이 판명되었다. 특히 목간⑤에 따르면 그것이 적어도 665년까지 소급될 수 있다.

이것에 비해 전술한 하찰목간ⓐ에서는 행정 구분이 「백발부 오십호」만으로, 아직 '국-평-오십호'제는 성립하지 않았다고 보는 것이 종래의 일반적인 이해였다.

다음 (다)이다. 목간⑤의 이면에는 「대산오십호조무(모)하부지쓰(大山五十戸造ム(牟)下部知ツ)」라고 하는 공진자貢進者의 이름이 쓰여 있다. 「오십호조五十戸造」는 사토의 책임자로 나중의 '이장里長'과 같은 존재이다. 「모하부牟下部」는 이 일대를 통치하던 모하씨 일족으로 볼 수 있다. 이러한 호족층들이 670년 경오년적이 작성되기 전부터 씨성이나 부성을 가지고 있다고 해도 이상한 것은 아니다. 실제로 지금까지도 그렇게 이해되고 있다.

다만 목간⑤에서는 공진자의 이름이 더해져서 「종인전부아안(從人田部兒安)」(따른 사람은 다베노코야스이다)으로 쓰여 있다. 이때의 「종從」은 공진할 때 필요한 보조 작업(쌀을 찧는 것 등)에 종사한 것으로 추정된다. 전부아안(다베노코야스)이라는 인물은 호족층이라기 보다는 일반 민중으로 보는 것이 자연스럽다. 종래 일반 민중에게 부성을 준 것은 670년 경오년적의 작성 단계로 보았지만 ⑤를 통해 그렇지 않을 가능성이 나오게 된 것이다.

다만 「전부田部」는 원래 둔창의 전지田地를 경작하는 민이었다. 제1장에서 말한 것처럼 둔창에서는 다른 곳보다 먼저 호적이 작성되었을 가능성이 높다. 이러한 전부의 특수성에 입각할 때 일반 민중이 경오년적 이전부터 부성部姓 등을 가지고 있었다는 것은 즉석에서 판단하기 어렵다.

어찌되었든 (가)와 (나)는 종래의 통설을 크게 뒤집는 내용임에 틀림이 없다.

「을축년」은 「정축년」의 오기일까

하지만 약간 걱정스러운 점도 남아 있다. 그것은 당시 이시가미 유적의 조사에서 출토된 목간 중에 ⑤ 이외에는 665년경으로 볼 수 있는 확실한 사례가 없다는 것이다.

다른 하나 마음에 걸리는 것이 있다. 사실 ⑤를 주목할 때 아스카이케 유적에서 출토된 두 점의 「정축년」 하찰과 매우 닮았다는 느낌이 든다. 세 점을 늘어놓으면 한눈에 들어오는데, 크기가 거의 동일하다【2-1】. 일반적인 하찰목간과 비교하면 약간 가로 폭이 넓고, 홈이 얕다는 현저한 특징이 있다. 세 점 모두 미노 국(三野國)의 하찰이지만 다른 미노 국의 하찰과는 분명 분위기가 다르다. 내용적으로도 12월의 공진貢進이라는 것, '국-평-오십호'를 명기하고 있는 것, 두 점은 「오십호」가 공진자가 되며 쌀을 찧는(舂米) 등 보조 작업에 종사하는 자의 이름을 일부러 기록한 것 등 공통된 것이 있다.

이때까지 고대 사학의 '상식'이나 세 점의 하찰목간이 가진 유사성, 다른 확실한 덴지 조의 목간이 출토되지 않은 점도 있어 ⑤의 「을축년乙丑年」이 「정축년丁丑年」의 오기가 아닐까 하는 불안감이 든다. 이 점은 ⑤를 실견한 연구자들도 느낀 것으로 비슷한 의

견을 많이 들었다. 「정축년」이라고 하면 677년이 되며, 모든 것이 원만하게 해결된다.

그러나 연말인 12월에 1년간 사용했던 간지년을 과연 잘못 쓸 수 있을까. 또 ⑤가 출토된 도랑이 7세기 중엽에 굴착되었기 때문에 665년 목간이 들어가도 이상한 것이 아니다.

나아가 형상이나 내용의 유사성도 양식(雛形)을 가지고 매년 동일하게 작성했다고 하면 특별한 문제는 생기지 않는다. 일반적인 하찰목간은 평評이나 군郡의 관청에서 작성하지만 일부 특별한 물품에 한해서는 상급인 국國의 관청에서 작성한 것으로 알려져 있다. 두 점의 정축년 하찰목간도 정월의 의례용인 모치코메(モチ米), 즉 「차미(次米)」=「자(粢, 시토기)」로 특별한 공납물이라 할 수 있다. 그 후 「기묘년십일월삼야국가이평(己卯年十一月三野國加尓評)」이 기록된 하찰목간이 이시가미 유적에서 출토되었는데 이것도 세 점의 하찰과 형상이 매우 비슷하다. 이 네 점은 모두 다른 평의 것으로 국 단계에서 작성되었을 가능성이 높다. 게다가 「기묘년」은 679년으로 정축년(677)과는 2년의 차이가 있다. 하찰의 양식이나 서식을 국의 관청에 두고 대대로 계승한 것을 시사한다.

이와 같이 ⑤의 「을축년」이라는 기년을 옹호할 수 있는 것이 있지만 절대적으로 오기는 아니라고 단정할 수도 없다. 이것은 다이카 개신의 존부를 판단할 때도 중요한 문제가 되지만 아무래도 초라하다. 오기의 유무를 따지는 것도 그다지 생산적이지 않다. ⑤를 일단 옆에 두고 다른 하찰목간을 기초로 현재 상황에서 어느 정도까지 말할 수 있는지를 생각해 보기로 하자.

3. 하찰목간에서 본 '국-평-오십호'제

지명 기재의 변화

다이카 개신이 실시되었다면 '국-평-오십호'제의 성립은 고토쿠 조(645-654)까지 거슬러 올라가게 된다. 유감스럽게도 그 성립 여부를 판단할 수 있는 동시대 사료는 전무하다. 그래서 '국-평-오십호'제의 실태를 파악하는 것에서 그 성립 시기의 실마리를 찾아보고자 한다.

먼저 하찰목간의 지명 기재 방법의 변화를 살펴보기로 하자.

하찰에서는 지명을 기록할 때 A 국명國名에서 시작, B 평명評名에서 시작, C 사토 이름만 적은 것 등 세 가지 패턴이 있다. 국경획정사업이 끝난 685년을 기준으로 살펴보면 [1] 685년 이전, [2] 686년 이후 사이에는 다음과 같은 변화가 인정된다(데이터 처리 방법 등은 필자의 『아스카 후지와라 목간의 연구(飛鳥藤原木簡の研究)』를 참고하기 바란다. 이하 동일함).

[1] A 25%(25점)	B 35%(35.5점)	C 41%(41.5점)
[2] A 36%(66점)	B 45%(82점)	C 20%(36점)

국경획정사업이 종료된 655년 이전에는 [1] 국에서 기재된 것이 약간 적고, 4할 이상이 사토에서 기재를 시작하였다. 이에 대해 [2] 686년 이후에는 사토에서 기재가 시작된 것이 급격히 감소하고 국이나 평에서 기재된 것이 증가하고 있다.

또 [1]과 [2]의 기간 사이에 변화가 없는 지역도 있다. 국명에서 기재하는 것이 일반적이었던 미노(三野)·오와리(尾治)·미카와

(三川) 국, 평명에서 기재하는 것이 일반적으로 이어진 오키 국(隱岐國)이 그것이다. 그래서 이것을 제외하여 집계해 보면 다음과 같다.

[1] A 9%(6점)	B 35%(23.5점)	C 56%(37.5점)
[2] A 33%(44점)	B 42%(55.5점)	C 25%(33점)

앞의 집계와 비교할 때 [2]에서는 국에서 기재한 것이 대폭 증가하는 결과를 보인다.

이처럼 국경획정사업이 종료되면 사토에서 기재가 시작되는 하찰목간이 격감하고 국이나 평에서 기재하는 하찰, 그중에서도 국에서 기재하는 하찰이 증가한다. 여기에서 현저한 변화를 보이는 것이 사토와 국이다. 이하 사토를 중심으로 살펴보기로 하자.

'오십호'에서 '리'로

먼저 국경획정사업을 전후하여 사토의 성격에 변화가 있었던 것일까. 이 문제를 생각하기 위해서 먼저 사토의 명칭에 주목해 보자.

고대의 사토 명칭을 조사할 때는 10세기에 정리된 『와묘쇼(和名抄)』가 편리하다. 전국의 사토 명칭을 알 수 있기 때문이다. 그렇다면 7세기 하찰목간에 보이는 사토의 명칭은 어느 정도 『와묘쇼』에 계승되었을까.

그래서 소관하는 국이나 평을 알 수 있는 157점(사토가 중복된 예는 1점으로 계산함)을 조사한 결과 『와묘쇼』와 일치하는 것이 104점(66%), 일치하지 않는 것이 53점(34%)이었다. 이것을 '오십호'

와 '리'로 나누어 잔존율을 분석하면 다음과 같다.

오십호五十戶	70%(61점 중 43점)
리里	67%(79점 중 53점)
어느 것인지 불명	61%(23점 중 14점)

이 집계에서는 소관하는 국이나 평을 알 수 있는 사토를 대상으로 했기 때문에 실제 잔존율은 약간 낮아졌을지도 모르겠다. 하지만 '오십호'와 '리'의 잔존율에 큰 차이가 생기지 않고 거의 동등하다고 평가할 수 있다고 생각한다. 사토 표기가 바뀌는 시기에 호적이 작성되지 않았기 때문이라고 보아도 사토의 명칭에 큰 변화가 없었다고 할 수 있다.

그러나 사토의 명칭에 큰 변화는 없지만 690년에 경인년적이 작성되었기 때문에 사토의 내용은 그 전후에 상당히 달랐을 가능성이 있다. 여기에서 주목되는 것이 그 전 해인 689년 6월에 기요미하라 령이 시행되고, 윤 8월에 호적의 작성을 명하는 조칙이 나온 점이다. 이 호적 작성은 이듬해 690년에도 계속 실시되어 경인년적으로 결실을 맺는다. 689년 윤 8월의 조에서는 정정正丁 4인마다 병사 1인을 둘 것을 지시하였다. 702년 미노 국(御野國) 호적을 보면 1호가 대체로 정정 3~5인이며 병사 1인을 부담하는 사례가 많다. 즉 1호에서 병사 1인을 내도록 조정하였다. 그 출발점이 경인년적으로 생각된다. 이처럼 호를 균등화하는 작업은 사토의 재편성에도 연결되었을 것이다.

대략 이상과 같이 살펴본 것을 바탕으로 오십호의 실태를 분석하기로 하자.

오십호의 실태는

'오십호'의 명칭은 ㉮ '부명+오십호'(백발부 오십호 등), ㉯ '지명+오십호'(대산 오십호 등) 두 가지로 대별된다. 이때까지 막연하게 ㉮가 많을 것으로 예상되었다. 그러나 실태는 그와 반대로 ㉯가 ㉮보다 일곱 배 가까이 많다. 이 사실은 690년의 경인년적 보다도 먼저 지역적인 원리를 도입한 사토 편성이 실시되었던 것을 시사한다.

다시 '부명+오십호'의 내면으로 눈을 돌려보자. 이때까지는 부민 집단을 그대로 사토로 삼았다고 생각했다. 하지만 이 점에 재검토를 요하는 하찰목간이 출토되었다.

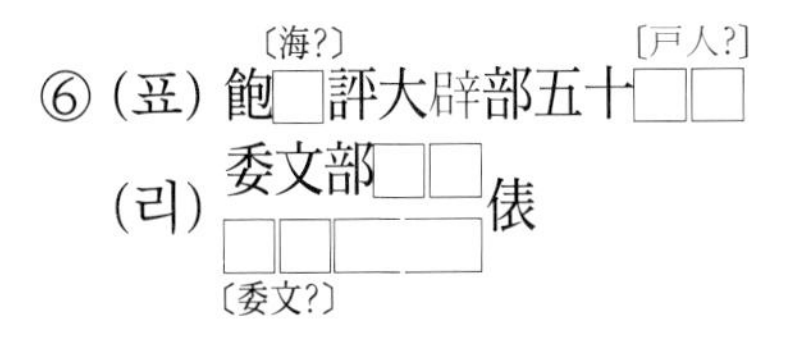

⑥ (표) 飽□〔海?〕評大辟部五十□□〔戸人?〕
(리) 委文部□□ / □□□□〔委文?〕俵

길이 123mm×폭 24mm×두께 6mm

이것은 이시가미 유적에서 출토되었다. 「아쿠미 평(飽海評)」은 미카와 국의 평이다. 「오카베 오십호(大辟部五十戸)」의 '벽辟'은 '벽壁'자에서 흙 토를 생략한 것으로 「오카베 오십호(大壁五十戸)」라고 하면 좋겠지만 '베(部)'자가 겹치고 있다. 이것은 부에 관한 사토인 것을 명시하는 의미가 있다. 8세기 초의 사료에서는 '오카베리(大鹿部里)'로 등장하는 사토이다. 이세(伊勢)의 오카노오비토(大鹿首)가 통괄한 오카베(大鹿部)에 거주한 것에서 비롯된 사토로 이세 만(伊勢灣)을 통한 교류의 결과를 보여주고 있다. 다만 오카베(大辟部, 大鹿部) 오십호의 내부에는 오카베(大鹿部)뿐만 아니라 「위문부委文部」(시도리베(倭文部))도 거주하고 있었던 것이 분명하다.

이러한 하찰목간은 다른 것도 있다. 역으로 '지명+오십호'에서 모부某部가 존재하는 사례도 다수 존재한다. 하나의 부민 집단만으로 족제적族制的인 오십호 편성을 일반화할 수는 없는 것이다.

게다가 오십호의 명칭 중에는 현재까지 계승되는 지명을 골라내는 것이 가능하다.

일례로서 아스카 경 유적의 원지 유구에서 출토된 하찰목간을 살펴보기로 하자.

⑦ (표) 戊寅年十二月尾張海評津嶋五十戸
(리) 韓人部田根春赤米斗加支各田部金

길이 234mm×폭 35mm×두께 6mm

「무인년(戊寅年)」은 678년이다. 「쓰시마 오십호(津嶋五十戸)」는 『와묘쇼』에는 등장하지 않는다. 이것은 아이치 현 쓰시마 시에 있었을 것으로 생각된다. 이때까지의 사료에서 「쓰시마(津嶋)」는 가마쿠라 시대 이전에는 확인되지 않았지만 한번에 678년까지 소급되는 유서 깊은 지명이라는 것이 확인된 것이다.

이처럼 『와묘쇼』에 등장하지 않지만 현재 남아 있는 오십호 지명은 결코 예외적인 것이 아니다. 『와묘쇼』의 사토 명칭은 어디까지나 행정 지명이며 그것 이외에도 많은 지명이 존재했다. 지명에는 뿌리 깊은 생명력이 있다.

현재의 지명에 연결되는 오십호 명칭이 있다는 것은 사토를 편성할 때 기존 집락(당연히 지명이 있었을 것이다)의 결속을 이용했던 것을 강하게 시사한다. 50개의 호로 성립된 사토는 본질적으로 인간 집단이지만 이들 집단이 거주하는 범위, 적어도 그 중심적인 범위는 정해져 있었을 것이다. 그 지명이 오십호 명칭으로 채택된 것으로 추측할 수 있다.

이상에서 오십호는 지역적인 원리에 의해 편성된 사토였다고 생각된다.

다만 목간 대부분이 부곡이 폐지된 675년 이후의 것으로 볼 수 있기 때문에 이러한 사토가 675년 무렵에 성립되었을 가능성도 없지 않은가 라는 반론이 나올 수도 있다. 그렇지만 호적의 작성을 행하지 않은 675년 전후에 이렇게나 많은 지명에 기초한 오십호 명칭이 한꺼번에 등장한다고는 생각하기 어렵다. 실제로 7세기 후반의 사토 개명改名 기사를 많이 전하고 있는 『하리마 풍토기(播磨國風土記)』를 보아도 675년 전후 대규모 사토의 성립 · 재편성을 읽어내기는 어렵다.

여기에서 주목되는 것이 670년 작성된 경오년적이다. 전국의 인민을 대상으로 한 최초의 호적으로 획기적인 것이며 씨성의 근본 대장으로서 오랫동안 중시되었다. 적어도 경오년적을 작성할 때에는 지역적인 원리에 근거한 사토 편성이 일반화되었다고 추정할 수 있다.

느슨한 '국-평-오십호'제

그런데 국 · 평 · 오십호의 지명을 보면 평의 지명은 반드시 '○○평'으로 기록되지만 '국'자는 가끔 생략되고 있다. 예를 들어 ⑦의 「미장해평尾張海評」이 그러하다.

이렇게 생략된 사례는 오십호제 하 · 리제 하 어디에나 있지만

(후자는 ③「미노 오노 평(三野大野評)」) 수적으로는 오십호제 하의 것이 많다. 물론 오십호제 하에도 ⑤와 같이 '국'자를 쓴 사례가 복수로 있어 '국'의 존재는 전혀 의심이 없다. 다만 그럼에도 불구하고 '국'자가 가끔씩 생략된다.

사토도 비슷하다고 할 수 있다. 사토의 명칭은 쓰여 있지만 '오십호' '리'를 생략한 것이 의외로 많다. 시기를 특정하기는 어렵지만 후지와라 궁 · 경 유적에서 출토된 것과 비교할 때 아스카에서 출토된 것이 두드러지고 그 대부분이 오십호제 하의 것이라고 생각된다.

⑧ 三野評物部色夫知

길이 154mm×폭 16mm×두께 4mm

⑨ (표) 尓破評佐匹部
(리) 俵

길이 (130)mm×폭 22mm×두께 3mm

목간⑧은 이시가미 유적에서 출토되었다. 거의 완전한 형태를 한 하찰로 문자 정보는 잃지 않았다. ⑧은 사누키 국(讃岐國), ⑨는 오와리 국(尾張國)의 것으로 추정된다. ⑧에서는 평 명칭 다음에 갑자기 인명을 기록하였다. ⑨도 비슷하지만 인명에 해당하는 부분에 「사에키베(佐匹部)」(좌백부佐伯部)를 썼는데 개인의 이름은 쓰지 않았다.

⑧과 같이 '평명+인명'으로 쓴 하찰은 그밖에도 후지와라 궁과 다자이후(大宰府) 유적에서 한 점씩 출토되었다. 또 ⑨처럼 '평명+

모부'로 쓴 하찰은 아스카 경 원지 유구와 후지와라 궁 유적에서 도 한 점씩 출토되었다.

이러한 사례에서는 공진자(공진 집단)로 부성자(部姓者, 부민 집단)가 많다는 특징이 있다. 그래서 ⑨와 같은 타입은 사토 이름과 공진자(공진 집단) 이름을 구별하기 어렵다. ⑧과 같이 개인이 공진하는 형식을 취해도 구舊 부민으로 대표되는 집단적 공납의 실태가 배후에 숨어 있다고 볼 수 있을 것이다.

이러한 특이한 기재를 가진 하찰목간이 오십호제 하의 독특한 것은 아니지만 오십호제 하에서 코오리와 사토와의 관계를 고려할 때 참고가 된다.

또 ⑤ 등에 등장하는 '오십호조五十戶造'에 대해서도 주목할 필요가 있다. 이 시기에는 국조國造 · 평조評造도 존재하였기 때문에 '국조-평조-오십호조'라는 서열을 생각할 수 있다. 다만 모든 가바네(姓)가 '조造'로 공통되기 때문에 명확한 계층차가 있었다고 생각하기 어렵다. 이것은 '국-평-오십호'의 통할 관계가 그다지 엄밀하지 않았다는 것을 시사한다.

이상을 정리하면 '국-평-오십호'의 중층 관계는 형성되었지만 그 통할 관계는 약간 애매하다고 할 수 있다. 이러한 중층 관계가 엄밀해지는 것은 국경획정사업의 실시 이후이다. 국경획정사업 이전에는 평에서 단독으로 중앙 정부에 상신할 수 있었지만 이후에는 국을 통하게 된다. 국경획정사업을 거쳐 국에 의한 평 이하의 통할이 명확해진 것이다.

실제 다이카 개신은 있었는가

마지막으로 '국-평-오십호'제가 고토쿠 조(645-654)까지 소급되는지를 생각해 보고자 한다.

지금까지의 고찰에 입각할 때 '국-평-오십호'제는 경오년적이 작성된 670년까지 소급되는 것이 거의 확실하다고 할 수 있지만 그 이전 상황을 보여주는 동시대 사료는 거의 없다. 그러나 다음과 같이 조심스럽게 전망해보고자 한다.

먼저 문제가 되는 것이 「을축년」(665) 하찰목간⑤지만 지금까지의 검토에 큰 잘못이 없다면 굳이 이것을 「정축년」(677)의 오기로 보지 않더라도 설명이 가능하다고 생각된다.

이 경우 백촌강의 패전부터 반년 후에 해당하는 664년 2월에 나온 '갑자甲子의 선宣'이 주목된다. 이것은 나카노오에 황자가 아우인 오아마 황자에게 명을 내린 선으로, (가) 26계 관위冠位를 제정하고, (나) 우지노카미(氏上, 씨의 대표자)를 정하여 다이시(大氏)의 우지노카미에게 대도大刀, 쇼시(小氏)의 우지노카미에게 소도小刀, 도모노미야쓰코(伴造) 등의 우지노카미에게 방패(干楯) · 궁시弓矢를 사여하고, (다) 우지노카미의 '가키베(民部) · 야카베(家部)'를 정한다는 내용으로 이루어져 있다.

그 중 (나)와 (다)는 우지노카미에 대한 우대 정책인 동시에 통제 정책이기도 하다. '가키베' '야카베'는 여러 설이 있지만 전자는 675년에 폐지된 '부곡部曲'과 동일하며 후자는 나중에 '씨천氏賤'으로 불리는 노비라는 설을 따르고자 한다. 이것들을 인정하는 작업을 통해 호족의 사유민까지 국가의 지배가 미치는 경오년적의 작성이 가능해졌다고 생각된다.

이러한 문맥에서 보면 664년 갑자의 선을 거쳐 지역적인 원리에 의한 사토 편성이 진전되었다고 해도 이상한 것이 아니다.

664년 이전의 상황은 더욱 판단이 어렵다. 동시대 사료로서는 앞 절에서 소개한 ⓐ「백발부 오십호(白髮部五十戶)」, ⓑ「산부 오십호(山部五十戶)」가 있을 뿐이다. 지금까지는 부민 집단을 모아 사토가 되었다고 이해되어 왔지만 그러한 해석이 절대적인 것은 아니다.

ⓐ는 나중에 비추 국(備中國) 보야 군(窪屋郡) 마카베 향(眞壁鄕)(고닌 천황의 휘諱가 백벽왕白壁王이었기 때문에 백벽향白壁鄕은 진벽향眞壁鄕으로 변경됨)으로, ⓑ는 나중에 야마토 국(大和國) 헤구리 군(平群郡) 야마 향(夜麻鄕)으로 연결되는데 지역적인 원리에 기초한 사토로 보는 것도 충분히 가능하다. 물론 지역적인 원리에 기초한 사토 편성이라고 해도 오십호제 하의 사토는 앞 시대의 집단적인 통합이 짙게 남아 있다는 것은 앞서 본 바와 같다.

게다가 ⓐ의 하찰목간은 '쿠와(皷鈹)', 즉 가래(鍬)를 공진한 것이다. 함께 출토된 목간 중에 관위의 명칭이 쓰여 있는 부찰이 여러 점 있다. 중앙 관인에게 지급하는 '계록季祿'이라는 급료의 하나로 가래가 있는데 관인의 관위冠位에 따라 지급량이 정해져 있다. 급료 지급물이 가래였다는 것이 약간 이상하다고 생각할 수 있지만 당시는 관인이라고 해도 농촌과 분리되지 않았다. 관위가 쓰여 있는 부찰은 계록에 붙어 있었을 것이다. ⓐ 등 일련의 목간은 650년대 중엽부터 660년대 초반에 계록 제도(그 원형)가 기능하고 있었다는 것을 가르쳐 준다. 개신의 조에서는 황족 · 호족이 부민 · 둔창을 지배하는 체제를 끝내고 그 보상으로서 식봉 · 녹을 지급할 것을 선언하였는데 그것에 대응하고 있다.

현재 얻을 수 있는 재료에서 판단하건대 개신의 조의 핵심 부분은 650년대 중엽에서 660년대 초가 되면 어느 정도 실행되고 있었다고 생각된다.

문제는 고토쿠 조의 상황이다. '국-평-오십호'제로 돌아가면 그 중 평은 고토쿠 조에 성립되었다고 보는 것에 거의 견해가 일치한다. 국 · 오십호의 성립 시기에 대해서 확실한 논의는 불가능하지만 고토쿠 조로 보는 것을 특별히 저해하는 사료는 없다. 특히 '오십호'의 경우 '오십'과 '호'로 분해할 수가 있어 50개의 '호'를 모아 편성하는 것도 가능하다. 영역성의 정도를 묻지 않는다면 고토쿠 조의 성립은 충분히 있을 수 있다. 어찌되었든 646년 개신의 조까지 한걸음만 남겨둔 곳에 왔다고 할 수 있다.

1990년대 전반에 일본고대사 공부를 시작한 나는 다이카 개신을 부정하는 연구에 큰 자극을 받아 덴무 · 지토조를 중시하는 시각에 공감하고 있었다. 그러나 2000년대 이후 엄청나게 출토되는 아스카 목간을 스스로 정리하면서 덴지 조를 종래보다도 더 평가해야 한다고 생각하게 되어, 다이카 개신을 기본적으로 인정해도 좋지 않을까 라고 생각하게 되었다. 그러나 이는 매우 중대한 사안이다. 관건을 쥐고 있는 것은 나니와 궁에서 출토된 목간이다. 다이카 개신의 성립 여부를 확실한 동시대 사료에 근거하여 논의할 수 있을 날을 기대한다.

칼럼② 구카이의 출신지

지방에서 세물稅物에 붙였던 하찰목간은 다양한 각도에서 분석하는 것이 가능하다. 여기에서는 이시가미 유적에서 출토된 한 점의 하찰을 살펴보고자 한다.

(표) 多土評難田□

(리) 海部刀良佐匹部足奈

길이 117mm×폭 18mm×두께 3mm

표면의 아랫부분은 묵서가 없어졌지만 '오십호五十戶'나 '리里'를 썼을 것이다. 「다도 평(多土評)」은 사누키 국(讃岐國) 다도 군(多度郡)이다. 「가타다(難田)」는 「가타다(方田)」와 통한다.

여기에서 떠오르는 것이 고승高僧 구카이(空海)의 출신지이다. 구카이가 득도할 때인 805년 9월 11일 관부官符에 "속명, 사누키 국 다도 군 가타다 향(方田鄕) 호주 정6위 상좌백직도장上佐伯直道長의 호구戶口, 동성同姓 진어眞魚"라고 쓰여 있다. 『와묘쇼』에는 '가타다 향(方田鄕)'이 보이지 않고 '히로타 향(弘田鄕)'이 있기 때문에 구카이의 본적지는 '히로타 향'이 옳다고 생각되었다.

그러나 이 하찰이 출토됨으로써 '가타다(方田, 難田)'의 지명이 7세기 후반으로 올라가는 것이 알려지면서 구카이의 시대에 '가타다 향(方田鄕)'이 있어도 전혀 이상하지 않게 되었다.

또 이 하찰에는 두 사람의 공진자貢進者 이름이 기록되어 있다. 두 번째인 「사에키베노스쿠나(佐匹部足奈)」에 주목할 필요가 있다. 「사에키(佐匹)」는 이 장의 목간⑨에도 등장하는데 「좌백佐伯」의 옛 표기의 하나이다(그밖에 「좌비지佐卑支」가 있음). 「좌백」은 원래 '사히키'에 가깝게 발음했을 것이다.

다시 득도할 때의 관부를 보면 구카이는 좌백직佐伯直 출신이었다는 것을 알 수 있다. 예전에 좌백직의 일족이 관장한 것이 좌백부佐伯部이며, 좌백부는 다도 평에 다수 거주하고 있었던 것이다.

제3장

덴무 천황과 지토 천황의 왕궁

1. 일본 최고의 역

원반형 목간

2002년 가을, 아스카데라 북서쪽에 위치한 이시가미 유적에서 특이한 모양을 한 목간이 출토되었다【원색도판2】.

① (표)
〔庚?〕(執)
□□申丸 □□□□
〔岡?〕
□辛酉破 上玄□虚厭□
(破)
□壬戌皮 三月節急盈九□
(危)〔重?〕
□癸亥色 □馬牛出椋□
〔甲?〕
□□子成 絶紀歸忌□
〔乙?〕
□□丑收 天間日□□
〔開?〕〔血?〕
□□ □忌□□

(리)
□□
〔申?〕
□□平 天間日血忌□
□丁酉定 天李乃井□
(執)
□戊戌丸 望天倉小□
(破)
□己亥皮 往亡天倉重
□庚子危人出宅大小□□
〔丑成?〕 〔歸?〕
□□□ □□□□

길이 (108)mm×폭 (100)mm×두께 14mm

부정형인 원반형으로 중앙부에는 지름 13mm의 작은 구멍이 있다. 문자는 구멍 있는 장소와 끝부분에서 끊겨 있는데 목기(용기의 뚜껑일까)로 재가공된 것이다. 본래는 훨씬 컸다. 또 표면 오른쪽과 이면 왼쪽은 2차 가공할 때 깎여 나가 문자 정보를 잃어 버렸다.

필자는 이 원반형 목간을 처음 보았을 때 그 자리에서 이것이 무엇인지 알 수 없었다. 이후 연달아 목간이 출토되어 바빠지는 바람에 이를 한동안 방치하였다.

수일 후, 나라문화재연구소의 동료였던 니시구치 토시키(西口壽

生) 씨가 이것이 구주력具注曆(길흉 등이 쓰여 있는 달력)이라는 사실을 가르쳐 주었다. 그래서 함께 목간 정리를 하고 있던 다케우치 료(竹內亮) 씨와 함께 조사를 하게 되었는데 689년 3 · 4월의 역曆이라는 것을 밝힐 수 있었다. 그 후 이 목간은 '일본 최고의 역'으로서 크게 보도되었다.

역의 연대를 추정하다

목간①에는 특별히 기년이 보이지 않는데 어떻게 689년이라는 것을 알 수 있었을까.

먼저 상부의 기재를 보면 모든 행에 간지가 쓰여 있다. 그 아래에 "건建 → 제除 → 평平 → 정定 → 집執 → 파破 → 위危 → 성成 → 수收 → 개開 → 폐閉"의 순서로 돌아가는 십이직(十二直, 역주曆注의 일종)이 규칙적으로 나열되어 있다. 십이직의 문자 중에는 부수의 일부가 생략된 것(집執 → 환丸, 파破 → 피皮)이나 비슷한 자형으로 기록된 것(위危 → 색色)이 있다. 조금이라도 빨리 문자를 쓰려고 했거나 충분히 의미를 생각하지 않고 기계적으로 베껴 쓴 것 같다.

십이직은 절월(節月, 태양이 황도를 한 바퀴 돌아 천구 상의 동일 지점으로 돌아올 때까지의 1회귀년을 12구분한 것) 마다 십이지와의 대응이 정해져 있다. 이 때문에 표면은 절월의 2 · 3월, 이면은 절월의 4월이라는 것을 알게 된다.

다음 아랫부분의 기재에 눈을 돌리면 다양한 길흉과 생활 지침 등을 보여주는 역주曆注가 기록되어 있다. 어떤 행에는 새로운 절월에 들어간 것을 보여주는 기재(입절入節)나 달의 차고 이지러짐에 관한 정보도 쓰여 있다. 구주력에는 통상 입절 · 달의 차고 이지러짐을 중단에 구별하여 쓰지만 이 목간에서는 중 · 하단이 일체화되어 있다. 재료의 길이에 제약이 있었기 때문일 것이다.

표면 3행 째의 「삼월절三月節」은 이 날이 절월 3월의 1일 째(입절일)라는 것을 보여준다.

다만 이 날은 3월 1일이 아니다. 당시 사용된 달력은 태음 태양력이며, 날짜는 달의 차고 이지러짐과 대응한다. 삭일(朔日, 1일)을 아는 데는 '상현上玄'(상현달. 각 역월의 6~9일)과 '망望'(만월. 14~16일)에서 역산하면 된다.

역주는 미지의 것이 다수 포함되어 있다. 알 수 있는 범위에서 검토해 보면 다음과 같다.

【염厭】 출행出行 · 혼례를 꺼리는 날

【중重】 길한 일과 흉한 일이 겹치기 때문에 바느질이나 새로운 의복을 입거나 재보財寶를 구하는 것은 길하지만 혼례 · 치료 · 씨뿌리기 · 출가出家 · 불사佛事 등은 흉한 날

【귀기歸忌】 원행遠行 · 귀택 · 이사 · 혼례 등을 꺼리는 날

【혈기血忌】 일체의 피를 보는 것을 꺼리는 날

【왕망往亡】 출진出陣 · 추군追軍 · 여행 · 출선出船 등은 흉한 날

【천창天倉】 창고 열기에 길한 날

또 표면 3행 째 말미는 「구감九坎」으로 추정되는데 만사가 흉한 날이다.

이러한 역주는 날짜의 십이지나 입절일과 대응관계를 가진 것

이 있다. 이 구주력 목간의 연대를 판정할 때는 이면 5행 째의 「왕망往亡」이 중요한 실마리를 제공한다. 이면은 절월 4월이 되지만 입절의 8일 째(다만 그 사이에 몰일沒日이 있는 경우는 9일 째)에 왕망일이 오기 때문에 여기에서 절월 4월의 입절일을 계산하는 것이 가능하기 때문이다.

이러한 입절일이나 삭일을 염두에 두고 모든 조건을 만족시키는 시기를 조사해 본 바 표면은 689년 3월 8일에서 14일, 이면은 같은 해 4월 13일부터 19일에 해당한다는 것이 판명되었다.

또 이면 5행 째를 잘 보면 「기해己亥」 위에 먹흔이 보인다. 이것은 날짜를 썼던 흔적이다. 각각의 행에도 날짜를 썼을 것이다.

이 목간①에 기록된 역은 중국 남조의 천문학자인 하승천(何承天: 370-447)이 작성한 원가력元嘉曆이다. 제1장에서 말한 것처럼 5세기 후반 경에 일본에 부분적으로 도입되었고, 604년부터는 독자적으로 작성할 수 있게 된다. 그러나 690년에 새롭게 의봉력儀鳳曆이 도입되어 원가력과 병용된다. 원가력과 의봉력은 역의 산정 원리가 근본적으로 다르다. 오래된 원가력에서는 정확한 일식 예보를 할 수 없는 등 문제가 생겼다. 그래서 월식 결정에는 종래대로 원가력를, 일식 예보에는 의봉력을 사용한 것이다. 697년경부터는 의봉력을 단독으로 사용하게 된다.

이 구주력 목간은 689년의 것으로 원가력이 단독으로 사용된 마지막 해였다. 만약 690~697년이었다면 어떤 역이었을지 판단하는데 무척 고심했을 것이다. 의봉력의 실례는 쇼소인 문서 · 목간 · 칠지문서漆紙文書 등이 있지만 원가력의 실례로서는 이 목간이 처음이다.

구주력 목간의 복원

이 구주력 목간의 원형을 복원하면 【3-1】과 같이 된다(역주도 확실한 것은 기록했다). 가로로 긴 한 매의 판을 사용하여 표면에는 3월, 이면에는 4월의 달력을 기록했다.

689년은 윤달(8월)이 있지만 윤달이 없는 해라면 6매의 판으로 일년치의 달력이 완성된다. 2개월 내지 4개월 정도의 사이클로 순차적으로 깎아 다음의 달력을 기록했다고도 생각할 수 있지만 이 목간은 묵서가 남아 있는 채로 다른 목제품으로 전용되었기 때문에 그 가능성은 낮다. 판재를 미리 일곱 매 준비하여 일년분의 달력을 기록해 갔다고 추정된다. 전술한 것처럼 급하게 쓴 것은 한 번에 일년치 달력을 베낀 것을 시사한다.

묵서의 행간에는 손칼로 새긴 각선刻線이 나뭇결 방향에서 확

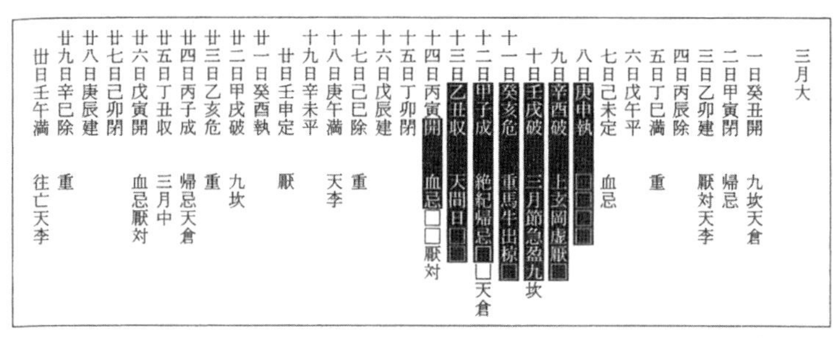

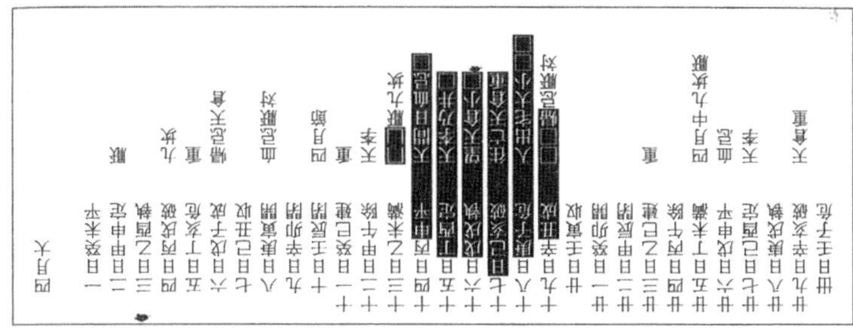

【3-1】 지토 3년(689)의 구주력 목간 복원도

인된다. 이것은 문자를 똑바로 쓰기 위한 계선界線이다. 1행의 폭은 최소 9mm, 최대 13mm, 평균적으로 약 12mm이다. 1개월분을 쓰기 위해서는 30일 큰 달은 약 36㎝, 29일 작은 달은 약 34㎝ 정도의 폭이 필요하다는 계산이다. 달의 첫머리에는 달 이름이나 달의 대소를 쓰고, 주위에는 여백도 필요하기 때문에 적어도 40cm 정도의 크기가 필요했을 것이다.

고대의 구주력 목간은 시로야마(城山) 유적(시즈오카 현 하마마쓰시)에서도 출토되었다. 729년의 의봉력을 기록한 것으로 길이 58㎝, 폭 5.2㎝의 세로로 긴 대형 판재를 이용하였다. 표면에는 1년의 첫머리인 세수歲首에 관해 기재하고, 이면에는 표면과 상하가 뒤집혀 정월 18일부터 20일까지의 달력을 기록했다. 이것은 세로로 길어서 한쪽 면에 1개월분의 달력을 쓰는 형식이 아니다. 1년간의 모든 달력을 쓰려면 모두 63매의 판이 필요하다는 계산이다. 이시가미 유적의 것과는 분명히 다르다. 구주력 목간의 실례는 이 두 사례만 있지만 다양한 형태를 상정할 필요가 있다.

한편 역曆의 작성과 반포는 다음과 같이 구성된다. 먼저 전 해에 음양료陰陽寮의 역박사曆博士가 역본曆本을 작성하여 11월 1일까지 그 관할 관사인 중무성中務省으로 보낸다. 중무성은 천황에게 직접 아뢰고 허가를 얻어 팔성八省과 제국諸國에 역을 반포한다. 그 후 각각이 관할하고 있는 관사에 대해, 연내에 성省이나 국國에서 베껴 쓴 것을 배포한다.

법제 사료인 『세죠랴쿠(政事要略)』에 인용된 「우관사기右官史記」에 "태상 천황(지토) 원년 정월, 역曆을 제사諸司에 반포하였다"라고 하여, 지토 천황이 즉위한 690년 정월, 역을 반포하고 있다.

전 해인 기요미하라 령 시행에 따른 조치이다.

그러나 역 자체는 7세기 초에는 이미 작성되었으며 689년 이전에 어떤 형태로든 역이 반포되었을 것이다. 이시가미 유적 출토 구주력 목간은 그 귀중한 실례가 된다. 690년 반포한 역은 그 정비를 의도한 것으로 생각된다.

일반적으로 구주력은 종이에 쓴 두루마리 형태였다. 다만 두루마리는 사용이 불편하고 실용성도 떨어진다. 그래서 달력을 1개월 단위로 판재에 베껴 쓰는 방법이 고안되었던 것이다. 이렇게 하면 많은 사람들이 역을 볼 수 있게 된다. 우리들이 달력을 보는 것과 같다.

구사카베 황자의 이른 죽음

이시가미 유적에서 출토된 구주력 목간에 등장하는 날짜 중에 약간 흥미로운 사건은 없을까. 이러한 시각으로 『일본서기』를 넘겨보자 4월 13일에 구사카베(草壁) 황자가 죽은 것이 눈에 띄었다. 구사카베 황자는 덴무 천황과 우노노사라라(鸕野讃良) 황후(나중의 지토 천황) 사이에서 태어난 황자로 천황 즉위를 목전에 두고 28세의 젊은 나이에 죽었다. 우연한 것이지만 이 4월 13일의 역주는 만사가 흉하다는 구감일九坎日이었다.

여기에서 8년 전인 681년으로 거슬러 올라가 보자. 2월 25일, 덴무 천황은 우노노사라라와 함께 아스카 기요미하라 궁의 대극전大極殿에 출어出御하여 친왕親王 · 제왕諸王 · 제신諸臣을 불러 모아 기요미하라 령의 편찬을 명하는 조칙을 발표한다. 이 날은 또 덴무 천황과 우노노사라라 사이에서 태어난 구사카베 황자가 황태자로 세워져 국정을 처음 잡은 날이기도 하다. 3월 17일에는 나중에 『일본서기』로 결실을 맺는 역사서의 편찬을 명하는 조칙이 나왔다(완성은 약 40년 후인 720년).

이처럼 681년에는 법을 정비하고, 역사를 회고하는 움직임이 보인다. 이것들은 구사카베 황자의 즉위를 내다 본 조치였을 가능성이 높다. 그 중에서도 율령의 편찬 사업은 구사카베 황자를 태자로 세운 것과 같은 날 시작되어 양자의 깊은 관련성을 읽을 수 있다.

그로부터 5년 뒤인 686년 9월 9일, 덴무 천황은 파란만장한 생애를 마감한다. 이틀 후 아스카 기요미하라 궁의 남정南庭에 빈궁殯宮이 설치되어 2년 2개월에 걸친 상장 의례가 시작된다. 그 한가운데 10월 2일, 덴무 천황의 황자인 오쓰 황자가 모반하였다는 의심을 받아 이튿날 처형되는 사건이 일어났다. 오쓰 황자의 어머니는 오타(大田) 황녀이다. 덴무 천황의 딸로 우노노사라라와는 누이가 된다. 오쓰 황자는 구사카베 황자보다 한 살 연하로 가장 큰 라이벌이었다. 진상을 알 수 없지만 우노노사라라가 자기 아들의 황위 취임을 위협하는 오쓰 황자를 숙청한 사건이었다.

그 후 구사카베 황자는 여러 차례에 걸쳐 귀족 · 관인들을 거느리고 통곡(慟哭, 큰 소리를 내며 한탄하며 우는 것)하는 의례를 행하고, 덴무 천황의 관棺을 모시기 위해 대내릉大內陵의 조영에도 착수한다. 그리하여 688년 11월 11일, 덴무 천황은 대내릉에 장사된다. 서두르면 신년의 이른 시기에 구사카베 황자가 천황위를 이을 수 있었을 것이다. 그렇지만 689년 4월 13일, 돌아오지 못할 사람이 되었다.

사랑하는 자신의 아들을 잃어버린 우노노사라라의 슬픔은 헤아리기 어려울 것이다. 다만 그녀는 쓸쓸하게 살지는 않았다. 그로부터 약 2개월 후인 6월 29일, 지아비인 덴무 천황이 681년에 편찬에 착수한 기요미하라 령을 시행한다. 그리고 이듬해 690년 정월 원단에는 스스로 황위에 오른다. 지토 천황이다. 그녀가 노린 것은 구사카베 황자가 남기고 간 아들인 가루(珂瑠) 황자(나중의 몬무 천황)가 황위를 잇도록 하는 것이며 그것은 697년 8월 1일에 양위讓位의 형태로 실현된다.

현존하는 원가력의 유일한 실물 자료인 구주력 목간은 종이와 나무의 사용이 어떻게 나누어졌는지를 생각할 때나 모종의 드라마가 배후에 숨겨져 있다는 점에서 매우 흥미로운 소재라 할 수 있다.

그렇다면 구주력 목간이 출토된 이시가미 유적은 어떤 성격을 가진 유적일까. 이 유적에서는 모두 3,421점의 목간이 출토되었다. 극히 일부만이 7세기 중엽의 목간이고 압도적으로 많은 것이 7세기 후반인 덴무 · 지토 천황의 시대의 것이다. 두 천황이 조영했던 아스카 기요미하라 궁의 구조를 생각할 때 둘도 없는 소재이다. 다음 절에서 살펴보기로 하자.

2. 이시가미 유적의 성격

향연 시설에서 관아로

이시가미 유적은 메이지(明治) 시대에 수미산석須彌山石과 석인상石人像을 파냈던 무논의 소자명 '이시가미(石神)'에서 이름 붙여

졌다. 일본 최초의 본격적인 사원인 아스카데라(588년 조영 개시)의 바로 서북쪽에 위치한다. 바로 남쪽에는 물시계의 대가 놓였던 미즈오치(水落) 유적이 있고, 북서쪽에는 오하리다 궁(小墾田宮)과의 관련이 상정되는 이카즈치노(雷丘) 동방 유적이 존재하며, 북쪽에는 아베야마다미치(安倍山田道)가 동서로 달리고 있다.

이시가미 유적에서는 아스카 시대의 유구가 몇 개의 층에 걸쳐 발견되고 있다. 크게 A~C 3시기로 나뉘고 다시 각각 세분화되는 등 복잡한 양상을 보인다.

그 중 이 유적이 가장 정비된 것은 대규모의 토목사업을 통해 아스카의 도읍 만들기가 본격화된 사이메 조(655-661)이다. 남북 약 180미터 구획 내의 남쪽 2/3에는 장대한 건물로 둘러싸인 동서 두 개의 구획이 마련되고, 대형건물이나 잔자갈이 깔린(石敷) 우물과 도랑, 방형 연못 등이 정연하게 늘어서 있다(A-3기). 『일본서기』에 '아스카데라 서쪽(飛鳥寺西)' '아마카시노오카 동쪽(甘檮丘東)' '이시가미이케 주변(石上池邊)'에 수미산을 만들어, 도카라인(覩貨邏人, 중앙아시아 사람일까), 리쿠오(陸奧) · 고시(越)의 에미시(蝦夷), 숙신(肅愼(아시하세), 홋카이도 내지 중국 동북부 · 러시아 극동부에 살던 사람) 등에게 향연饗宴을 베풀었다고 하는 기록이 있는데 바로 이것에 관한 향연 시설로 이해된다. 소위 '아스카의 영빈관迎賓館'이다.

그런데 덴무 조(672-686)가 되면 이 대규모 향연 시설이 전면적으로 폐기된다. 새롭게 정지 작업을 거쳐 그 위에 다수의 구획이 설치되고 각각 건물이 수 동씩 배치된다(B기). 다음 단계에도 대폭적인 개조가 이루어져 건물이나 창고 · 우물 등이 점재하는 한

변 약 70미터 방형 구획이 설정된다(C기).

이 B · C기의 새로운 건물군은 후지와라 궁(694-710) 관아 구역의 상황과 닮아서 향연 시설에서 관아로 성격이 바뀐 것으로 보인다. 그리고 이러한 견해를 확고하게 하는 것이 이시가미 유적 북방 구역에서 출토된 3,000여 점의 목간이다.

이시가미 유적 북방 구역이라는 곳은 이시가미 유적 본체로부터 아베야마다미치까지 남북 100미터의 공간을 가리킨다. 이곳은 옛날부터 소택지와 같은 자연 유로가 넓게 펼쳐 있었다. 7세기 중엽에 그곳을 메운 뒤 배수용 도랑이나 토갱을 여러 개 팠는데 이러한 곳에서 목간이 출토되고 있다. 그 때문에 목간의 사용 기관은 복수였을 것으로 추정된다. 다만 목간 대부분이 남쪽 일대에서 출토되고 있어 이시가미 유적 본체에서 사용된 것이 많았다고 생각된다. 목간은 덴무 · 지토 조의 것이 대다수를 점하고 있다.

목간의 내용이나 종류는 후지와라 궁이나 헤이조 궁 등에서 출토된 것과 큰 차이가 없다. 누구나 덴무 · 지토 천황의 왕궁이 있었던 아스카 기요미하라 궁(672-694)에서 사용된 목간으로 생각할 수 있다. 다만 아스카 기요미하라 궁의 내리內裏나 대극전大極殿 등의 주요 시설은 아스카데라의 남방에 존재했다고 판명되었기 때문에(제3절), 이시가미 유적은 왕궁을 구성하는 관아官衙의 일부로 이해하는 것이 타당하다. 그렇다면 어떤 관사官司를 상정할 수 있을까.

어떤 관사일까

먼저 목간에 쓰여 있는 관사 명칭으로서 「대학관(大學官, 다이가쿠노쓰카사)」 「세기관(勢岐官, 세키노쓰카사)」 「도관(道官, 미치노쓰카사)」 등이 있다. 「대학관」은 『일본서기』에 '학직學職'이라는 명칭으로 등장하기 때문에 대학료大學寮의 전신 관사에 해당한다. 관인을 양성하는 교육기관이다. 「세기관」은 나중의 관사關司에 해당한다. 「도관」은 지금까지는 알려지지 않았지만 통행 관리를 담당한 관사에 해당하지 않을까 한다.

그러나 목간을 사용한 기관이 대학관 · 세기관 · 도관 등에 한정된것으로 생각하기는 어렵다. 다른 목간을 보아도 그 직접적인 활동을 보여주는 분명한 목간이 거의 확인되지 않기 때문이다. 이 세 관사가 유적 근처에서 활동했을 가능성은 있지만 이것만이 전부였다고 생각하기 어렵다. 그래서 다음에서는 구주력 목간① 에서 연상되는 음양료陰陽寮의 전신 관사일 가능성을 살펴보고자 한다.

음양료는 역曆의 작성이나 누각(漏刻, 시각)을 담당한 관아였다. 누각과 관련해서는 「사사오구(巳四午九)」가 쓰여 있는 목간을 거론할 수 있다. 10세기에 정리된 『엔기시키(延喜式)』에 따르면 북(鼓)을 쳐서 시각을 알릴 때 자각子剋에는 9번, 축각丑剋에는 8번, 인각寅剋에는 7번의 순서로 감하여 사각巳剋에는 4번이 된다. 다음 오각午剋에는 다시 북을 아홉 번 치며 이하 순서대로 감하여 해각亥剋에는 4번이 된다. 즉 「사사오구」는 하루가 오전에서 오후로 바뀔 때 그 전후한 시각인 사각과 오각에 북을 치는 수에 해당한다. 이미 아스카 시대에 『엔기시키』와 동일한 방법으로 시각을 알렸던 것이다. 686년 오쓰 황자가 임종할 때 지은 오언절구에 "북소리가 단명短命을 재촉하네"라는 구절은(『가이후소(懷風藻)』), 단순히 문학적 수사만은 아니었다. 당시 아스카에는 시각을 알리는 고루鼓樓가 있었던 것이다.

일본의 시각 제도는 역의 수용보다 약간 늦은 636년과 646년 관인의 조참(朝參, 아침 일찍 출사出仕하여 정무를 보는 것)과 관련하여 도입된다. 660년에는 이층 건물로 된 누각이 이시가미 유적 바로 남쪽의 미즈오치(水落) 유적에 세워졌다. 1층에는 누각이 설치되어 밤낮으로 시각을 계측할 수 있도록 했다. 2층에는 종과 북이 설치되어 시각을 알렸다.

하지만 이 누각은 671년에 오우미로 이전하게 된다. 672년에 아스카로 다시 도읍을 옮긴 후 이 누각이 어떻게 되었는지는 알 수 없다(미즈오치는 개조되어 적어도 당초의 장소에는 누각이 설치되지 않았다). 다만 아스카 기요미하라 궁 시대에 아스카에는 시각을 알리는 북을 쳤던 것이 확실하다. 675년, 천문을 관측하기 위한 점성대占星台가 설치되어 이것이 누각대의 기능을 겸비하였다고 보는 시각도 있다.

미즈오치 유적과의 위치 관계를 함께 고려할 때 음양료의 전신 관사가 이시가미 유적 주변에 있었을 가능성은 충분하다. 그러나 구주력 목간은 역을 작성하는 음양료가 아니라 그것을 사용한 관사에서도 출토될 수 있다. 시각을 알리는 목간도, 시각을 알리는 쪽에서 사용했다면 음양료가 되겠지만 시각을 알게 된 쪽에서 기억하기 위해 메모한 것으로 본다면 여러 관사를 상정할 수 있다.

여기서 세 번째로 민부성民部省의 전신인 '민관(民官, 가키노쓰카사)'일 가능성을 살펴보자. 민관의 기본적인 업무의 하나로 전국의 사토에서 도읍에 징발된 사정使丁과 그 생활비인 '양養'의 관리가 있다. 이시가미 유적의 목간 중에는 사정이나 양의 목간이 다수 포함되어 있다.

『일본서기』 686년 7월 기사에는 "번개가 남방에서 번쩍하고 다시 큰 천둥이 쳤다. 그래서 민부성의 용庸을 수장하던 창고에 화재가 났다. 어떤 이는 '오사카베(忍壁) 황자의 궁에서 실화失火한 것이 민부성을 불태웠다'라고 하였다"라는 내용이 보인다. 이때의 '민부성民部省'은 '민관民官'으로, '용庸'은 '양養'으로 쓰는 것이 당시의 표기에 맞다.

주목되는 것은 기사의 뒷부분이다. 오사카베 황자의 궁이 이카즈치노오카(雷丘) 부근에 있었던 것은 『만엽집』을 통해 알 수 있기 때문에 민관의 창고도 이카즈치노오카 가까이에 있었다고 생각할 수 있다. 이시가미 유적 북방 구역은 이카즈치노오카와 지근 거리에 있어 이곳에 민관의 창고가 있었다고 해도 이상하지 않다.

여기에서 상기되는 것이 603년에 추고 천황이 옮겨간 오하리다 궁(小墾田宮)이다. 이 궁은 9세기경까지 존속하였다. 이시가미 유적 바로 북서쪽의 이카즈치노오카 동방 유적에서 '小治田宮(오하리다 궁)'이 묵서된 헤이안 시대 초기의 토기가 다수 출토된 바 있다. 또 나라 시대 창고군의 일부와 담장(築地塀), 도랑도 발견되었다. 672년 임신의 난이 일어날 때 오하리다의 무기고(小墾田兵庫)가 등장하는 것이나 760년에 준닌(淳仁) 천황이 오하리다 궁에 5개월 간 체제할 때 대량의 비糒·조調·용庸을 수납했던 것에서도 알 수 있는 것처럼 이 궁에는 대규모의 창고가 있었다. 민관의 창고는 오하리다 궁에 부속된 수납 시설을 이용했을 가능성이 있는 것이다.

이와 관련하여 이시가미 유적에서는 화살촉(鏃)·낫(鎌)·도끼(斧) 등 다량의 철제품이 출토되어 오하리다 무기고와의 관련을 생각하는 연구자도 있다. 이시가미 유적 본체의 북쪽 지구에서는 창고인 총주건물(總柱建物)(역주: 굴립주掘立柱 건물 또는 초석 건물 중에서 한 칸 마다 빠짐없이 격자상의 기둥을 세운 건물로 창고풍의 건물을 이르는 말)이 비교적 다수 검출된 점도 참고된다. 그래서 이시가미 유적의 수미산석須彌山石은 612년에 오하리다 궁의 남정南庭에 조영된 '수미산형須彌山形'으로 보는 것도 가능하다.

상황 증거뿐이지만 이시가미 유적 가까이에 민관民官이 있었다고 해도 이상한 것이 아니다. 하지만 다음에 소개하는 것처럼 사정使丁 관계 목간을 검토해 보면, 사정의 활동은 잘 알 수 있지만 민관과 직접 관련된 내용을 보여주는 것이 없다. 또 오하리다 무기고의 소재지에 대해서도 약간 더 북쪽인 가구야마(香久山) 바로 남쪽의 '병고전兵庫田'이라는 소자 지명이 남아 있는 일대에서 구해야 한다는 연구자도 있다. 오하리다 궁과 관련된 창고군이 있었던 구체적인 장소는 향후 조사의 진전을 기다릴 필요가 있을 것이다.

노동 현장에 투입된 미카와 국의 사정

이시가미 유적에서 출토된 사정使丁 관계 목간은 흥미로운 내용을 가지고 있어 이를 소개하고자 한다.

사정은 전국 각지의 사토에서 두 명씩 도읍에 징발된 민중이다. 한 명은 입정立丁으로서 역역力役에 종사하고, 다른 한 명은 시정厮丁으로서 입정을 위한 식사를 만들었다. 사정 관계 목간은 다수 있지만 「사정」을 명기하고 있는 것은 다음 두 점이다(모두 2차적인 습서가 있지만 생략함).

② 方原戸仕丁米一斗

길이 (168)mm×폭 29mm×두께 2mm

③ 委之取五十戸仕丁俥物□□

二斗三中神井弥□ □〔三?〕□斗

길이 196mm×폭 40mm×두께 2mm

목간②의 「가타노하라(方原)」는 나중에 미카와 국(三河國) 호이 군(寶飫郡) 가타하라 향(形原鄕)(현재의 아이치 현 가마고오리 시 부근)이 된다. 사정에게는 하루에 쌀(米) 두 되가 지급되었기 때문에 5 일분인 쌀 한 말을 지급한 기록이다. 참고로 두 되의 쌀을 하루에 모두 먹은 것이 아니라 한 되 두 홉 분을 먹고, 남은 8홉은 생활비로 남기는 경우가 많았다. 또 고대의 한 되는 현재의 4홉에 상당한다.

목간③의 「와시토리 오십호(委之取五十戸)」는 나중에 미카와 국 헤키카이 군(碧海郡) 와시토리 향(鷲取鄕)(현재의 아이치 현 오카자키 시 부근)이 된다. 이 사토에서 출사한 사정인 거물□□(俥物□□)(「거물」은 수레를 가지고 있었을까)과 신정미□□(神井弥□□) 두 사람에게 쌀을 지급할 때 쓴 기록이다. 이 사정 두 사람은 입정과 시정으로 보아도 좋다.

다음 살펴볼 목간도 사정에게 쌀을 지급할 때 쓴 기록으로 추정할 수 있다.

④ (표) 加牟加皮手五升
神久連二升 小麻田戸二升

(리) □
鳥取連二升 櫻井戸二升一升□
靑見連二升 知利布二升 汙久皮ッ二升

길이 296mm×폭 57mm×두께 5mm

목간④는 「가무카와테(加牟加皮手)」라는 사람에게 쌀 다섯 되, 그 이외의 사람에게 쌀 두 되를 지급할 때 쓴 목간이다【3-2의 1】. 이면의 오른쪽 아래에는 예외적으로 「일승□(一升□)」가 있지만 다른 글자와 비교할 때 먹이 약간 얕고 글자의 방향도 달라 나중에 추가로 기입한 추필追筆일 가능성이 있다. 「가무카와테」만 지급양이 많은 것은 '수手'와 같은 기술자였기 때문일 것이다. 다른 사람들은 특별한 기술을 갖지 않은 사정이었다고 생각된다. 이면의 「돗토리(鳥取)」「사쿠라이(櫻井)」「아오미(靑見)」「치리후(知利布)」 등은 모두 미카와 국 아오미 평(靑見評)의 사토 이름이며, 「우쿠하(汙久皮)」도 마찬가지이다. 이 목간은 아오미 평 출신 사정 5인을 한 무리로 파악했음을 보여준다.

이처럼 목간②~④는 미카와 국(三河國)의 사정에 대한 쌀 지급 기록이라는 점에서 공통된다. 그 중 ③④는 B기에서 C기에 걸친

【3-2】이시가미 유적 출토의 사정 관계 목간(목간④와 ⑤)

조성 공사 과정에서 일시 사용된 남북 도랑에서 출토되었다. 이 남북 도랑을 메울 때 그 위에 대팻밥 층과 C기 조성 정지토가 덮였다. 이러한 세 유구는 명칭이 다르지만 실질적으로 같은 것이다. 이 일련의 유구에서는 미카와 국의 사정 관계 목간이 적어도 네 점 출토되었고, 그 중 한 점은 「미카와 십상군(三川十上君)」으로 기록되어 있다. 「십상十上」은 '십장十長'이라고도 하며 10인을 통솔하는 지위였다. 이 경우 미카와 국 출신의 사정 10인의 통솔자가 될 것이다. 이 목간은 미카와 국 출신의 사정이 하나로 합쳐진 집단을 구성했음을 보여주고 있다.

그 밖에도 미카와 국 하찰목간이 20점 출토되었다. 그 대부분은 사정이 먹는 양미養米의 하찰로 보인다. 양미는 사정의 출신지에서 보내 온 것이다. 미카와 국 하찰목간은 사정 관계 목간과 동일하게 상기의 B기에서 C기로 이행할 때의 유구에서 출토되는 경향이 있으므로 양자의 깊은 연관성을 엿볼 수 있다. 이밖에도 미카와 국 목간은 별도로 세 점이 더 있는데 특히 씨족명 등에서 미카와 국과 관계가 있을 것으로 생각되는 목간도 몇 점 더 있다.

이상을 종합해 보면 미카와 국 출신의 사정은 평評 등을 단위로 하여 출신지별로 결속되어, 그 고장에서 보낸 양미를 먹었던 모습이 떠오른다. 이러한 목간들이 다수 출토된 유구에 주목하면, B기의 여러 시설을 해체한 현장에는 미카와 국의 사정들이 투입되었음을 생각할 수 있다.

미노 국 출신의 사정과 미카키모리

미노 국(三野國, 美濃國)의 사정과 관계되는 목간도 몇 점 있기 때문에 그것들을 보기로 하자.

⑤ 三野五十上□大夫馬草四荷□
〔書?〕 〔奉?〕

길이 179mm×폭 19mm×두께 3mm

⑥ (표) 鮎川五十戸丸子部多加
□鳥連淡佐充干食同五□□三枝部□
〔大?〕 〔十 戸 ?〕
〔五 十 戸 眞 須?〕
(리) □□部□□□□□□□
□部白干食大野五十戸委文部代□

길이 (185)mm×폭 (28)mm×두께 5mm

⑦ (표) 以三月十三日三桑五十戸
(리) 御垣守濱尻中ツ刀自

길이 123mm×폭 17mm×두께 3mm

목간⑤의 「미노 오십상(三野五十上)」은 미노 국 출신의 사정 50인을 통솔하는 자이다【3-2의 2】. 같은 조사에서 '오십상五十上'으로 묵서된 토기도 출토되었다. 「후미(書)」는 도래계 씨족인 후미씨(文氏)이며, 「대부大夫」는 존칭 표현이다. 미노 국 오십상에게 말여물 네 짐(馬草 四荷)을 바칠 것을 보고 내지는 명령한 목간이다.

목간⑥의 표면과 이면에 쓰여 있는 「간식(干食, 가시와데)」은 시정廝丁을 의미한다. 표면 왼쪽 행에는 오토리노무라지아와사(大鳥連淡佐)에 대하여 동일한 사토 출신인 사에구사베□(三枝部□)를 시정으로 충당한 것이 쓰여 있다. 사정인 입정과 시정의 깊은 관련성에서 아와사(淡佐)를 입정으로 추정할 수 있다. 이 목간은 표리 각각 2행으로 되어 있지만 동일하게 입정에 시정을 충당한다는 내용이었다고 생각된다. 사토 명칭인 「아유카와(鮎川)」 「오노(大野)」는 복수의 후보지가 있지만 ⑤와 동일한 유구에서 출토되었기 때문에 「아유카와」는 나중의 미노 국 후와 군(不破郡) 아이카와 향(藍川郷), 「오노」는 미노 국 오노 군(大野郡)이었을 가능성이 높다.

목간⑦은 하찰목간이다. 「미쿠와 오십호(三桑五十戶)」는 나중의 미노 국 후와 군 내지 오노 군의 미쿠와 향(三桑郷)에 해당한다. 이면의 「미카키모리(御垣守)」는 큰 담장이나 문을 경호하는 병사에 해당하며 후의 위사衛士에 상당한다. 이것 말고도 「미카키모리」라고 쓴 목간이 네 점 더 있다. 위사에게도 사정과 동일하게 출신지에서 양미가 보내졌다. ⑦은 미카키모리에게 양미를 보내고 돌아올 때의 하찰로 보아도 좋을 것이다.

한편 8세기에는 위사와 사정이 별도로 존재했지만 예전에는 병역과 역역이 미분화되어 위사도 사정으로 불렸을 것으로 생각된다. ⑦에 입각하여 생각해 보면, ⑤⑥은 위사로 나누어지기 전의 사정에 관계되며 그 실태는 미카키모리였을 가능성이 있다. 미카와 국 출신의 사정은 조영 현장에서 잡역에 종사했지만 미노 국 출신의 사정은 미카키모리로서 경비 역을 담당했다고 생각된다.

다만 이러한 담당 직무가 고정화되었다고 할 수는 없다. 예를 들어 분화된 이후 위사들이 단순 노동력으로 사용되기도 한 것처럼(제6장), 경비를 임무로 하는 미카키모리도 일시적으로 조영 공사에 동원되는 경우도 종종 있었을 것으로 생각된다.

미노 국의 하찰목간은 ⑦을 포함하여 13점 출토되었다. 미카와 국 하찰만큼 두드러지지는 않지만 그 대부분이 양미 하찰로 추정된다. 그밖에 4점의 미노 국 목간이 별도로 있고, 씨족명 등에서 미노 국과 관계가 있을 것으로 생각되는 목간이 몇 점 더 있다.

이상과 같이 미카와 국과 미노 국의 사정 관계 목간은 매우 특별하다. 사정들은 출신지별로 모여 집단을 형성하여 일을 했고, 생활비인 양미가 그 고장에서 보내지는 구조였다. 미지의 세계인 아스카의 땅에 파견된 사정이지만 고향이 같은 사람들이 가까이에 있어 조금이나마 마음의 안정을 주었을 것이다.

이시가미 유적과 아스카 기요미하라 궁

덴무 조 이후 이시가미 유적은 지금까지의 유구 상황에서 관아官衙의 존재를 추측할 수 있을 뿐 구체적인 관사官司 이름을 거론하기는 어렵다. 그러나 이시가미 북방 구역에서 3,000점 이상의 목간이 출토되어 후보가 되는 관사 이름을 몇 가지 거론할 수 있었다.

이시가미 북방 구역은 배수를 위한 도랑이 주체를 이루며 건물은 거의 없다. 북쪽은 아베야마다미치가 동서로 달리고 있지만 남 · 동 · 서쪽에는 다양한 시설이 있었을 것으로 생각되며, 그 각각의 장소에서 목간이 사용되었다. 그 때문에 다양한 기관의 목간이 매장되었다. 남쪽은 이시가미 유적 본체로서 대부분이 발굴되었지만 동쪽은 아직 조사 중이고 서쪽은 거의 손대지 않았다. 향후 동서쪽의 조사가 진행되면 보다 더 성격이 분명해질 것이다.

아스카 기요미하라 궁의 중심부와 이시가미 유적은 아스카데라를 사이에 두고 서로 나누어져 있지만 덴무 · 지토조의 목간이 대량으로 출토된 결과, 이시가미 유적 부근까지 관아 구역이 펼쳐져 있었다는 것이 명확해 진 것은 의의가 크다. 이시가미 유적은 사이메 천황 시대에는 향연 시설로 이용되었지만 덴무 천황 시대에는 관아로 개조되었다. 이것은 관료 기구의 확대에 대응한다. 기존의 공간만으로는 모든 관사를 배치할 수 없어 주변부까지 확장되었던 것이다. 다음 장에서 아스카 기요미하라 궁의 실태에 접근해 보기로 하자.

3. 아스카 기요미하라 궁의 모습

아스카 오카모토 궁에서 아스카 기요미하라 궁으로

아스카의 주요한 왕궁인 아스카 오카모토 궁(飛鳥岡本宮, 630-636), 아스카 이타부키 궁(飛鳥板蓋宮, 643-645 · 655), 노치노 아스카 오카모토 궁(後飛鳥岡本宮, 656-667), 아스카 기요미하라 궁(飛鳥淨御原宮, 672-694) 등 네 개의 궁은 아스카데라 남쪽의 '전승 아스카 이타부키 궁(傳承飛鳥板蓋宮)'의 땅에 조영되었다. 이 일대는 주로 '아스카 경 유적(飛鳥京跡)'의 이름으로 발굴 조사가 실시되어, 하층의 Ⅰ기가 아스카 오카모토 궁, 중층의 Ⅱ기가 아스카 이타부키 궁, 상층의 Ⅲ-A기가 노치노 아스카 오카모토 궁, Ⅲ-B기가 아스카 기요미하라 궁에 대응된다는 것이 판명되었다.

672년 9월 12일, 임신의 난에서 승리한 오아마(大海人) 황자는 아스카로 개선하여 먼저 자신의 거소였던 시마 궁(嶋宮)으로 들어간다. 9월 15일에는 어머니 사이메 천황이 왕궁을 꾸민 노치노

【3-3】아스카 기요미하라 궁(아스카 경 유적 Ⅲ-B기)

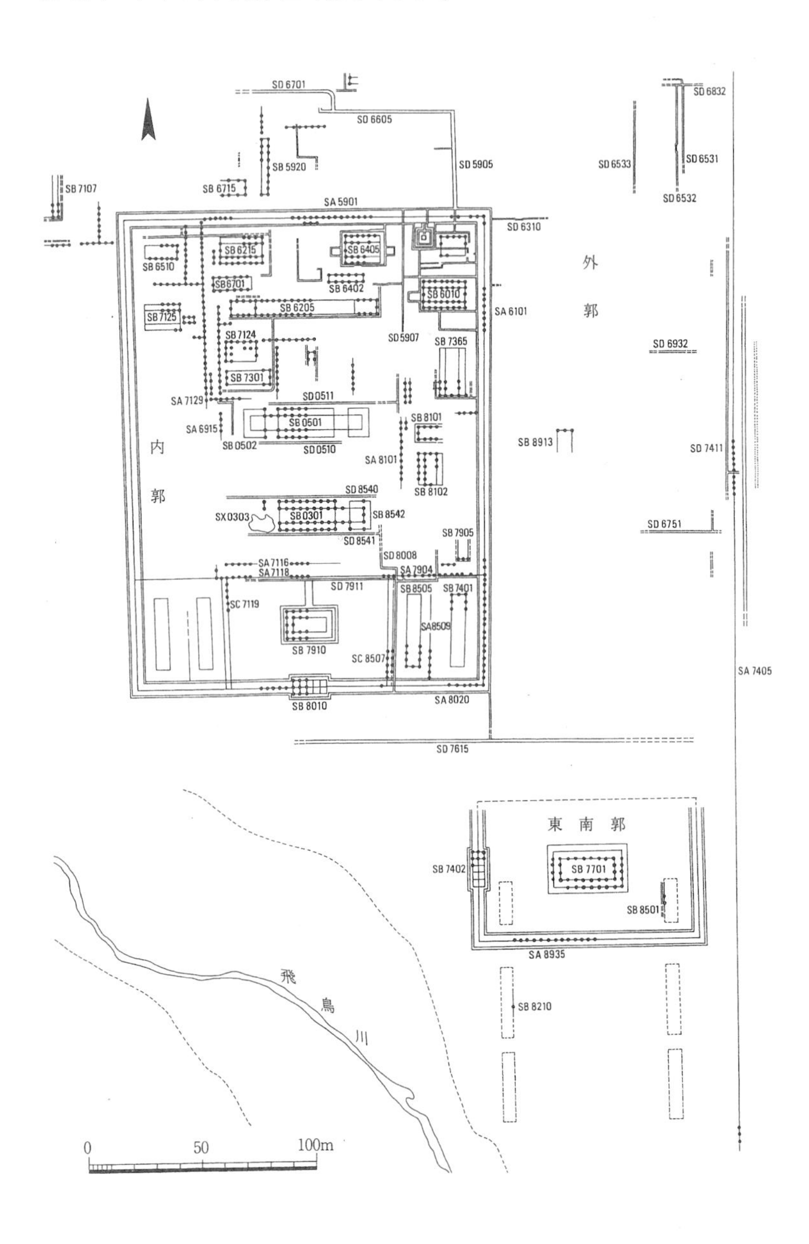

아스카 오카모토 궁으로 옮기고 같은 해 겨울에 노치노 아스카 오카모토 궁의 남쪽에 새롭게 '궁실宮室'을 만든다.

발굴 조사 결과, Ⅲ-B기 유구는 내곽·외곽으로 이루어진 Ⅲ-A기를 거의 그대로 계승하면서 동남곽東南郭을 새롭게 부가했다는 것이 판명되었다【3-3】. 따라서 '궁실'은 동남곽이 된다. 이 정전(SB7701)은 '대극전大極殿'으로 불렸다. 다만 이 '대극전'은 전통적인 건축 양식의 건물로, 천황의 독점 공간이 아닌 점 등 후지와라 궁 이후의 대극전과는 매우 달랐다. 또 『일본서기』의 관계 기사를 정리해 보면 약간 늦은 678년경에 성립된 것으로 보인다.

내곽內郭은 내리적內裏的인 성격이 강한 공간이다. 내곽은 남쪽의 동서 담장을 경계로 북원北院과 남원南院으로 나뉜다. 건물 배치나 포장의 차이 등에서 북원은 사적인 공간, 남원은 공적인 공간으로 보인다. 내곽은 노치노 아스카 오카모토 궁부터 존재하였고 부분적인 수리가 있었지만 주요 전사殿舍는 계속해서 사용되었다.

외곽外郭 지역은 내곽의 남쪽(동남곽의 서쪽)에 조정朝庭이 펼쳐져 있고, 북서쪽에는 백금후원(白錦後苑, 시로니시키노미소노)이 위치하고 있다(후술). 이러한 것을 제외하면 각종 관사가 늘어서 있었다고 추정된다.

이처럼 아스카 기요미하라 궁은 기본적으로 노치노 아스카 오카모토 궁의 내곽과 외곽을 계승하고 새롭게 동남곽을 부가한 왕궁이었다. 실질적으로는 노치노 아스카 오카모토 궁이라고 해도 좋다. 실제 아스카 기요미하라 궁의 호칭이 정해진 것은 덴무 천황 만년인 686년 무렵으로, 덴무 천황 병환의 원인이 된 구사나

기의 검(草薙劍)의 부정을 정화시키기 위한 목적이었다. 이 책에서는 통례에 따라 672년을 경계로 아스카 기요미하라 궁으로 부르지만 실제로는 14년이라는 오랜 기간 동안 독자적인 궁호宮號가 정해지지 않았던 것이다.

백금후원의 목간

아스카 기요미하라 궁에서 특히 우아한 장소는 내곽 북서쪽의 아스카 경 유적 원지苑池 유구일 것이다.

둑을 사이에 두고 남북으로 두 개가 나란히 배치된 연못에는 잔자갈(石敷)을 깐 호안護岸이 있고, 북쪽 연못으로부터 아스카가와(飛鳥川)로 흐르는 수로, 그 주변의 굴립주렬과 잔자갈이 깔린 도랑 등이 발견되었다. 남쪽 연못은 남북 약 60미터, 동서 약 50미터 크기로 못 가운데 섬(中島)도 있다. 남쪽 연못에는 도수導水 시설도 설치되었다. 원지는 노치노 아스카 오카모토 궁 시대에 만들어졌는데 그 뒤 몇 차례 수리를 거친 후 헤이안 시대 초기부터 서서히 매몰되었다.

이 원지는 685년에 덴무 천황이 행행行幸한 '백금후원(白錦後苑)', 691년에 지토 천황이 공사公私의 말(馬)을 관람했던 '어원御苑'에 해당하는 것으로 생각된다. '백금白錦'은 서쪽 수호신인 백호白虎를 의미한다. '후원後苑'은 왕궁의 배후에 있는 정원이다. 내곽의 북서쪽에 위치한 원지 유구는 백금후원이라는 이름과 잘 어울린다.

중국 도성에서는 왕궁의 뒤쪽에 금원禁苑이 설치되어 황제 지배하에 있는 진기한 동물과 식물, 수목, 석재 등을 모았고 황제를 경호하는 군대도 주둔시켰다. 규모나 용도에 차이가 크지만 백금후원은 중국의 금원을 모방한 것이다. 사이메 · 덴무 천황 시대에 백제 · 신라 · 숙신 등으로 부터 낙타 · 불곰 · 당나귀 · 앵무새 · 노새 · 까치 등을 보내와 백금후원에서 사육했을 가능성도 있다.

목간은 남쪽 연못에서 18점, 북쪽 연못에서 2점, 수로에서 252점이 출토되었다. 출토 지점이 흩어져 있고 시기 폭도 약간 넓지만 중심은 아스카 기요미하라 궁 시대이다. 그 중에서도 관사 또는 관직의 이름이 쓰여 있는 것이 네 점 포함되어 있다.

⑧ 有□□
嶋官 □

길이 (142)mm×폭 (60)mm×두께 7mm

⑨ (표) 干官 干□□〔官?〕 波ッ□〔閉?〕
(리) □□ □□□

길이 (187)mm×폭 31mm×두께 3mm

⑩ 造酒司解伴造廿六人

길이 (141)mm×폭 19mm×두께 5mm

⑪ (표) □病齋下甚寒
(리) 藥師等藥酒食教豉酒

길이 (244)mm×폭 42mm×두께 4mm

목간⑧은 용기의 밑판과 같은 데 쓴 묵서로 메모 같은 색채가 강하다. 「시마 궁(嶋宮)」의 '시마(嶋)'는 정원을 의미한다. 후지와라 궁 유적에서 「원관薗官」(원직薗職 · 원사薗司로도)으로 쓴 목간이 출토되어(표현은 다르지만 동일한 관사를 가리킴) '시마 관(嶋官)'과의 관계가 문제시된다. 8세기에는 원지苑池 및 야채와 과수원(蔬菜樹果)의 재배(種植)를 담당한 '원지사園池司'가 있었다. 원지사의 전신 관사가 원관이었다는 것은 확실하지만 시마 관에 대해서는 판단이 어렵다. 여하튼 남쪽 연못 아래에서는 연꽃과 가시연 등의 꽃가루와 매화, 봉숭아, 배와 같은 유실수의 덜 익은 열매가 다수 퇴적되어 있었다. 남쪽 연못에는 연꽃이 떠 있고 그 주변에는 과수원이 전개되었다고 보이는 점은 주목된다. 이러한 경관을 이루는 원지를 시마 관이 관리했던 것이다.

목간⑨는 습서 목간으로 「간관干官」이 두 차례 등장한다. 「간干」은 「간식干食」(목간⑥)을 줄여 쓴 것이다. 「간관」은 『일본서기』나 후지와라 궁 목간에 등장하는 '선직(膳職, 가시와데노쓰카사)'의 별명 표기로 생각된다. 나중의 대선직大膳職 또는 내선직內膳職에 해당한다.

목간⑩의 「조주사造酒司」 「해解」는 다이호 령에서 시작된 명칭이며 8세기 초의 목간이다. 조주사가 도모노미야쓰코(伴造, 술의 양조 등을 담당한 주부酒部) 26인의 일을 상신한 것이다. 이 유적에서는 쌀의 하찰목간이 다수 출토되었는데 술을 빚는데 사용한 쌀로 생각된다.

목간⑪은 "…… 병들어 배꼽(齊, 臍) 아래가 매우 차다. …… 약사(藥師, 구스시) 등이 약주藥酒를 먹으라고 가르쳤다. 시주(豉酒, 구키노사케)를 ……"로 읽을 수 있다. 복부가 차기 때문에 '약사'가 약주(시주)의 음용을 권한 것이다. 「약사藥師」는 의사로 나중에 전약료典藥寮의 의사 · 의박사나 내약사의 시의侍醫에 해당한다. 또 중풍에 사용하는 「서주속명탕西州續命湯」이라는 이름을 가진 약의 처방전이나 약물의 수량을 열거한 목간도 있다.

그렇다고 해도 시마 관은 괜찮지만 왜 간관 이하의 관사가 등장한 것일까.

앞서 원지 가까이에 과수원이 있다고 했는데 가까이에 약원藥園이 있다고 해도 이상하지 않다. 약원을 관리하는 관사로서 전약료가 필요하다. 또 원園에서는 각종 생산물이 수확되지만 그것을 조리하는 관사로서 간관도 필요했을 것이다. 896년에 원지사園池司가 내선사內膳司로 병합되었는데 양자는 담당 직무에서도 가까운 관계였다.

그리고 조주사造酒司에서 술을 만들기 위해서는 물이 불가결한데 그런 의미에서도 원지는 적절한 장소라고 말할 수 있다. 여기에서 참고되는 것이 가스가(春日) 이궁離宮에 있었던 '가스가노사카도노(春日酒殿)'이다. 그 고지故地로 추정되는 바쿠고지(白毫寺) 유적(나라 시)에서는 연못 2개소, 우물 7기, 굴립주건물 5동이 발견되었는데 쌀의 하찰도 출토되는 등 아스카 경 유적 원지 유구를 방불케 한다.

아스카 경 유적 원지 유구 출토 목간 중에서는 전복(鮑)의 출납 목간(제1장 목간②)이나 「나마미루(生海松)」「사키메(前軍布)」와 같은 해조류의 부찰이 있어 연회가 개최되었을 가능성이 있다. 연회 중에는 이곳에서 양조한 술도 대접했을 것이다.

이처럼 아스카 경 유적 원지 유구는 일종의 이궁離宮이었다. 후지와라 경 유적 출토의 8세기 초 목간에 「백금전작사(白錦殿作司, 시라니시키도노쓰쿠루쓰카사)」가 등장하여 이 시기에 시설의 개수가 있었음을 보여주고 있다. 694년에 왕궁이 후지와라 궁으로 옮겨진 후에도 백금후원은 이궁으로서 유지되었던 것이다.

동쪽 외곽의 바깥쪽-사카후네이시 유적 서부 지역

아스카 기요미하라 궁의 실태를 파악하기 위해서는 이시가미 유적 출토 목간이 가르쳐주는 것처럼 외곽 구역 안쪽에서 발견된 것만을 살펴보는 것으로는 충분하지 않다. 여기에서는 별도의 사례로서 외곽의 동남쪽에 있는 사카후네이시(酒船石) 유적의 서부 지역에서 출토된 목간을 소개하고자 한다.

이곳은 동쪽 외곽을 두르는 큰 담장(大垣)과 돌로 만든 도랑(石造溝)·도로 등으로 가로막힌 곳으로, 주로 동쪽 구릉에서 흘러내린 물이 모이는 남북 방향의 주배수로가 검출되었다. 이 배수로는 A~C 3시기로 나누어진다. 목간은 배수로의 A기에서 55점, B기에서 357점, C기에서 28점이 출토되었다. 여기에서는 덴무 조(672-686) 무렵의 목간인 B기의 목간을 살펴보고자 한다.

⑫ □直若狭　二月　三月　四□
　　　　　　十三　　廿三　廿□

길이 (87)mm×폭 (18)mm×두께 3mm

⑬ 十一月十六日葛人十五

길이 297mm×폭 24mm×두께 8mm

목간⑫는 「□직약협(□職若狭)」이라는 인물이 2월 이후 출근한 일수를 기록한 목간이다. 2월부터 기재가 시작된 것은 관인의 급료인 계록(季祿, 춘하록春夏祿·추동록秋冬祿)을 지급할 때의 조건으로서 전년 8월부터 정월, 2월부터 7월까지 각각 120일 이상 출근하는 규정이 있었기 때문이다. 또 1년 치 고과考課가 전년 8월부터 7월이 되기 때문에 그 반년치 기록으로 볼 수도 있다.

목간⑬은 길이 297mm로 당시의 1척과 거의 비슷하다. 윗부분은 문자를 기록하고 아랫부분은 아래쪽으로 갈수록 얇게 깎여 있다. 손으로 잡기 쉽도록 함과 동시에 문자를 잘 보이도록 하기 위한 고안일 것이다. 「십육일」이라는 날짜, 「십오」라는 숫자에서 구즈히토(葛人)가 11월 전반에 출근한 일수를 보고할 때 사용한 목간으로 생각된다.

여기서 주목되는 것이 ⑬은 반달 분의 출근 보고를 하고 있는 점이다. ⑫와 같은 출근 기록을 하기 위한 전제로도 볼 수 있지만 왜 1개월 분이 아니라 반달 분일까. 그것은 아마 구즈히토가 문부(門部, 가도베) · 병위(兵衛, 효에)와 같은 무관武官이었기 때문일 것이다. 무관은 반달 단위로 근무하는 특징이 있다. 그래서 먼저 궁성 내의 수위가 임무인 문부일 가능성을 살펴보기로 하자.

목간이 출토된 장소는 아스카 기요미하라 궁을 두르고 있는 동쪽 큰 담장 가까이에 있다. 약간 서쪽인 외곽 안쪽에서는 폭이 약 7미터가 되는 동서 잔자갈층(石敷)이 발견되었다. 이것이 궁성 내의 도로라고 하면 동쪽 큰 담장에 문이 달려 있을 가능성이 높다. 그 문은 궁성문에 해당하며 나중에는 위문부衛門府가 경비를 담당한다(제6 · 7장). 따라서 바깥문(外門) 가까이에 위문부의 대기소(詰所)가 설치되었고 그곳에 목간을 폐기했을 가능성을 생각할 수 있다.

다만 문부門部라고 하면 문호씨족(門號氏族, 몬고시조쿠)(궁성 내의 이름으로 채택된 씨족)이 많이 임명되지만 목간에는 오토모 씨(大伴氏)와 관련된 「오토모베(大部)」 한 점만 있을 뿐이다. 또 이 경우 목간은 동쪽 큰 담장 바로 옆의 돌로 만든 도랑에 버려지는 것이 자연스럽다. 따라서 문부와 관련된 목간군으로 보기에는 주저된다.

그럼 다음으로 병위兵衛일 가능성은 어떨까. 병위는 (A) 지방의 관사 클래스의 자제나 (B) 기나이를 중심으로 한 중하급 씨족의 자제 중에서 뽑는다. 헤이죠 궁의 내리 외곽 동남쪽 귀퉁이나 헤이죠 경 이조대로二條大路에서는 병위의 씨족명을 쓴 목간이 다량 출토되었다. 이것들과 사카후네이시 유적 출토 목간의 인명을 비교해 보면, (A)로는 「무게쓰노키미(牟義君)」, (B)로는 「히키(日置)」「구메(久米)」「오노(大野)」「하타(秦)」「하야시(林)」「오베(大部)」「쓰키시누베(春部)」(두 점) 등과 같은 공통된 씨족명이 발견된다. 또 군사층郡司層일 가능성이 있는 씨족으로 「도키노아가타누(刀支縣主)」(두 점)이 있다. 「무게쓰노키미」「도키노아가타누」는 모두 미노 국의 지방 호족으로, 전자는 현재의 기후현 세키 시, 후자는 쓰치자키 시 · 에나 시 일대에서 세력을 떨쳤다.

병위는 내문內門(합문閤門)의 경비를 담당하기 때문에 내리 · 대극전과 같은 것에 해당하는 시설이 사카후네이시 유적 서부 지역에 존재할 필요가 있다. 내리는 아스카 경 유적의 내곽, 대극전은 동남곽에 해당하기 때문에 이와 비슷한 시설이 상정될 수 있을지 없을지와 연관되어 있다. 그런 의미에서 목간 출토 지점의 약간 북쪽에서 격식이 높은 삼면에 차양(三面庇)을 갖춘 대형 굴립주건물이 발견된 것은 주목된다.

다만 (B)는 기나이 지역의 중하급 씨족인 이상, 병위 이외의 관직에도 나갈 수 있었다. (A)의 「무게쓰노키미」도 궁중이나 경내의 우물에서 입춘 새벽(立春昧旦)에 정화수(若水)를 긷는 역할을 맡은 '무게쓰노오비토(牟義津首)'가 있다는 것에 주의할 필요가 있다. 미노 국은 옛날부터 천황가와 관계가 깊어 '도키노아가타누' 등도 좋은 샘물을 헌상하는 일에 관여한 것으로도 볼 수 있다. 「모시토리(主水)」로 판독되는 삭설도 있고, 구릉부인 '오카노 사카후네이시'와의 관계도 시야에 넣어 검토할 여지가 있다. 외곽의 가장 북쪽 지구에서 '수(취)(水(取))'가 써 있는 묵서토기墨書土器가 발견되었기 때문에 나중의 주수사主水司에 해당하는 관사가 오카(岡)의 구릉에서 활동했다고 해도 제사祭祀에 수반된 임시적인 것으로 보는 편이 무난할 것이다.

이상 사카후네이시 유적 출토 목간의 성격에 대해서 검토하면서 위문부衛門府 · 병위부兵衛府 · 주수사主水司 등의 활동을 보여주는 목간군이었을 가능성을 말하였다. 그중에서도 위문부가 가장 유력한 후보지만 향후 조사의 진전을 기다릴 필요가 있다.

이 장에서는 이시가미 유적 출토 구주력 목간을 시작으로 덴무 · 지토 천황의 왕궁에 관한 목간을 몇 가지 소개해 보았다. 아스카의 발굴 조사가 눈부시게 진전되고, 그중에서도 아스카 기요미하라 궁의 중핵을 이루는 내곽과 동남곽의 상황이 선명해진 점은 특필할 만한 성과라 할 수 있다. 그러나 왕궁을 떠받치는 관사의 상황 등은 향후 과제로 남아 있다. 이시가미 유적 · 사카후네이시 유적 출토 목간을 통해 후지와라 궁 이후의 왕궁과는 다른 분산적인 상황이 떠오르고 있다. 외곽의 안쪽에 대해서는 해명되지 않은 점이 여전히 많다. 당분간은 아스카에서 눈을 떼기 어려울 것 같다.

칼럼③ 이시가미 유적 출토 정목

이시가미 유적에서 목간을 전용한 특징적인 모양의 목제품이 출토되었다【3-4】. 길이 100mm, 폭 27mm, 두께 5mm이다. 하단은 인위적으로 절단되었다.

먼저 눈길을 끄는 것이 왼쪽 한 곳과 오른쪽 세 곳에 홈이 있는 것이다. 왼쪽의 홈은 사다리꼴로 깊이 6mm이다. 한편 오른쪽의 홈은 V자형으로 깊이 3mm이다. 오른쪽 홈의 안쪽에는 먹흔이 확인되는데 필선筆先의 형상이 그대로 먹흔으로 남아 있는 곳도 있다.

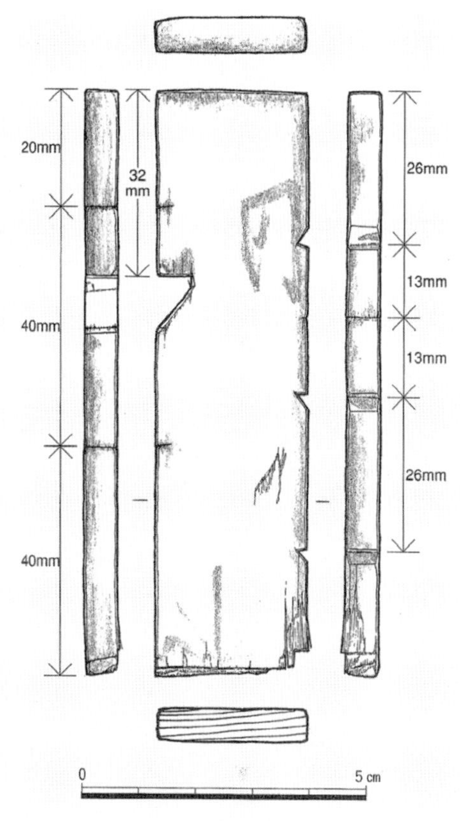

【3-4】 이시가미 유적 출토 정목

더 자세히 보면 측면에 얕게 칼을 넣어 새긴 눈금이 왼쪽에 세 군데, 오른쪽에 한 군데 있는 것이 주의된다. 이렇게 새긴 눈금은 앞뒷면 양쪽에서 모두 볼 수 있다.

이러한 홈이나 눈금들의 간격은 도면에 보이는 것과 같다.

나라문화재연구소의 동료인 다케우치 료(竹內亮) 씨는 이 목제품이 종이에 계선界線을 긋기 위한 자, 즉 정목定木이라고 간파했다. 계선이라는 것은 문자를 정연하게 쓸 수 있도록 나눈 얇게 그은 선을 말한다. 『엔기시키(延喜式)』

에 따르면 먼저 가로 방향의 계선은 위쪽(天界)이 종이 상단에서 1촌 1푼(약 32mm)의 높이에, 아래쪽(地界)은 종이 하단에서 1촌 2푼(약 35mm)의 높이에 긋는다. 다음 세로 방향의 계선은 1행 쓰기에서 사용하는 것은 7푼(약 20mm) 간격으로, 2행 쓰기에서 사용하는 것은 8푼(약 23mm) 간격으로 긋는다. 또 천계의 아래에 몇 개의 가로 계선이 그어지는데 실례에서는 한 글자 분의 높이인 10~15mm 간격으로 된 것이 많다.

이러한 촌법을 근거로 다케우치 씨는 다음과 같은 사용 방법을 생각했다.

(1) 정목의 상단을 종이의 상단에 대고, 왼쪽 홈을 사용하여 종이의 상단에서 32mm(1촌 1푼) 높이가 되는 곳에 맞춰 천계를 긋는다.(하단이 결손되어 확인할 수 없지만) 지계도 35mm(1촌 2푼) 높이에 맞췄을 것으로 추정된다.

(2) 정목을 가로로 눕혀 문서를 써나가는 오른쪽 끝에 정목의 상단을 합치고 왼쪽의 눈금을 사용하여 오른쪽 끝에서부터 20mm(7푼), 40mm(1촌 4푼), 40mm간격으로 세로선을 긋는다. 다음으로 정목의 끝을 20mm씩 왼쪽으로 밀면서 40mm간격으로 세로선을 긋는다. 이러한 작업을 반복하면 1행마다 20mm간격의 세로선이 그어지게 된다.

(3) 정목을 세로 방향으로 돌려서 오른쪽의 홈을 사용하여 천계에서 26mm 간격으로 계선을 긋는다. 다음으로 오른쪽 눈금을 이용한 정목을 13mm씩 밀어서 26mm간격으로 선을 긋는다. 이렇게 하면 13mm간격으로 가로선이 그어지게 된다.

계선은 사경寫經 용지에도 긋지만 그 경우 위의 (3)은 필요가 없다. 따라서 이 정목은 관사官司에서 장부류를 작성할 때 사용했을 가능성이 높다. 이 장의 제2절에서 이시가미 유적은 아스카 기요미하라 궁을 구성하는 관아 구역의 하나였다고 말했는데 이 정목도 그것을 뒷받침해 주고 있다.

제4장

아스카의
종합 공방

1. 후혼센을 주조한 공방

아스카이케 공방의 개요

1999년, 일본 최고의 주조화폐로 '후혼센(富本錢)'이라는 것이 크게 보도되었다. 그때까지만해도 708년 발행한 '와도카이친(和同開珎)'이 단골이었지만 그렇지 않게 된 것이다.

이처럼 교과서를 바꿔 쓰는 발견의 무대가 된 곳이 아스카무라(明日香村)의 아스카이케(飛鳥池) 유적이다【4-1】.

'아스카이케'는 근세에 쌓은 저수지의 명칭이다. 만요분카칸(萬葉文化館)이 위치한 바로 아래에 있다. 아스카 시대에는 아스카 기요미하라 궁 북동쪽, 사카후네이시 유적 바로 북쪽에 위치하며 아스카데라 동남쪽 귀퉁이에 접해 있다. 사카후네이시 유적에서 이어지는 동서 두 개의 구릉 사이에 역 Y자형의 골짜기에 해당한다.

아스카이케 유적은 거의 중앙부에 튼튼한 동서 담장(東西塀)이 있다. 이것을 경계로 남쪽과 북쪽에 성격을 달리하는 시설이 나누어져 있다. 후혼센을 주조한 것은 남쪽 지구의 공방지로 이것을 '아스카이케 공방(飛鳥池工房)'이라 부르고자 한다. 북쪽 지구에는 굴립주건물이 줄지어 있는데 사무나 관리 시설이 있었다.

아스카이케 공방에서는 구릉 사면을 계단 모양으로 만들어 생산품의 종류별로 각종 공방을 설치하였다. 공방에서 생긴 폐기물은 골짜기에 계단식 논 모양으로 설치된 육교陸橋와 함께 물웅덩이(水溜)를 지나가면서 침전 · 여과되어 북쪽 지구의 도수로導水路를 통해 석조방형지石造方形池로 흘러 들어가게 된다. 여기에서 다

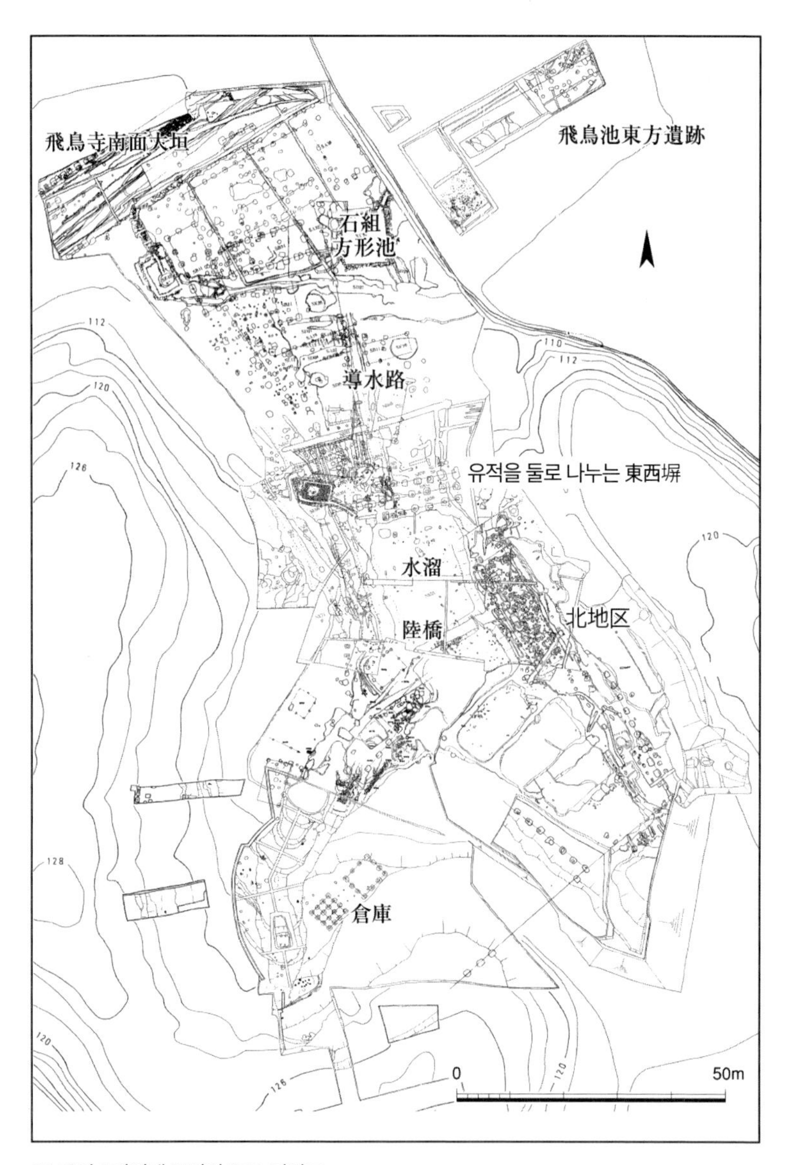

【4-1】아스카이케 유적의 유구 평면도

출전: 나라문화재연구소 편 『나라문화재연구소 연보 2000-Ⅱ』(2000년) 도24를 기준으로 수정 가필

시 여과된 후 유로에 방출되는 구조로 '산업폐기물'이 곧장 하류로 흘러가지 않도록 고안된 것이다.

이러한 일련의 물 처리 시설을 중심으로 아스카에서 가장 많은 8,100점이나 되는 목간이 출토되었다. 유적 남북의 성격 차이를 반영하듯 남쪽 지구 출토 327점(그 중 삭설 142점)과 북쪽 지구 출토 7,783점(그 중 삭설 6,841) 사이에는 현저한 내용상의 차이가 인정된다.

이 장에서는 아스카이케 공방의 성격을 밝힌다는 목적과 함께 주로 남쪽 지구 목간을 검토하고자 한다. 다만 북쪽 지구 목간 중에서 남쪽 지구의 물웅덩이와 북쪽 지구의 도수로를 연결하는 사행구斜行溝에서 발견된 목간들은 실질적으로 남쪽 지구의 목간과 동등하게 다룰 수 있기 때문에 함께 살펴보았다.

고찰에 앞서 먼저 아스카이케 공방의 조업 시기를 언급하고자 한다. 7세기 중엽 경의 제1차 공방과 7세기 후반 경의 제2차 공방으로 나눌 수 있지만 유구로서 명료하게 확인할 수 있는 것은 후자이다. 후혼센을 주조한 것도 제2차 공방으로 전술한 유구는 모두 이것에 관련된다.

목간도 기본적으로 제2차 공방 단계의 것이다. 연대를 알 수 있는 목간을 종합하면 제2차 공방은 678년경에 본격적으로 가동되었고, 694년 후지와라 경 천도 무렵에 종언을 맞이했다고 판단된다. 다만 그 전후에도 조금씩 가동되었을 가능성은 부정하지 않는다. 기본적으로는 아스카 기요미하라 궁 시대(672-694)의 공방이라 할 수 있다.

주문한 사람-천황 · 황족과 깊은 관계

남쪽 지구 출토 목간 중에는 제품을 주문한 사람(注文主)과 공급선供給先을 기록한 것이 다수 포함되어 있다.

① 二月卄九日詔小刀二口　針二口「□斤半」

길이 182mm×폭 29mm×두께 3mm

천황의 명령인 「조詔」라는 말이 쓰여 있는 목간이다. 「조」는 다른 삭설에도 보인다. 덴무 천황 내지 지토 천황이 손칼(小刀)과 바늘(針) 제작을 명한 것이다. 하단부는 다른 사람이 상하 반대 방향으로 「□근반(□斤半)」을 추기하였다. 「반半」자는 최초의 문자와 겹치지 않도록 옆으로 빗겨나 있다. 이것을 써넣은 것은 제작에 필요한 철의 중량을 기록한 것으로 추정된다.

천황과 관련될 것 같은 목간으로는 「산지궁(散支宮, 사누키노미야)」 「대궁(大宮, 오노미야)」 「내공정(우치노타쿠미노쿠기)오십(內工釘五十)」 「연정(넨노쿠기)대소병□(輦釘大小幷□)」 등 네 점을 들 수 있다. 「산지궁(사누키노미야)」은 훗날 야마토 국 히로세 군(廣瀨郡) 사누키 향(散吉鄕)에 소재하는 궁이다. 681년, 덴무 천황이 히로세로 행행하기 위해 행궁行宮을 조영하였는데 그것에 해당할 가능성이 있다.

다음으로 「대궁大宮」 목간은 「작료作了」 「□삼구팔십오근□三具八十五斤」 「차자불□此者不□」 등이 함께 쓰여 있다. 이것은 대궁에서 의뢰를 받은 기물의 제작이 종료된 것을 보고한 목간으로 추정된다. 또 「내공內工」은 천황 신변의 세간(調度品) 제작을 담당한 공인일 가능성이 있다. 「정釘」은 천황가에서 특별 주문한 물품이었다고 생각된다. 마지막으로 「연輦」은 천황 등 귀한 사람들이 타는 수레와 같은 물건이다. 연을 조립하는데 사용한 정이라는 것을 기록한 목간이다.

② 大伯皇子宮物 大伴□…□品并五十□

길이 (145+85)mm×폭 18mm×두께 4mm

목간②는 상하 3편으로 되어 있는데 제2편과 제3편은 직접 접속되지 않는다【원색도판8】. 첫머리의 「오쿠 황자(大伯皇子)」는 덴무 천황과 오타 황녀 사이에서 태어난 오쿠 황녀皇女이다. 황녀인데도 '황자'로 기록한 것은 당시 천황의 자녀에 대해 남녀를 구분하지 않고 '미코'로 불렀기 때문이다. 젠더 문제를 생각할 때 매우 흥미로운 사실이다. 686년에 아버지인 덴무 천황이 죽고, 동모제同母弟인 오쓰 황자가 모반의 의심을 받아 살해되자 오쿠 황녀는 이세에서 아스카로 돌아온다. 이러한 귀경과 더불어 황자궁皇子宮이 정비되었을 것이기 때문에 세간(조도품)을 발주한 것도 이상하지 않다.

덴무 천황의 황자 이름이 쓰여 있는 목간은 두 점이 더 있다. 한 점은 삿갓 모양이 있는 못처럼 생긴 목제품으로 축이 되는 부분에 「도누리 황자□(舍人皇子□)」, 반대쪽에는 「백칠십百七十」이 쓰여 있다【원색도판7】. 아스카이케 공방에서는 각종 금속 제품과 모양이나 크기가 같은 목제품이 대량으로 사용되었다. 이것을 타메시(시안)라 부른다. 소위 제품 견본에 해당한다. 대부분의 타메시에는 묵서가 없는데 일부에 묵서가 있다. 그것은 숫자가 많은데 제작 수량을 가리키는 것으로 생각된다. 다른 한 점은 양면에 「호즈미 황자(穗積皇子)」가 기록된 목간이다. 단순한 습서로 생각되지는 않고 제품 관리에 사용한 명찰로 생각된다.

「이시카와 궁철(石川宮鐵)」이 쓰여 있는 단편도 있다. 이시카와 궁이 철 소재를 공급했는지, 아니면 철제품의 제작을 의뢰했는지 결정적 근거는 없다. 이 목간이 출토된 물웅덩이에서는 「이시카와 궁(石河宮)」이 쓰여 있는 야마토 산 하지키(土師器) (역주 : 적갈색 계통의 연질토기를 말함)로 만든 솥도 출토되었다. 아스카 바로 북서쪽에 '이시카와(石川)'라는 지명이 있는데(가시하라 시 이시카와쵸) 거기에 있었던 궁일 가능성이 있다. 또 679년에 기비노오미코토모치(吉備大宰)로서 임지에서 죽은 '이시카와 왕(石川王)'이 있다. 기비는 대표적인 철산지로 동일 인물로도 생각할 수 있다. 다만 후지와라 궁 유적에서 출토된 702년 목간에도 「이시카와 궁(石川宮)」이 등장하기 때문에(제7장 목간③) 단정할 수는 없다.

이상의 목간에서 제품을 주문한 사람이나 공급선으로서 천황과 황족을 거론할 수 있었다. 또 목간②를 보면 「오쿠 황자」와 함께 「도모노미야쓰코(大伴)」의 이름이 있어 귀족의 수요에도 응했다고 할 수 있다. 나아가 「징(鉦, 가네)」이나 「옥(玉, 교쿠)」이 쓰여 있는 부찰도 있어 사원과의 관계도 상정할 수 있다. 실제로 불상 거푸집(佛像鑄型)도 출토되었다. 도리(鳥居) 고분(미에 현 쓰 시)에서 출토된 압출불(押出佛, 오시다시부쓰)은 이 불상 거푸집과 매우 비슷하여 이것을 바탕으로 주조한 원형에서 타출했다고 생각된다.

이것에 대해 목간에는 명기되지 않았지만 그만큼 일반적이었을 것으로 생각되는 것이 국가적인 요청에 의한 생산이다. 그 성격상 목간에 의해 확실한 사례를 지적할 수 없지만 고고 유물에서는 후혼센이 전형적인 사례라 할 수 있을 것이다.

못 등 철제품의 대량생산

그렇다면 아스카이케 공방에서는 구체적으로 무엇을 생산했을까.

먼저 목간에서 가장 눈에 띄는 것이 철제품이다. 그 중에서도 못(釘)이 두드러진다. 「비지정(卑志釘, 히시노쿠기)」(머리가 마름모꼴인 못), 「절정(切釘, 기리쿠기)」(머리가 없고 양끝이 뾰족한 못)과 같이 종류를 보여주는 것, 「소절정(小切釘)」「대정(大釘)」「연정대소(輦釘大小)」「정삼촌(釘三寸)」과 같이 크기를 보여주는 것, 「난정(難釘, 가타쿠기)」「견정(堅釘, 가타쿠기)」과 같이 강도를 보여주는 것, 「내공정(內工釘)」「연정(輦釘)」과 같이 용도를 보여주는 것이 있다. 단순히 「정」만으로 기록한 것도 있고, 못의 타메시도 다수 있다.

못 이외의 철제품으로는 「손칼(小刀)」「바늘(針)」「창(鉾)」이 있고, 빗장 금구(門金具), 끌(鑿)의 타메시 목간도 있다. 「창(鉾)」은 「호코우치노스구리우마(鉾打主寸馬)」라는 인명을 기록한 것이다. 그 씨성에서 단조기술에 능숙한 도래계 공인이었다고 생각된다. 또 「이철里鐵」이 쓰여 있는 하찰 단편, 「이시카와 궁철(石川宮鐵)」이 쓰여 있는 단편, 중량 단위인 「근斤」이 쓰여 있는 많은 목간들도 철제품과 관련된다.

다음 동제품으로서는 「백석(白錫, 시로스즈)」 등 원재료의 수량을 기록한 목간이나 「목용정木用鉦」이 쓰여 있는 부찰이 있다. 「백석」은 '백갈(鑞, 바쿠로)'(주석과 아연의 합금)로 보이며, 후혼센에 사용된 안티몬(납)을 가리킬 가능성이 있다. 전술한 못(釘)과 바늘(針), 근斤 목간도 일부는 동과 관련될지도 모르겠다.

이것에 비해 은제품은 「은銀」자가 인정되는 문서목간, 보옥류는 「옥玉」이 쓰여 있는 부찰이 있는 정도이다. 칠제품은 우루시베라(漆箆)로 전용된 목간이나 칠에 부착된 목간을 통해 간접적으로 알 수 있을 뿐이다. 기와와 관계된 목간은 남쪽 지구에서는 출토되지 않았다. 북쪽 지구에서는 기와의 매수를 기록한 삭설이 6점 출토되었지만 공방과 직접 관련되었다는 보장은 결코 없다.

이처럼 목간이 보여주는 제품은 철제품이 대부분을 차지하고 동제품이 그 다음에 이어지며 나머지는 소수에 지나지 않는다. 고고학적으로는 각종 제품을 생산한 것이 판명되지만 그러한 목간이 균등하게 출토되지는 않은 것이다. 목간은 철공방 · 동공방 등 각종 공방에서 폐기되었던 것이 중심인데 그 입지 장소의 제약을 받았다고 생각된다. 그러나 한편으로 아스카이케 공방의 생산 현황을 어느 정도 반영하는 것도 사실이다. 쇠못(철정)의 대량생산이라고 하면 약간 수수한 인상을 줄지 모르지만 그것은 꾸미지 않은 사실이다.

생산의 지시 · 관리

앞서 살펴본 바와 같이 아스카이케 공방에 주문을 한 사람은 매우 다양하다. 당연히 주문한 사람에 따라 제품을 관리할 필요가 있다. 그때 사용된 것이 제품 견품으로 작성된 타메시일 것이다. 타메시는 다음과 같이 목간과 조합되어 사용되기도 했을 것이다【4-2】.

【4-2】못 생산의 지시 · 관리에 사용된 목간

③

(표) □〔如?〕是卅六釘 ○ □ 三寸□

(리) 「 」(별필1) (깎고 남은 것?)

「以二斤三作」(별필2) ○

길이 112㎜×폭 50㎜×두께 3㎜

목간③은 독특한 형상으로 아랫부분에는 작은 구멍이 있다. 표리는 한 눈에 별필別筆이라는 것을 알 수 있다. 표면에는 중앙에 「이와 같은 36정釘」을 기록한 다음 구멍을 사이에 두고 정釘의 크기를 주기注記하였다. 이면의 「2근 3(량)으로 만든다」는 표면의 기재를 이은 것으로, 3촌 크기의 정 36개를 제작하는데 2근 3량 분량의 철이 사용된 것을 보여주고 있다.

표면의 "이와 같은"이라는 말은 또다른 못(釘) 타메시가 다수 존재한다는 사실을 알려주며, 작은 구멍을 뚫은 목간의 형상등을 함께 생각하면 다음과 같은 흐름을 추측할 수 있다.

(1) 못 타메시에 ③을 붙여 철 공방에 보내고, 이 타메시를 견본으로 못을 제작하라는 지시를 한다.
(2) 못이 완성된 후 36개의 못을 끈으로 묶어 이 부찰을 매단다.
(3) 부찰의 이면에 못을 제작할 때 사용한 철의 중량을 추가로 기입(追記)한다.

나아가 목간③이나 타메시는 완성된 제품과 세트로 해서 관리에 활용된 것을 예상할 수 있다.

목간① 등이 전형적인 것으로, 생산의 지시는 정수(員數)로 표시되고, 그 생산에 필요한 원료는 중량으로 표시되었다. 이것은 「소도작이근小刀作二斤」이 쓰여 있는 목간에서도 알 수 있다. 정수가 같아도 그 크기에 따라 원료의 중량은 달라진다. 현장에서는 정수는 물론이거니와 사용된 원료의 중량을 파악하는 것이 보다 더 강하게 요구되었던 것이다.

나아가 '날짜+인명+숫자+출出'을 기본 서식으로 하는 일군의 목간들도 주목된다.

④ (표) 十月五日立家安麻呂四

(리) 「□ 五十三 五十」(각서)

길이 (130)mm×폭 (20)mm×두께 3mm

목간④는 우루시베라(漆箆)로 2차 가공된 것인데 옻칠이 잔뜩 묻어 있다. 일군의 다른 목간에는 A「10월 12일 아스카노니마로 이출(十月十二日飛鳥尼麻呂二出)」, B「10월 3일 사키쓰 삼(十月三日佐支ツ三)」, C「다치이에노야스마로 이(立家安閇二)」가 쓰여 있다. A~C는 목간④의 표면과 매우 비슷하게 기재했고 C와 목간④에는 동일한 인물이 등장한다(C의 '위閇'는 마로의 옛 표기). 이 네 점은 동필同筆일 가능성이 있는데 분명히 하나로 이어지고 있다. B에는 홈이 있어 부찰로 사용된 것을 알 수 있다. 인명은 공인工人으로 생각되기 때문에 다음에서는 '공인부찰工人付札'로 부르고자 한다.

공인부찰에는 숫자가 써 있는데 「이」「삼」「사」로 작은 수량이기 때문에 공인이 하루에 만든 제품의 수라 할 수 있다. 각각이 같은 필치로 쓰여 있는 것으로 보이기 때문에 사무 담당자가 썼을 가능성이 높다.

목간④의 이면에는 못과 같은 것으로 숫자를 새겼다. 이 각서刻書는 옻칠로 덮여 있기 때문에 우루시베라가 되기 이전에 새겼다고 할 수 있다. 붓을 사용하지 않아 현장의 공인에 의해 새겨졌을 가능성이 높다. 이와 관련하여 같은 지점에서 출토된 다른 목간에도 표면에 「□삼백십구상(□三白十九上)」, 이면에 「사백십사십□(四白十四十□)」이라는 숫자가 새겨져 있다(「白」은 「百」의 의미로 사용). 목간④는 우루시베라로 전용되었기 때문에 칠을 다루는 부서에서 최종적으로 폐기되었던 것을 알 수 있다.

이러한 공인부찰은 각종 공방에서 제품을 관리하는 사무 담당자가 공인의 생산 상황을 매일 파악하고, 누가 얼마만큼의 제품을 제작했는가를 기재한 것으로 생각된다. 단기간 밖에 사용하지 않고 제품을 출하할 때는 떼서 각종 공방에서 폐기하였다. 공인부찰은 제품의 품질관리에 활용되기도 하고, 공인의 생산량을 기록하는 장부를 작성하기 위한 기초자료가 되기도 했다고 생각된다.

2. 아스카이케 공방의 성격

공방에서 일한 공인들

아스카이케 공방의 성격에 대해서는 관영官營 공방, 궁정宮廷 공방, 사원寺院 공방 등 여러 가지 견해가 제기되었다. 대단히 어려운 문제지만 여기에서는 공인의 계보라는 측면에서 살펴보고자 한다. 다음 목간은 필자가 아스카이케 공방의 핵심에 다가가는데 가장 중요한 목간으로 생각하는 것이다.

〔人?〕 〔人?〕
⑤ (표) 官大夫前白 田□連奴加 加須波□鳥麻呂
□田取 小山戸弥乃
〔文?〕

(리) 以波田戸麻呂 安目 汙乃古
野西戸首麻呂 大人 阿佐ツ麻人□留黑井

길이 (257)mm×폭 28mm×두께 3mm

목간⑤는 「관대부官大夫 전백前白」(관대부에게 아룁니다)이라는 글귀로 시작하는, 당시의 전형적인 상신문서上申文書이다. 그 아래에는 표면에 4명, 이면에 7명의 인명이 열거되어 있다. 문자 정보는 이것으로 완결되지만 구체적인 요건이 쓰여 있지 않다. 이 목간을 지참한 사람이(본인인 경우도 있음), 목간만을 제출한 것이 아니라 구두口頭로 상신하는 경우도 있어 생략된 기재라고 해도 허용되었을 것이다.

「관대부」라는 말은 다른 목간에도 등장한다. 또 「관백官白」(관에게 아뢰다)이라고 쓴 목간이 있는데 이때의 「관」도 구체적으로는 관대부를 가리키는 것으로 생각된다. 「대부」는 문자 그대로 보면 귀족이 되지만, 목간 레벨에서는 윗사람에 대한 존칭 표현으로 자주 이용되었다. 이 경우에는 아스카이케 공방의 내부에 있는 각종 부서의 책임자에 대한 존칭으로 보아야 할 것이다. 이러한 목간들은 별개의 유구에서 출토되었기 때문에 아스카이케 공방에 관대부는 복수로 있었다고 추측된다.

인명 중에서 「가스와(加須波)」 「이와타(以波田)」 「노세(野西)」 「아사쓰마(阿佐ツ麻)」라는 씨족명은 한 글자가 한 음이 되는 소위 만요가나(萬葉假名)로 기록되어 있다. 그 중에서 가장 주목되는 것이 「아사쓰마」이다. 이것은 야마토 국 가쓰죠 군(葛上郡)의 지명인 '아사쓰마(朝妻)'와 관련되는 것으로 생각된다. 후술하는 것처럼 가츠라기(葛城) 지역은 금공기술이 뛰어난 도래인이 다수 거주한 것으로 유명하다. 목간⑤가 공방 지구에서 출토된 것에서 볼 때 이 때의 11명은 공인이었을 가능성이 높다.

이러한 공인들을 통할한 것이 관대부라고 생각된다. 그 활동은 목간⑤를 볼 때 공인을 관리했다는 것을 알 수 있을 뿐이지만 생산의 지시나 원료관리 · 제품관리 등 가장 중요한 위치였다는 것은 충분히 상정할 수 있을 것이다.

목간⑤를 포함하여 공인의 이름이 쓰여 있는 목간을 보면 야마토노아야 씨(東漢氏) 계통으로 추정되는 사람이 눈에 띈다. 그 중 가장 중요한 것이 가츠라기 계(葛城系) 공인이다(후술). 이것 이외에는 공인부찰에 등장하는 「고가(甲可)」를 지적할 수 있다. 나라 시대가 되면 조 도다이지 사(造東大寺司)의 목공木工으로 활약한 고카신마로(甲賀深麻呂)가 있다. 야마토노아야 씨 배하의 도래계 씨족 중에 '고카스구리(甲賀村主)'가 있는데 아마 그 계통일 것이다. 「호코우치노스구리우마(鉾打主寸馬)」도 '스구리(主寸)'가 도래계 특유의 가바네(성姓)로 야마토노아야 씨 계통에 특히 많다. 또 「후미노타토리(文田取)」는 야마토노아야 씨나 가와치노아야 씨(西漢氏) 어디 쪽에든 속할 수 있는 공인으로 생각된다.

부찰공인에 등장하는 「다치이에(立家)」와 같이 알 수 없는 씨족이 나오거나 어떤 계통인지 판단할 수 없는 공인도 적지 않다. 그러나 야마토노아야 씨 계통의 공인이 있다는 것은 확실하며, 여기에 아스카이케 공방의 성격을 설명할 수 있는 열쇠가 숨어 있다. 무엇보다도 주목되는 것은 가츠라기 계 공인이다.

가츠라기 계 공인

가츠라기에 관한 목간으로 「사비4 요사미3 □□□(佐備四 依羅三 □□□)」이 기록된 것이 있다. 「사비(佐備)」로 말하면 가츠라기노 소쓰히코(葛城襲津彦)의 신라 원정에 관한 전승이 떠오른다. 이 전승을 기록한 『일본서기』 신공섭정기에는 소쓰히코(襲津彦)가 한반도에서 데리고 돌아온 '부인俘人'(포로)에 대하여 "이 때의 포로들은 지금의 구와바라(桑原) · 사비(佐糜) · 다카미야(高宮) · 오시누미(忍海) 등 무릇 사읍四邑 한인漢人들의 시조이다"라고 하였다. 이 때의 4읍은 모두 가츠라기 지역에 소재한다. 그 하나인 '사비(佐糜)'가 목간의 「사비(佐備)」에 해당한다.

가츠라기 지역의 난고(南鄕) 유적군(나라 현 고세 시)에서는 가츠라기 씨의 거관居館 유적이나 도래인 집단 유적 등이 발견되었는데 단야鍛冶 생산을 중심으로 각종 수공업 생산이 이루어졌음이 확인되고 있다. 가츠라기 지역에는 많은 도래인이 거주했지만 그 중에는 공인도 있었을 것이다.

하지만 5세기 후반에 가츠라기 본종가가 유랴쿠(雄略) 천황에 의해 멸망되자 가츠라기의 공인들은 야마토노아야 씨 밑으로 편입된다. 당초 야마토노아야 씨는 오토모 씨(大伴氏)와 친밀한 관계였지만 점차 오토모 씨와 함께 소가 씨(蘇我氏)의 휘하에 들어가게 된다. 『사카노우에케이즈(坂上系圖)』가 인용한 『신센쇼우지로쿠(新撰姓氏錄)』의 일문逸文에는 야마토노아야 씨의 지배를 받은 스구리(村主) 가바네 30씨를 열거하고 있는데 거기에 '사미스구리(佐味村主)' '구와바라스구리(桑原村主)' '다카미야스구리(高宮村主)' '오시누미스구리(忍海村主)'가 발견된다. 앞서 말한 "4읍 한인들의 시조"와 관련된 것이 분명하다(「佐味」는 「佐糜」와 통한다).

7세기가 되면 소가노 우마코(蘇我馬子)가 스이코 천황에게 가츠라기 현(葛城縣)의 영유를 요청하는데, 소가노 에미시(蘇我蝦夷)는 가츠라기 다카미야에 조묘祖廟를 세워 팔일무八佾舞를 추는 등 소가 씨가 가츠라기에 진출하게 된다. 『원흥사가람연기병류기자재장元興寺伽藍緣起幷流記資材帳』에 인용된 「탑로반명塔露盤銘」에는 간고지(元興寺, 즉 아스카데라)를 조영할 때, 백제에서 도래한 노반사鑪盤師 · 와사瓦師 등의 최신 기술 제공을 받아 야마토노아야노오오아타이(山東漢大費直)를 총책임자로 하고, 오누미노히비토(意奴彌首) · 아사쓰마노히비토(阿沙都麻首) · 구라쓰쿠리노히비토(鞍部首) · 가와치노히비토(山西首)를 중간 관리자로 하여 그 휘하의 기술자를 부린 것을 기록하고 있다. 아스카데라는 소가 본종가의 씨사적氏寺的인 성격이 강하기 때문에 이것은 소가 본종가에 따른 공인 편성의 일단을 보여주는 것이라 할 수 있다.

그 중 장將의 한 사람인 '아사쓰마노히비토(阿沙都麻首)'는 '아사쓰마노히미토(朝妻首)'를 가리킨다. 또 '오누미노히비토(意奴彌首)'는 '오시누미노히비토(忍海首)'에 해당하며 오시누미(忍海)도 역시 가츠라기의 지명이다. 아사쓰마(朝妻)와 오시누미의 공인들은 8세기 초 사료에는 금속 생산에 관한 잡호雜戶로 등장한다. 잡호는 품부品部와 함께 특수한 기술을 가지고 있었기 때문에 국가에 강하게 예속되었던 사람들이다. 이때까지 아사쓰마나 오시누미에 관한 7세기 후반의 사료가 없었지만 목간을 통해 아스카 공방에서 생산의 일익을 담당했다는 것이 판명되었다.

이처럼 「사비(佐備)」가 공인의 출신지가 되면 그것과 병기된 「요사미(依羅)」도 유사한 것으로 생각할 수 있다. 가와치 국의 요사미(依網, 依羅)에는 607년에 둔창屯倉이 설치되었다. 아스카이케 공방에서는 천황이나 귀족의 수요에 대응했기 때문에 둔창 계통의 공인이 있다고 해도 이상하지 않다.

가야 평 · 유 평의 사정들

공방 지구에서 출토된 목간 중에는 제국諸國에서 보낸 세물稅物의 하찰목간도 다수 포함되어 있다. 그것들을 살펴보면 두 지역으로 정리할 수 있다. 가야 평(加夜評)(비쥬 국(備中國))과 유 평(湯評)(이요 국(伊予國))으로 각각 네 점씩 출토되었다. 이것들은 양미養米의 하찰일 가능성이 있다.

제3장 제2절의 고찰을 상기하면, 도읍에까지 징발된 사정使丁은 평評을 단위로 출신지별로 묶여서 그 고장에서 보낸 양미를 먹었던 광경이 떠오른다.

두 지역에는 둔창屯倉 · 이궁離宮 등이 있었는데 철이나 동 등 광물 자원이 많고 뛰어난 금공기술(가야 평에서는 철 관계, 유 평에서는 동 관계)을 가진 사람들이 다수 거주하였다. 군사적으로도 경제적으로도 권력의 원천이 되는 장소에 천황가가 거점을 마련한 것이다.

다만 천황가에서 둔창 등의 거점을 단독으로 관리하지는 않았을 것이다. 가야에서는 제1장에서 언급한 백저둔창白猪屯倉처럼 소가 씨가 그 경영에 적극적으로 관여하였을 가능성이 높다. 다만 가야 평 · 유 평에는 공통적으로 가츠라기 씨의 존재가 인정되므로 가츠라기 계 공인으로 대표되는 금공기술이 둔창 등의 설정을 통해 도입되었을 가능성도 있다. 그때 공인을 보내는 강력한 주체가 된 것은 이 공인들을 최종적으로 총괄하던 소가 씨였을 것이다. 유 평에서는 확인할 수 없지만, 가야 평에는 소가베노사토(塞課部里, 宗部里)가 존재하고 있는 점은 시사적이다.

앞서 공인의 계보라는 점에서 아스카이케 공방과 아스카데라 · 소가 씨와의 관계를 지적했지만 가야 평 · 유 평을 매개하는 것으로도 양자의 밀접한 관계가 드러난다. 소가 씨라고 하면 을사의 변(다이카 개신)의 이미지가 강한 탓인지, 수구적인 씨족이라는 인상을 가지고 있을지 모르겠다. 그렇지만 실제로는 그렇지 않고 도래계 씨족을 적극적으로 활용한 오히려 개방적인 씨족이었던 것이다.

이렇게 보면 가야 평 · 유 평 출신의 사정은 단순 노동력이 아니라 나중에 쇼테이(匠丁)라고 불린 기술 노동자였을 가능성이 더 높다고 하겠다.

이상을 정리하면 철 공방 · 동 공방 등의 각종 공방에서는 '관대부-야마토노아야 씨를 중심으로 한 공인-사정(장정)'이라는 편성을 취하고 있었다고 복원할 수 있다.

역사적 전개

지금까지의 고찰 결과를 바탕으로 아스카이케 공방의 전개과정을 간략히 묘사해 보고자 한다.

아스카이케 공방의 시작은 645년 을사의 변이다. 당시 권력을 과시하던 소가노 이루카(蘇我入鹿)는 아스카 이타부키 궁(飛鳥板蓋宮)에서 살해되고 아버지 에미시(蝦夷)도 아마카시노오카에 있던 저택에서 자살한다. 이렇게 소가 본종가가 멸망하자 소가 씨의 씨사였던 아스카데라도 천황가에 접수된다. 아스카데라 · 소가 씨가 장악하고 있던 야마토노아야 씨족 계통의 공인 집단도 천황의 보호 · 통제 아래 들어갔다.

이에 따라 7세기 중엽에 제1차 공방이 건설된다. 그 실태는 명확하지 않은 점이 많지만 제1장에서 말한 것처럼 "가와라데라 하층의 사행구斜行溝 → 야마다데라 하층 사행구 · 정지토 → 아마카시노오카 동록 유적의 소토층 → 아스카이케 하층의 사행구 → 사카타데라의 연못 → 미즈오치 유적의 기단토 및 잡석 유구"라는 흐름 속에 있는 토기가 출토되었다. 따라서 645년 직후의 공방으로 추정할 수 있다.

아스카이케 공방은 아스카 이타부키 궁의 바로 북동쪽에 위치하지만 아스카데라의 동남부에 접한 장소이기도 하다. 아스카데라의 지배 아래 있었던 공인 집단으로서의 성격을 유지하면서, 천황 · 국가에 직속된 공방이라는 새로운 사명이 부과되어 이곳에 입지하게 되었다고 생각한다.

그러나 발굴 조사의 소견에 따르면 이 제1차 공방은 7세기 중엽의 매우 단기간밖에 가동되지 않았다고 한다. 고토쿠 천황에 의한 나니와 천도의 영향을 예상할 수 있다.

다음 전기가 된 것이 덴무 조(672-686)이다. 새로운 국가 만들기에 매진한 덴무 천황은 대규모로 공방의 정비를 시작한다. 아스카이케 공방이 본격적으로 조업을 개시한 것은 678년경으로 추정되지만 그 전 해 6월에 흥미로운 조詔가 내려지고 있다. 야마토노아야노아타이(東漢直)가 저지른 일곱 가지 악행을 규탄한 다음 최종적으로 그 죄를 용서한다는 것을 말한 조칙이다. 야마토노아야 씨의 악행이라고 하면 소가노 우마코의 명을 받은 야마토노아야노아타이코마(東漢直駒)가 스슌(崇峻) 천황을 살해한 사건이 곧바로 떠오른다. 야마토노아야노아타이는 소가노 에미시 · 이루카의 저택 경비를 담당했는데, 645년 이루카가 참살될 때에는 에미시를 위해 나카노오에 황자 군대와 일전을 벌이는 등 소가 씨의 충실한 신하였다.

덴지 천황이 야마토노아야 씨의 죄를 용서해 준 이유로는 672년 임신의 난에서 야마토노아야 씨 일족이 전공을 세운 점이나 전 해인 676년에 '신성(新城)'(나중의 후지와라 경) 건설 계획이 일단 중단되어 아스카의 중요성이 다시 높아짐으로 인해 아스카 일대에서 야마토노아야 씨 세력을 무시할 수 없었다는 것이 지적되고 있다.

그러나 이 조칙이 나온 677년이 바로 제2차 아스카이케 공방의 대정비가 시작되거나 시작될 무렵이라는 점도 주목해야 한다. 공방을 원활하게 경영하기 위해서는 공인을 직접 장악하고 있는 야마토노아야 씨의 전면적인 협력이 불가결했음에 틀림이 없다.

이와 같이 아스카이케 공방은 천황(나중에는 국가) 직속의 공방으로 재정비되어 금이나 은제품, 철제품, 동제품, 유리 · 옥류 등 각종 생산이 대규모로 전개된 것이다.

이상에서 목간을 바탕으로 아스카이케 공방의 성격을 생각해 보았다. 나는 아스카이케 공방은 천황 · 국가 직속 공방으로서 기능한 점에 본질이 있다고 생각하며, 관영 공방 · 궁정 공방 · 사원 공방 등 다양한 측면을 가진 공방으로 이해하고 있다. 이처럼 애매한 성격을 가지고 있지만, 소가 본종가의 유산을 계승한 공방이었다고 하는 역사적 유래에서 기인한 면이 컸다고 생각한다.

칼럼④ 「임신기」 편찬 때의 목간일까

아스카 경 유적 외곽성의 동쪽 주변부에 있는 토갱 모양 구덩이는 겨우 16평방미터 밖에 조사되지 않았는데도 1,082점이나 되는 삭설이 출토되었다. 문자가 판독되는 것은 제한적이지만 681년에 시작된 역사서 편찬, 특히 「임신기壬申紀」의 편찬과 관련될 가능성이 지적되고 있다.

먼저 「신사년辛巳年」 삭설 5점이 있다. 신사년은 681년으로 역사서의 편찬이 시작된 해이다. 「윤월閏月」이나 「윤閏」이라는 말이 보이는데 681년에는 윤7월이 있다. 또 「아치키노후비토토모타리(阿直史友足)」라고 쓰여 있는 것이 있는데 아치키노후비토(阿直史)는 683년에 무라지카바네(連姓)가 되기 때문에 681년으로 보아도 모순되지 않는다. 649년부터 685년까지 사용된 관위인 「대을하大乙下」「소을하小乙下」도 존재한다. 「□자수□子首」로 쓰여 있는 것은 681년 역사서 편찬의 실무자, 인베노무라지코오비토(忌部連子首), 혹은 헤구리노오미코오비토(平群臣子首)를 가리킬 가능성이 있다.

다음으로 「오토모(大友)」「오쓰 황(大津皇)」「오쿠(太來)」의 삭설이 눈에 띈다. 먼저 「오토모」는 덴지 천황의 황자이다. 672년 임신의 난에서 오아마(大海人) 황자와 황위를 다투다가 패하여 물러난다.

'오쓰'는 덴무 천황과 오타 황녀 사이에서 태어난 황자이다. 제3장에서 말한 것처럼 구사카베(草壁) 황자의 최대 라이벌이었다. 686년, 덴무 천황이 죽자마자 곧바로 모반의 의심을 사서 비명의 죽음을 당한다. 또한 오쓰 황자도 임신의 난에 관한 에피소드를 남겼다. 스즈카야마노미치(鈴鹿山道)를 넘어 미에 가(三重家)(평가評家)에서 지내고 있던 오아마 황자는 밤중에 스즈카세키시(鈴鹿関關司)로부터 "야마베 왕(山部王)·이시카와 왕(石川王)이 오고 있기 때문에 세키에 남아 주십시오"라는 보고를 받았다. 그런데 사자를 보내온 바 야마베 왕과 이시카와 왕이 아니라 오쓰 황자라는 것을 알고 오아마 황자가 매우 기뻐하였다고 한다. 오쓰 황자의 삭설은 그밖에도 여러 점이 더 있다.

「오쿠」는 오쿠 황녀로, 오쓰 황자의 동모자同母姉이다. 아스카이케 공방의 목간에도 등장하는 인물이다. 674년에 실질적인 초대 재왕(齋王, 사이오)으로서 이세(伊勢)에 부임한다. 『만엽집』에는 오쿠 황녀가 오쓰 황자를 생각하는 노래 여섯 수가 남아 있는데 지금도 우리들의 마음을 울리는 것이 있다.

그리고 「이세 국(伊勢國)」 「아사케 평(朝明評)」 「오와리(尾張)」 「치카쓰오우미(近淡海)」라는 지명이 쓰여 있는 삭설이 있다. 모두 임신의 난과 관계가 깊은 장소이다. 그 중 이세 국 내 「아사케 평」에서는 요시노(吉野)를 탈출하여 동쪽으로 급히 도망가던 오아마 황자가 이세진구(伊勢神宮)에 있는 아마테라스오미카미(天照大神)을 우러러 예배했다고 전한다. 「치카쓰오우미」는 오우미(近江)의 옛 표기로 임신의 난에서 결전의 무대가 되었던 장소이다.

이 일군의 삭설은 681년 개시된 역사서 편찬과 관계되며, 무엇보다 임신의 난과 관련을 시사하는 어구가 다수 보이는 점에서 주목된다. 덴무 천황에게 임신의 난을 어떻게 묘사할 것인가 하는 문제는 자신의 지배의 정당성에 직결되는 절실한 문제였다. 역사서 편찬에 몰두한 덴무 천황이 곧바로 「임신기」(의 원형) 편찬에 착수했다고 해도 이상하지 않다.

제5장

아스카데라의
다채로운 활동

일본
최고 사원의
모습

1. 아스카데라와 도쇼

도쇼의 임종에 입회한 승려

일본 최고의 불교 설화집인 『니혼료이키(日本靈異記)』(822년경) 상권에 다음과 같은 이야기가 전한다.

주인공은 고승으로 이름을 날린 '도쇼(道照)'이다. 후나 씨(船氏) 출신으로 가와치 국 사람이다. 칙명을 받아 당나라에 건너가 현장삼장(玄奘三藏, 602~664)을 사사하였다. 면학을 마치고 귀국해서 아스카데라의 '선원禪院'(동남선원)에 머물면서 제자들에게 경전을 설하였다.

이윽고 도쇼는 임종을 맞게 된다. 도쇼는 몸을 씻고 옷을 갈아입은 다음 서방의 극락정토를 향해 정좌하였다. 방 안에 빛이 가득 차자 눈을 뜨고 제자인 '치쵸(知調)'를 불렀다. "이 앞에 있는 빛을 보았는가"라고 물었다. 치쵸는 "네, 보았습니다"라고 답하자, 도쇼는 "함부로 선전해서는 안된다"라고 입막음을 했다. 밤이 밝아질 무렵 빛이 방에서 나와 곧바로 서방으로 날아갔다. 바로 그 때 서쪽을 향해 정좌하고 있던 도쇼의 숨이 끊어졌다. 도쇼가 극락정토로 왕생한 것은 틀림이 없다.

이 설화에 등장하는 도쇼(道照, 道昭)에 대해서는 그밖에 몇 가지 사료가 남아 있다. 약간 더 보완하면 다음과 같다.

아버지는 후네노후비토에사카(船史惠尺)이다. 645년 을사의 변이 일어났을 때 소가노 에미시는 아마카시노오카의 저택에 불을 질러 편찬 중에 있던 「천황기天皇記」「국기國記」를 비롯한 진귀한 보물들을 불태웠다. 그때 불 속에 뛰어들어 「국기」를 구해 낸 것이 에사카였다. 그리고 그 조상은 제1장에서 언급한 바 있는 왕진이王辰爾였다.

도쇼는 653년에 견당사의 유학승으로 파견되었다. 사사한 현장삼장은 불전을 구하기 위해 천축(인도)으로 고난의 여행을 떠나 불상과 불사리, 650부에 달하는 경전을 가지고 돌아온 승려이다. 장편소설 『서유기西遊記』로 잘 알려져 있다. 현장은 당나라로 돌아와 장안의 홍복사弘福寺 선원에서 불전의 한역漢譯에 정력적으로 매진한다. 현장이 번역한 경전을 '신역新譯'이라고 부르며 그 전까지의 '구역舊譯'과 구별하고 있다.

661년 도쇼는 당나라에서 귀국하고, 이듬해에 아스카데라의 동남쪽 귀퉁이에 선원(동남선원)을 창건한다. 그 후 도쇼는 약 10년에 걸쳐 천하를 주유하면서 우물을 파거나 다리를 놓는 등 사회사업을 행한다. 후대 교기(行基)의 선구가 되는 행동이다(교기는 어릴 때 아스카데라에 있었다는 전승이 있다). 그 후 덴무 천황의 요청을 받아 동남선원에 돌아와 그곳에서 거주하였다.

그리고 700년 3월 10일에 입적하며 오바라(粟原)에서 화장火葬된다. 일본에서 화장은 이때부터 시작되었다고 전한다. 703년에 지토 태상천황도 화장되는데 도쇼의 영향을 받은 것으로 생각된다.

이처럼 도쇼는 저명한 승려였지만 제자인 치죠는 달리 남아 있는 사료가 없다. 그런데 아스카이케 유적의 북쪽 지구에서 출토된 다음의 목간에 이 승려의 이름이 쓰여 있는 것이다.

① (표) □月卅日智調師入坐糸卅六斤半

「　　　　　　　　　　　　〔和?〕
　　　　　　　　　　　　受申□□

(리) 又十一月廿三日糸十斤出　　　　　」

길이 (286)mm×폭 (28)mm×두께 3mm

목간①은 여러 차례 깎아 재이용한 것 같고 대형의 재료를 쪼개서 얇다. 표리 각각의 필체도 다른데 매일의 수지收支 상황을 기록한 목간으로 보인다. 목간①에 나오는 「치죠(智調)」는 『니혼료이키』에 나오는 '치죠(知調)'와 동일인물로 생각된다. 단순히 '입사(入糸)'라고 하지 않고 「입좌사(入坐糸)」라고 표기한 것은 치죠에 대한 존경의 뜻을 드러내기 위한 것으로 생각된다.

동남선원과 아스카데라 삼강 조직

제4장에서 서술한 것처럼 아스카이케 유적은 공방이 있는 남쪽 지구와 북쪽 지구의 성격이 전혀 다르다.

북쪽 지구에서 출토된 목간 중에는 도쇼와 인연이 있는 다른 승려도 등장한다. 그 확실한 사례가 658년에 입당하여 현장을 사사하고 법상종法相宗을 배운 「치타쓰(智達)」(지달智達)이다. 쌀의 지출을 기록한 목간 중에 나온다. 치타쓰는 도쇼의 후계자라고도 하는 승려였다.

또 「치쇼(智照)」에게 『법화경法華經』이라는 책을 빌리고 싶다는 내용의 목간이 있다. 치쇼는 치죠나 치타쓰와는 '치(智)'자, 도쇼와는 '쇼(照)'자를 공유한다. 치쇼도 도쇼와 연관이 있는 승려라 할 수 있을 것이다.

아스카이케 유적 북쪽 지구는 도쇼의 동남선원과 도로를 사이에 두고 남쪽에 입지한다. 1992년 아스카데라의 동남쪽 귀퉁이

부분에서 초석으로 건물 기단을 세운 동서 두 동의 건물이 발견되어 동남선원東南禪院으로 추정되고 있다. 이곳 지붕에 사용된 기와는 아스카이케 유적에서 구웠다는 것이 나중에 판명되기도 했다.

북쪽 지구에서 출토된 목간에는 동남서원과 관련이 있는 것이 많다. 삭설 중 「선원禪院」은 그 단적인 사례이다. 또 「경장익經藏益」이라고 쓴 목간도 있다. 「익益」은 '일鎰'에서 자획을 줄여 쓴 글자이다. '일'을 열쇠의 의미로 사용하는 것은 중국의 용법이 아니라 한반도에서 유래한다. 이 목간은 경전經典을 수장한 경장經藏의 열쇠고리였다. 경장은 최첨단의 경전을 수장한 동남선원에 있었을 것이다. 이것과 관련하여 「경차經借」라고 쓴 목간도 있다.

그밖에 「원院」(동남서원)에 소속된 당동자堂童子를 위해 약(만병고萬病膏 · 신명고神明膏)을 청구한 목간이나 「□다심경백합삼백(□多心經百合三百)」이 기록된 목간이 있다. 후자는 '모경某經 200부(복수일 가능성도 있음) + 다심경 100부 = 합계 300부'의 뜻이다. 그 중 경전의 명칭을 알 수 없는 모경은 제2절에서 언급할 각재목간角材木簡에 등장하는 『관세음경觀世音經』일 가능성이 있다. 『관세음경』은 7세기 후반에 중시된 경전으로, 덴무 천황이 만년에 질병의 치료를 기원하며 독송하기도 했다. 『다심경』(반야바라밀다심경)은 현장이 649년에 역출譯出한 것으로 현장 문하에서 배운 도쇼가 가장 먼저 일본에 전한 것을 보여준다. 또 「라밀羅蜜」이 쓰여 있는 삭설도 있다.

이처럼 아스카이케 유적 북쪽 지구 출토 목간에는 도쇼가 거주한 동남선원과의 관계를 보여주는 목간이 다수 포함되어 있다.

그러나 모든 목간이 동남서원과의 관계만으로 설명되지는 않는다. 먼저 아스카데라 전체를 통괄한 삼강三綱(상좌上座 · 사주寺主 · 도유나都維那)에게 보낸 문서목간이 여러 점 출토되었다. 따라서 삼강 관계 기관에서 폐기된 목간도 포함되어 있다고 추측된다. 특히 (1)삼보(三寶, 불 · 법 · 승)에의 공양물, (2)경전, (3)약물藥物, (4)기름(油), (5)섬유제품, (6)화폐, (7)식료품 등 사원 자산(資財)의 관리에 관한 목간이 실제로 다수 포함되어 있다. 이러한 사원 자재의 관리도 역시 삼강이 담당한 직무와 밀접한 관계에 있다고 할 수 있다.

여기에서 문제가 되는 것은 아스카데라 삼강과 도쇼 및 동남선원과의 관계이다. 이 문제는 이 책에서 여러 차례 등장하는 다케우치 료 씨가 상세하게 검토하였다. 다음에서는 다케우치 씨의 연구를 참고하여 소개하고자 한다.

아스카데라 삼강과 도쇼

통상적으로 경전을 포함한 사원 자산(資財)은 삼강에 의해 관리된다. 하지만 도쇼가 가지고 온 경전의 경우는 도쇼의 제자로 보이는 치쇼에게 법화경을 빌리고자 하는 내용이 담긴 목간이 있는 것으로 보아 도쇼나 그 제자들이 관리했을 가능성이 높다.

나아가 북쪽 지구 출토 목간 중에 「대덕大德」이라고 쓴 목간 5점이 있는데 그 중 4점은 상신선上申先으로 보인다. 이것이 단순한 미칭이 아니라면 『니혼료이키』나 『교기 보살전(行基菩薩傳)』에서 '대덕'으로 공경하여 우러러 보는 도쇼 바로 그 사람을 가리킬 가능성이 있다. 도쇼는 아스카데라 삼강에 속하지는 않았지만 삼강에 필적하거나 능가하는 권한을 겸비하였다고 추정할 수 있다.

그렇다면 어떻게 도쇼는 거대한 권한을 가지게 된 것일까. 도쇼가 동남서원에 돌아온 것은 덴무 천황의 요청에 의한 것이라고 생각되고 있다. 임신의 난이 일어난 이듬해 673년, 덴무 천황은 아스카데라에 1,700호에 달하는 영년봉호(永年封戶, 에이넨후코)를 시입施入하고, 아스카의 구후쿠지(弘福寺, 가와라데라)에서는 일체경一切經의 사경寫經을 시작하게 하였다. 675년에는 사자를 전국에 파견하여 일체경을 수색하도록 하였다. 677년에는 아스카데라에서 재회(齋會, 사이에)(승니에게 재식(齋食, 사이지키)를 제공하는 법회)가 설치되고 일체경의 독경讀經이 실시되었다. 특히 이때는 덴무 천황 자신이 아스카데라의 남문에 출어出御하여 삼보를 예배하는 등 힘이 실린 것이었다.

덴무 조의 국가적인 불교 사업은 4대사四大寺(다이칸다이지(大官大寺) · 가와라데라 · 야쿠시지(藥師寺) · 아스카데라)에서 실시되었다. 일체경의 사경은 4대사에서 경전을 갖추게 하기 위한 국가사업이다. 사경 사업에는 다수의 경전을 준비할 필요가 있다. 이로 인해 현장이 천축국에서 가져온 것을 근거로 한 신역경전을 일본에 가져 온 도쇼가 주목받게 되었다고 생각된다.

이렇게 덴무 천황의 요청을 받아 동남선원에 돌아온 도쇼는 덴무가 추진하는 사경 사업의 협력자로서 절대적인 권한을 갖게 되고, 도쇼가 가지고 온 경전을 보관하던 동남선원도 중시되었다. 이러한 배경 하에서 삼강은 아니지만 도쇼나 아스카데라의 한 선원에 지나지 않던 동남선원이 아스카데라 전체에 대해서도 강한 영향력을 가지게 되었다고 생각된다.

이상과 같이 아스카이케 유적 북쪽 지구에는 삼강과 도쇼 및 도쇼의 대리기관인 동남선원에 의해 총괄된 아스카데라 전체의 자산과 인원 관리를 담당하는 현업 기관이 설치되었다. 이 기관에서 작성 · 사용되고 폐기된 것이 북쪽 지구 목간인 것이다.

다음의 목간을 볼 때 이 시설은 '남南'으로 불렸을 가능성이 높다.

② 南 請葛城明日沙弥一人

길이 (252)mm×폭 25mm×두께 3mm

「남南」이 「가츠라기(葛城)」에 대해 다음 날 사미(沙彌, 수행 중인 승려) 한 사람을 파견하도록 요청한 목간이다. 「가츠라기」를 가츠라기데라(葛城寺)(가시하라 시 와다쵸의 와다하이치(和田廢寺))로 비정하는 견해가 있지만 이 절은 비구니 사찰(尼寺)이기 때문에 남성인 사미가 있었다고 생각하기 어렵다. 「가츠라기」는 가츠라기 지역에 있었던 승사僧寺일 것이다.

목간②는 아스카이케 유적 북쪽 지구에서 출토된 것이기 때문에 소환자인 사미와 함께 차출되어 '남'으로 돌아온 것이 된다. 즉 아스카이케 유적 북쪽 지구가 「남」으로 불렸다고 볼 수 있는 것이다. 이 장소는 아스카데라에서 볼 때 남쪽 방향에 위치하기 때문이다. 아스카데라의 삼강 조직이 사역 밖에 위치하였다는 것은 이례적이지만 위에서 검토한 것처럼 도쇼나 동남선원의 특수성과 관련이 있다고 생각된다.

남쪽 지구에 덴무 천황이 대대적으로 정비한 아스카이케 공방이 존재하는 것을 보아 이 일련의 과정에는 덴무 천황의 강한 의지가 담겨 있다고 생각하지 않을 수 없다. 북쪽 지구에서는 「천황취□홍인□(天皇聚□弘寅□)」이 쓰여 있는 목간도 출토되었다【원색도판5】. 현재까지 「천황」이 쓰여 있는 일본에서 가장 오래된 목간이다. 이 「천황」이 군주호君主號인지, 도교적인 문언에 지나지 않는 것인지에 대해서는 판단하기 어렵다. 만약 군주호라고 한다면 목간의 연대에서 볼 때 덴무 천황을 가리킬 가능성이 높다.

그런데 헤이죠 경 천도 이듬해인 711년, 동남선원은 아스카데라 본사와 결별하여 헤이죠 경 우경 4조 1방 지역으로 이전한다(젠인지(禪院寺)). 718년에는 아스카데라 본사도 현재의 간고지(元興寺)가 있는 장소로 이전한다. 북쪽 지구 출토 목간은 기본적으로 덴무 조(672-686)에서 8세기 초에 걸친 시기의 목간이다. 그 대부분은 도쇼가 동남선원에서 활동한 시기와 겹친다. 목간이 8세기 초에서 끝나는 것은 아스카데라 본사와 동남선원의 이전과 밀접하게 관련된다고 할 수 있다.

2. 종교 · 의료 · 경제 활동

종교 활동

아스카데라는 일본 최고의 본격적인 사원으로 588년에 조영되기 시작하였다. 592년에 스이코 천황이 도유라 궁(豊浦宮)에서 즉위하기 이전이다. 아스카데라의 역사는 아스카 시대의 역사라고 해도 과언이 아니다. 유감스럽게도 창건 당초의 확실한 목간은 발견되지 않았지만 아스카이케 유적 북쪽 지구에서 출토된 목간을 통해 7세기 후반에서 8세기 초반까지의 활동에 대한 한 단면을 엿볼 수 있다.

서장에서 목간에 글씨를 쓴 사람은 대부분 하급관인이었다고 말한 바 있다. 그러나 북쪽 지구 출토 목간의 경우는 기본적으로 승려가 썼다고 생각된다. 이 점에 유의하면서 목간을 살펴보기 바란다. 먼저 종교 활동에 관한 목간을 소개하고자 한다.

③　　「輕寺」　波若寺 瀆尻寺 日置寺 春日部 矢口
　　石上寺 立部 山本 平君 龍門 吉野

길이 (203)mm×폭 36mm×두께 9mm

이것은 아스카데라의 사원 네트워크를 시사하는 목간이다(이면의 습서는 생략). 「가루데라(輕寺)」 이하는 야마토 국 내에 있는 중소 사원 12개의 이름(일부는 「사寺」자를 생략)을 이어서 쓴 것이다. 그 중에는 「류몬(龍門)」이나 「요시노(吉野)」 등 승려의 산림수행山林修行 거점으로 생각되는 사원도 포함되어 있다.

다케우치 료 씨에 따르면, 앞 절에서 살펴본 목간②의 「가츠라기(葛城)」는 가츠라기 · 금강산계金剛山系의 동쪽 산록 중간에 있는 다카미야하이치(高宮廢寺)(나라 현 고세 시)를 가리킬 가능성이 있다고 한다. 『교기 보살전』에 따르면 교기는 다카미야데라(高宮寺)의 덕광선사德光禪師를 계사戒師하여 구족계具足戒를 받아 비구로서 아스카데라에 거주했다고 한다. 다케우치 씨는 다카미야하이치가 다카미야데라에 해당하며 아스카데라의 승려들이 수계受戒하기 전에 사미 수행하는 산림 사원의 하나로 보고, 목간②를 아스카데라에서의 수계에 대비하여 다카미야데라에서 수행하던 사미를 호출한 것으로 보았다. 그래서 목간②③에 근거하여 아스카데라의 기능에 승려 양성 센터라는 측면이 있었다고 추정하였다.

이러한 종교 활동을 사상적으로 지탱해 준 것이 경전經典과 그 주석서注釋書였다. 앞 절에서 말한 것처럼 북쪽 지구 출토 목간 중에는 『법화경』·『다심경』·『관세음경』과 같은 경전의 명칭이 나오고 있다. 그밖에도 『섭대승론석(攝大乘論釋)』에 입각한 것으로 여겨지는 보살 수행의 단계(階梯)에 관한 기술을 조목조목 발췌한 목간이 존재한다. 또 「수의(竪義)」라고 쓴 습서목간이 있는데 문답을 통해 승려들의 교학教學에 관한 이해도를 측정하는 시험이 행해졌을 가능성을 시사한다.

나아가 삼보(불 · 법 · 승)의 공양물에 사용한 부찰목간이 다수 존재한다. 석가여래상에 공양한 백면白綿인 「석가백면釋迦白綿」, 불佛과 동등한 존격으로서 다룬 성승상聖僧像에 식사를 공양할 때 사용한 「현성승은명賢聖僧銀皿」, 보살상 또는 승려의 침구인 「대보살피大菩薩被」 등이 있다.(역주: 보살菩薩은 원문에 세로로 한글자처럼 간략히 쓰여 있음) 일반적으로 사원의 자재는 삼보의 구분에 근거하여 불분佛分 · 법분法分 · 승분僧分으로 나누어 관리된다. 이것에 대응하여 불분 · 법분에 관한 「불법분중절佛法分中切」이나 법분에 관한 「□□□법(□□□法)」 등의 소속을 보여주는 부찰도 존재한다. 이러한 부찰목간을 통해서 삼보에 대한 공양이라는 사원의 기본적인 기능을 확인할 수 있다.

의료 활동과 경제 활동

다음으로 의료 활동에 대해 살펴보자. 고대의 사원은 약물藥物을 많이 소장하고 있었는데 아스카데라도 예외는 아니었다. 앞 절에서 살펴본 만병고萬病膏·신명고神明膏의 청구 목간 이외에도 「감초甘草」·「시豉」·「계심桂心」의 수량을 기록한 목간이나 「상자백피桑子白皮」가 쓰여진 부찰이 있다. 또 「병득시病得侍」(병을 시중들다)를 쓴 문서목간이나 「시기時氣」(환절기에 몸 상태가 나빠지는 것)나 「창瘡」(부스럼) 등 병의 상태를 보여주는 문구가 적힌 목간도 있다. 그리고 승려의 구휼救恤 활동을 보여주는 다음의 목간이 주목된다.

④ (표)　又五月廿八日飢　六月七日飢者下俵二

者賜大俵一 道性　受者道性女人賜一俵

(리) 「□□□」

小斗三斗大[illegible][illegible]用

又三斗

길이 (190)mm×폭 29mm×두께 3mm

목간④는 「기자飢者」「여인女人」에게 식료를 지급할 때의 기록 목간이다. 필적은 같지만 단段 마다 먹의 색깔이나 필세가 다르기 때문에 지출할 때마다 추기한 것으로 생각된다. 『일본서기』에 따르면 676년부터 이듬해에 걸쳐 여름철에 날씨가 나빠 기근이 심각했다고 하는데 그것과 관계가 있을 것이다.

한편 사원을 유지하기 위해서는 다양한 종류의 물자가 필요했다. 그 중 수입으로 무시할 수 없는 것이 시입물施入物이다. 「보시

(布施)」 이외에 절에 시입된 것을 보여주는 「입사入寺」「사입寺入」이 적힌 목간이다. 대사大師에게 견絹 1필을 시입한 기록이 있는 목간도 있다.

또 하찰목간이 다수 출토되었는데 『신쇼쿄쿠챠쿠후쇼(新抄格勅符抄)』를 통해 알 수 있는 아스카데라의 봉호封戶가 설치되었던 국國과는 그다지 겹치지 않는다. 눈길을 끄는 것으로 「양(탕)목호해부좌류(陽(湯)沐戶海部佐流) / 조(調)」라고 쓰여 있는 하찰목간이 있다. 이것은 오아마 황자(나중의 덴무 천황)의 도모쿠(湯沐)(식봉食封의 일종)의 유래가 될 가능성이 있다. 확증은 없지만 하찰목간 중에는 천황이나 황족으로부터의 시입물이 어느 정도 포함되었을 가능성이 있다. 「물부련현자物部連縣子 / 헌獻」「소자부전少子部殿」「대원전大原殿」이 묵서된 토기 등이 존재하여 귀족으로부터 시입된 것도 상정할 수 있다.

필요 물자는 시장에서도 조달하였다. 은에 매단 부찰이 세 점 있는데 「경은輕銀」·「난파은難波銀」·「악은惡銀」 등이 쓰여 있다. 「경輕」은 야마토 국의 시모쓰미치(下ッ道)와 아베야마다미치가 교차하는 장소이며, 「난파(難波, 나니와)」는 오사카 만 연안에 면해 있다. 모두 교통의 요충으로 시장이 설치되었다. 「악惡」은 은의 품질을 보여주는 것이지만 지명일 가능성도 있다. 그밖에도 「□대은일칭□代銀一秤」이 쓰여 있는 삭설이 있어 은을 대신한 물건도 사용되었다. 이 목간에는 계량에 관해 「칭秤」이라는 단위를 사용하였는데 은 본위에 관한 것이다. 한편 전錢의 단위인 「문文」이 몇 점 확인되었는데 후혼센이나 무문은전無文銀錢과 관련될 가능성이 있다.

한편 포布로 가치를 환산한 것을 표시한 물품의 부찰 같은 것도 있다. 포는 은 본위와 함께 대표적인 현물화폐였다. 「우가牛價」의 부찰이나 「마대馬代」가 기록된 삭설도 존재한다. 구입하는 우마의 가치, 우마를 매각할 때 얻은 가치, 우마를 사용하여 물건을 운반할 때의 운임 등을 생각할 수 있다. 아스카데라는 활발한 경제 활동을 전개하고 있었던 것이다.

역 · 기악 · 천자문 · 논어

승려는 당시의 대표적인 지식인이었고 사원은 최첨단의 지식이 모이는 '지식의 거점'이기도 했다. 그 흔적을 몇 가지 소개하고자 한다.

먼저 백제 승려 「관륵觀勒」의 이름이 적힌 목간을 들 수 있다. 602년에 역본曆本 · 천문지리서天文地理書 · 둔갑방술서遁甲方術書를 전해 준 인물이다. 624년에 승정僧正 · 승도僧都 제도가 발족할 때 승정으로 임명되었는데 아스카데라에 거주한 것으로 추정된다. 목간은 조영 시에 생긴 파손된 재료를 사용한 것으로 「관륵」의 이름은 「대부大夫」 「염念」 등의 어구와 함께 쓰여 있다. 예전에 아스카데라에 거주한 고승을 떠올리면서 「관륵」으로 기록하였을 것이다.

관륵이라고 하면 역曆으로 유명한데 역주曆注 「혈기血忌」라는 어구가 적힌 목간도 출토되었다. 역은 관인 세계뿐만 아니라 사원에도 침투되어 있었던 것을 엿볼 수 있다.

다음으로 흥미로운 묵화墨畫가 그려진 목간이 있다【5-1】. 목간에 그려진 인물은 높은 모자를 썼는데 코가 길고, 턱 등이 특징적

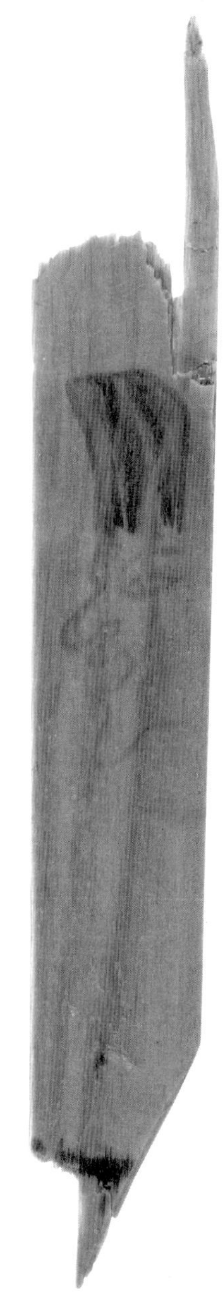

【5-1】기악면의 묵화가 아닐까

이므로 기악면伎樂面의 스이코 왕(醉胡王)일 가능성이 있다.

기악은 적笛 · 삼고三鼓 · 동박자銅拍子의 반주에 의한 무언無言의 가면극으로 백제의 미마지味摩之가 612년에 일본에 전해 주었다. 기악면은 호류지나 도다이지(쇼소인)에 현존하는 것 이외에 호류지 금당의 천정 판에 8세기 초 무렵에 그려진 기악면(치도治道로 생각됨) 낙서를 볼 수 있다. 아스카이케 유적 출토의 묵화와 거의 동시기인 686년에는 신라객新羅客을 향응하기 위해 가와라데라에서 기악 1식을 쓰쿠시筑紫로 보내고 있다. 이처럼 주요한 사원에는 기악면이 갖추어진 것을 볼 수 있어 아스카데라에도 기악면이 소장되었을 가능성이 있다. 이국적인 정취가 물씬 풍기는 공간, 그곳이 사원이었다.

또 한자의 초학서인 『천자문』을 습서한 목간 네 점이 있다. 그 중 세 점은 『천자문』의 제목(題)과 칙찬勅撰 문언 · 작자명 「천자문칙원외산기시랑주흥사千字文勅員外散騎侍郞周興嗣」의 밑줄 친 부분 중 일부를 기록한 것이다.

다른 한 점은 일본에서는 특이하게 각재를 사용한 목간이다. 본래는 네 측면에 기재했을 것으로 생각되지만 오른쪽 면을 2차적으로 깎았기 때문에 3면에만 묵서가 남아 있다. 그 중 두 면을 판독할 수 있는데 한 면은 「강해함하담薑海鹹河淡」, 다른 한 면에 「추위양국推位讓國」으로 되어 있다. 『천자문』은 4자 1구의 운문으로 250구로 이루어져 있다. 1면은 제16구 「채중개강菜重芥薑」(야채는 겨자와 생강이 중요하다), 제17구 「해함하담海鹹河淡」)(바닷물은 짜고 민물은 담백하다)에 해당하며, 다른 한 면은 제23구 「추위양왕推位讓國」(황제의 지위를 미루어 주고 나라를 신하에게 선양한 것)이다. 위아래가 2차적으로 절단되었기 때문에 매우 장대했을 가능성이 있다. 각 면 6구씩 제1구부터 제24구까지 복원할 수 있을 것으로 생각되지만 한 면만 남아 있는 묵서의 잔획만으로는 약간 어려움이 있다.

각재를 사용한 목간은 다른 한 점이 더 있다. 네 측면 중 3면을 사용했는데, ⓐ「관세음경권觀世音經卷」, ⓑ「지조지조이위支照支照而爲」, ⓒ「자왈학□□시시子曰學□□是是」로 기록된 것이 그것이다. 그 중 ⓒ의 윗부분은 『논어』 학이편學而篇의 첫머리를 기록하고 있다. 제1장에서 말한 것처럼 각재의 측면에 『논어』를 기록한 목간은 간논지(觀音寺) 유적(도쿠시마 시), 이시가미 유적에 더하여 한국에서도 두 점이 출토된 바 있다. 한반도로부터 문자 문화의 이입을 보여주는 흥미로운 사례이다.

한자를 어떻게 읽었을까

그리고 주목되는 것이 '음의목간音義木簡'으로 불리는 사전적(辭書的)인 목간이다【원색도판11】.

⑤ (표) 熊汙吾羆彼下迊ナ布戀〔累?〕□尓寫上横詠營詠

(리) 蜚皮伊尸之忤懼

길이 187mm×폭 15mm×두께 5mm

이것은 만요가나(萬葉假名)로 자음字音을 주기注記하거나 동음주同音注 내지 동음자同音字를 병기하여 한자의 자음을 보여주고 있다. 목간이 출토된 유구에서 볼 때 7세기 말에서 8세기 초의 것으로 생각된다. 고대 문자 언어 연구의 일인자인 아이치 현립대학의 이누카이 타카시(犬飼隆) 교수의 연구를 참고하여 요점을 정리하면 다음과 같다.

먼저 만요가나를 통해 자음을 보여주는 것으로 a「웅熊」에 대한「우오汙吾」, b「잡迊」에 대한「나(좌)포ナ(左)布」, c「연戀」에 대한「루이累尓」, d「비蜚」에 대한「피이皮伊」가 있다. 다음으로 동음주同音注에 의해 자음을 보여주는 것으로 e「비羆」에 대한「피彼」, f「횡横」에 대한「영詠」, g「시尸」에 대한「지之」, h「오忤」에 대한「구懼」가 있다.

c와 f를 예로 들어 설명해 보기로 하자. c의「연」을 음독한 것이「루이」라는 것을 보여준다. 헤이안 시대 이후가 되면「연」은 '렌(レン)'이 되지만 이것에 대응하는「루이」는 '루니(ルニ)'가 되어 일치하지 않는다. f는「횡」과「영」이 나란히 쓰여 있는데 이 두 글자를 음독하는 것이 같다는 것을 보여준다. 헤이안 시대 이후가 되면「횡」은 '와우(ワウ)',「영」은 '에이(エイ)'가 되는데 여기에서

도 매우 다른 것처럼 보인다. 이것은 왜 그런 것일까.

사실 '음독音讀'이라고 하는 것도 고대 일본에 전해진 한자음은 '고한음古韓音' '오음吳音' '한음漢音' 등 세 가지 층을 이루고 있었다(헤이안 시대 말기부터 가마쿠라 시대가 되면 '당음唐音'이 전해진다). 그 중 오음·한음은 들어본 적이 있지만 고한음은 처음 듣는 사람이 많을 것으로 생각된다. 고한음은 한반도에서 전해진 옛날 음독으로 중국의 2·3세기 한자음(상고음)이 바탕이 되고 있다. 오음은 상고음 이후인 6세기경까지의 한자음인데 고한음보다 나중에 한반도에서 숙성된 한자음이었다는 견해도 있다. 한음은 중국의 중원에서 6·7세기에 사용된 한자음을 가리킨다.

또 일본어는 반드시 모음으로 끝나는 '개음절開音節 언어'로 중국어처럼 자음으로 끝나는 '폐음절閉音節 언어'가 아니다. 그 때문에 한자음의 말미가 자음으로 끝날 때 일본에서는 모음을 덧붙여 개음절화하였다. 나아가 중국어와 일본어를 비교해 보면 대개 중국어 쪽이 자음과 모음의 종류가 많고 일본어에서는 그 구별이 없어져 버리는 경우가 있다. 더불어 고대의 중국어에서는 자음과 모음 사이에 '개음介音'이라는 요소가 포함되는 경우가 있었다. 개음은 일본어의 요음拗音과 비슷하지만 고대 일본어에서는 요음이 없었기 때문에 개음을 가진 한자를 음독할 때 그것을 무시하여 발음하였다(헤이안 시대 이후는 개음도 유음으로 발음하였다).

이러한 점을 감안하면서 c·f를 다시 한번 보기로 하자.

먼저 c의 '이(尓, 니)'는 '연(戀, 렌)'의 원음原音 말미가 자음인 n으로 끝나기 때문에 이것을 개음절화하여 발음한 것을 '니(ニ)'로 음독한 글자로 보여준 것이다. '루(累)'는 오음이나 한음에서는

'루이(ルイ)'가 되지만 고한음계 자음字音에서는 ə와 같은 모음으로, 일본어 모음인 '에(エ)'의 범주에 드는 음으로 들릴 것이다. 한편 '연'은 상고음에서는 ä와 같은 모음을 가지고 있었다. 그러나 일본인의 고한음에 의한 인식에서는 ä와 ə의 구별이 충분하게 이루어지지 않았을 것이다. 그래서 '연戀'의 자음字音은 '루니(累尔)'라는 말을 가지고 표현되었던 것이다.

다음으로 f의 '횡橫'과 '영詠'도 오음 · 한음에 따르면 자음과 모음이 모두 다르다. 그렇지만 상고음에서는 자음과 모음이 같았다. 다만 '횡'이 개음을 갖지 않은 것에 대해 '영'은 개음을 가지고 있는 점이 달랐다. 그렇지만 옛날 일본의 음독에서는 개음을 인식할 수 없어서 무시하고 발음하였다. 따라서 상고음을 바탕으로 한 고한음에 따르면 동음同音이 된다.

c · f 이외의 경우에도 대체로 그러한 방식으로 자음을 표시하고 있다. 목간⑤는 한자의 자음을 보여주는 것이지만 그것은 외국어로서의 중국어가 아니라 당시 일본적인 자음이었다.

나머지 「하下」와 「상上」은 글자의 교체를 지시하는 주기注記와 같은 것이다. 이누카이 교수는 목간⑤에 쓰여 있는 글자는 불교계 서책에서 발췌한 것이 아닐까 추측하고 있다.

한편 7세기대 음의목간은 오우미 오쓰 궁(近江大津宮: 667-672)의 고지의 하나로 알려진 북 오쓰(北大津) 유적(시가 현 오쓰 시)과 아와 국부(阿波國府)였던 간논지 유적(도쿠시마)에서도 출토되었다.

북 오쓰 유적에서 출토된 것은 「삭鑠」에 대한 「오쓰汙ツ」(ウツ), 「개鎧」에 대한 「여여비与呂比」(ヨロヒ), 「찬賛」에 대한 「전수구田須久」(タスク), 「모慕」에 대한 「니아포尼我布」(ニガフ), 「무誣」에 대한

「아좌무가무이모阿佐ム加ム移母」(アサムカムヤモ), 「체体」에 대한 「쓰구라포ツ久羅布」(ツクラフ), 「정(糟)」(精의 이체자일까)에 대한 「구피지久皮之」(クハシ), 「비費」에 대한 「아다비阿多比」(アタヒ) 등 만요가나로 자훈字訓을 보여주고 있다. 또 「채菜」에 대한 「취取」, 「피披」에 대한 「개開」 등 동의同義 한자를 나란히 늘어놓는 방법도 취하고 있다.

간논지 유적 출토의 음의목간은 「춘椿」에 대하여 「쓰파목ツ婆木」(ツバキ)이라는 자훈字訓을 보여주고 있다(「파婆」자는 「피波」자일 가능성도 있지만 읽는 것이 바뀌지는 않는다).

이상 세 점의 음의목간은 중국어와는 언어 구조가 전혀 다른 일본어를 한자만 사용하여 어떻게 표현할 수 있을까를 시도한 흔적이다. 관인이나 승려들은 한자를 능숙하게 사용하기 위해서 부단히 노력했던 것이다.

이러한 한자에 대한 대처는 국가 수준에서도 볼 수 있다. 682년 덴무 천황은 사카이베노무라지이와쓰미(境部連石積) 등에게 명하여 『신자(新字, 니이나)』 1부 33권을 작성하게 하였다. 이와쓰미는 견당사로서 당나라에 건너가 경험을 쌓은 후 667년에 귀국한 인물이다. 681년에 시작된 율령이나 역사서 편찬을 맞아 신자新字로 통일하는 것이나 문자의 음의音義를 확정할 필요가 생겨, 『신자』의 편찬에 착수한 것으로 추정되고 있다. '신자'라는 명칭이나 이와쓰미의 경력으로 보아 한음漢音을 적극적으로 끌어들이려고 했을 것이다. 다만 『신자』는 현존하지 않아 상세한 것을 알 수 없다.

한편 고한음古韓音은 7세기 말까지의 금석문이나 목간 등에 다수 등장한다. 다만 8세기 이후에는 급속하게 모습을 감추고 있다. 7세기 말부터 8세기 초에 걸쳐서 한자의 음독이 새로운 전개를 보였던 것에 틀림이 없을 것이다.

노래도 읊었다.

아스카이케 유적 북쪽 지구에서는 한시漢詩나 와카(和歌)를 기록한 것으로 생각되는 목간도 출토되었다.

⑥ (표) 白馬鳴向山　欲其上草食
(리) 女人向男咲　相遊其下也

길이 213mm×폭 24mm×두께 11mm

⑦ (표) □止求止佐田目手和□〔加?〕
□□□
(리) □□□□□□
羅久於母閉皮

길이 (125)mm×폭 (16)mm×두께 3mm

목간⑥은 오언절구 풍의 한시를 기록한 것이지만 평측平仄이나 운韻의 규칙에 맞지는 않는다【원색도판9】. 억지로 읽어보면 "백마가 울면서 산을 향하는 것은 그 위에서 풀을 먹고 싶어서이다. 여인이 사내를 향해 웃는 것은 그 아래서 서로 놀고자 함이다" 정도가 된다. 『천자문』 제33~36구에 "명봉재수鳴鳳在樹, 백구식장白駒食場. 화피초목化被草木, 뇌급만방賴及萬方"(봉황이 나무 위에서 울고, 흰 망아지는 마당에서 풀을 뜯어 먹는다. 덕화德化가 풀과 나무에 미치고, 왕화王化가 온 세상에 미친다)를 제재로 하여 창작하였을 가능성이 지적되고 있다.

목간⑦은 와카를 쓴 것이다. 1자 1음으로 표현되었지만 음과 훈이 섞여 있다. 「□지구지좌전목수화가□止求止佐田目手和加」는 「토쿠토사타메테와카(トクトサタメテワカ)」, 「라구어모폐피(羅久於母閉皮)」는 「라쿠오모헤하(ラクオモヘハ)」가 된다. 「지止」는 고한음이 '토(ト)'이다. 이누카이 타카시(犬飼隆) 교수는 만엽집 권10의 2074번 노래 "天の川 渡り ごとに 思ひつつ 來しくも著し 逢へらく思へば"[1]를 참조하여 "疾くと定めて 我が思ひ 來しくも著し 逢へらく思へば"」[2] 라는 안을 제시하고 있다.

그 밖에 「하징하하천河澄河河天」 등의 어구가 쓰여 있는 습서목간이 있는데 「카와스미테(河澄川)」는 와카의 어구와 비슷한 것으로 보인다. 「카나(可奈)」도 와카의 일부가 아닌가 한다.

이상 겨우 몇 가지 사례를 소개한 것에 지나지 않지만 아스카데라의 활동은 상상 이상으로 다채로웠다는 것을 알 수 있었을 것이다. 당시 사원은 단순한 종교 시설을 뛰어 넘는 존재였던 것이다.

---

1) 칠석七夕이라는 제목의 와카. "은하수 나루터 여울마다 님 그리며 온 보람이 두드러지누나. 만날 때를 그려보니까."(金思燁, 1987『韓譯 萬葉集三』, 成甲書房, 222쪽)

2) 하야쿠토 사다메테 와가오모이 키시쿠모시루시 아에라 오모에바(빨리 생각을 결정하여 온 보람이 있구나. 만날 때를 그려보니까).

칼럼⑤ 만엽가를 새긴 목간

이시가미 유적에서는 7세기 후반 경의 매우 재미있는 와카 목간이 출토되었다【원색도판10】.

(오른쪽) 留之良奈弥麻久 (각서)
(왼쪽) 阿佐奈伎尓伎也

길이 91mm× 폭 55mm× 두께 6mm

이 목간은 주걱 같은 판상의 재료로 모양을 만든 다음 침과 같은 뾰족한 것을 사용하여 정연하게 2행에 걸쳐 문자를 새겨 놓았다.

이 목간의 정리를 담당했던 나는 오른쪽 행부터 왼쪽 행으로 이어질 것이라고 당연히 생각했다. 1자 1음으로 쓰여 있다는 것은 쉽게 알 수 있었다. 오른쪽 행 다섯 번째를 「이(你)」로 판단했던 것이나 그 오른쪽 아래의 첩자 「々」에 주목하지 않고서 「루시라나니마쿠/아사나키니키야(ルシラナニマク/アサナキニキヤ)」로 읽었다. 그러나 당시의 일본어에는 라(ラ)행으로 시작하는 단어가 없다고 하는 교시를 받아 「류留」는 '토도메시(トド メシ)'로 읽어야 할지도 모른다고 생각했다.

그 후 쓰쿠바 대학의 모리오카 타카시(森岡隆) 교수로부터 왼쪽 행부터 읽어야 한다는 것, 『만엽집』 권7의 1391번 노래 「朝なぎに 来寄る白波 見まく欲り 我れはすれども 風こそ寄せね」(あさなぎに きょるしらなみ みまくほり われはすれとも かぜこそよせね)[3]의 첫머리 구절에 해당한다는 지적을 받았다. 참으로 눈이 확 트이는 탁견이었다.

이러한 점을 감안하여 목간을 재검토하면 오른쪽 5번째 글자는 「미弥」로 판

3) 「기해寄海」라는 제목의 와카. (바다에 바람이 불지 않아 님을 만날 수 있기를 바라는 내용의 노래) "아침뜸에 다가오는 흰 물결을 보고자 하지마는 바람이 물결을 밀려오게 하지 않는도다."(金思燁, 1987, 『韓譯 萬葉集二』, 335쪽)

독하는 것이 가능하며, 나아가 자세히 살펴보면 그 오른쪽 아래에 첩자도 발견할 수 있다. 하지만 약간의 문제가 남게 된다. 그것은 「기야류伎也留」이다. 이것을 '키야루(キヤル)'로 읽으면 '키요루(来寄る)'가 되지 않는다. 잘못 쓴 것이라는 해석도 나올 수 있지만 국어학을 전문으로 하는 연구자들은 반대 의견을 가지고 있다.

이 문제에 명쾌한 해답을 제시한 것이 아이치 현립대학의 신진 연구자인 스즈키 타카시(鈴木喬) 씨이다. 그는 「야也」의 용례를 폭넓게 수집하여 옛날에는 '요(ヨ)'로 읽었다는 것을 논증하였다. 이것에 의해 『만엽집』 1391번 노래의 첫머리 부분과 완전히 일치한다는 것이 명확해졌다.

이 만엽가는 연인戀人을 백파(白波, 흰 거품이 이는 물결)에 비유하여, 만나고 싶어도 그 기회를 갖지 못한 것을 한탄하는 노래라고 한다. 그다지 유명한 노래라고 할 수 없지만 목간이 출토된 것에 의해 7세기 후반까지 소급될 가능성이 한 번에 높아진 것이다.

또 이시가미 유적에서는 나니와 항구(難波津)의 노래 「難波津に 咲くやこの花 冬ごもり 今を春べと 咲くやこの花」(なにはつにさくやこのはな ふゆごもりいまをはるべとさくやこのはな)[4]의 일부분을 기록한 목간이 적어도 세 점 출토되었다. 또 제3장 목간②의 이면에도 사실은 2차적인 「아지내피지모ㅁ(阿之乃皮之母ㅁ)」라는 습서가 보인다. 이것은 「아시노하니시모……(アシノハニシモ……)」로 읽을 수 있어 「葦の葉に 霜……」[5]이라고 쓴 와카가 떠오른다.

와카 목간은 1자 1음으로 기록한 것이다. 그것은 와카를 소리 내어 정확하게 읽을 필요가 있었기 때문이다. 당시 어디에서나 사용하는 문자로 나도 간단히 읽을 수 있다.

이것에 대하여 『만엽집』을 보면 예를 들어 1391번 노래는 그 원문이 「조내예

---

4) 『고킨와카슈(古今和歌集)』에 왕인王仁이 지은 노래로 수록되어 있는 와카. 예부터 글씨를 처음 배우는 사람의 글씨 연습을 위해 이 노래가 많이 활용되었다. "나니와 항구에 피는 꽃이 피었네. 겨울 동안 웅크렸다 이제 봄이 되니 꽃이 피었네."

5) "갈대 잎에 맺힌 서리…"의 의미이다.

이 래의백랑 욕견 오수위 풍허증불령의(朝奈藝尓 来依白浪 欲見 吾雖為 風許增不令依)」로 되어 있다. 이것을 제대로 읽기 위해서는 그에 상응하는 지식이 필요했다. 이러한 원문의 표기가 처음부터 있었던 것은 아니다. 본래는 목간과 같이 썼는데 점차 문학적인 수사로 바뀌어 『만엽집』과 같은 원문이 탄생하게 되었다.

그렇다고 해도 왜 주걱 모양의 판재와 같은 목제품에 와카를 기록했던 것일까. 왜 묵서는 없고 각서刻書한 것일까. 왜 와카의 전체가 아니라 처음 부분만을 새긴 것일까. 수수께끼는 끝이 없다.

제6장

후지와라 경의 탄생

1. 오랜 조영 공사

출토된 덴무 조의 목간

지토 · 몬무 · 겐메이 삼대의 후지와라 궁(藤原宮: 694-710)은 미미나시야마(耳成山) · 우네비야마(畝傍山) · 가구야마(香具山) 등 야마토 삼산(大和三山)에 둘러싸여 있다. 사적 정비가 진행된 헤이조 궁(平城宮) 유적과는 달리 기본적으로 들판이나 논밭이 넓게 펼쳐져 있다. 하지만 잠깐 주위를 둘러보면 '대궁토단(大宮土壇, 오미야도단)'으로 불리는 약간 높은 곳이 있다는 것을 깨닫게 된다. 이곳은 예전에 대극전(大極殿, 다이고쿠덴)이 있던 장소이다.

1977년, 대극전 북쪽에서 폭 6~10미터, 깊이 약 2미터의 남북 큰 도랑(南北大溝)이 발견되었다【6-1】. 후지와라 궁 중축선에서 약간 동쪽으로 비켜서 흐르며, 대극전 바로 아래까지 이어지

【6-1】 운하의 발굴 모습

고 있다. 이 큰 도랑에서 건축 부재와 손도끼로 잘라낸 부스러기, 대량의 소뼈 · 말뼈와 함께 124점의 목간이 출토되었다.

그 중에는 임오년(壬午年, 682), 계미년(癸未年, 683), 갑신년(甲申年, 684)의 기년이 쓰여 있는 목간이 포함되어 있었다. 앞의 두 점은 세물稅物에 붙인 하찰목간이고 마지막 것은 출근 기록이다. 그 밖에도 683년경 이후 실시된 '리里'제와 관련된 하찰목간과 684년에 정해진 관위冠位 「진대사進大肆」가 쓰여 있는 삭설이 있다. 전체적으로 덴무 조(672-686) 말년 경의 목간군으로 보아도 좋다.

이 큰 도랑은 후지와라 궁을 조영할 때 사용한 운하運河로 생각되고 있다. 『만엽집』 권1-50번 노래인 '후지와라 궁의 역민役民이 지은 노래'에는 오우미의 다나카미야마(田上山)에서 벌채한 목재를 우지가와(宇治川)에 흘려보내고, 뗏목으로 엮어서 신카(泉河, 기즈가와)를 거슬러 올라가게 한 상황을 읊조리고 있다. 이즈미오쓰(泉大津, 기즈)에서 뭍으로 끌어올린 목재들은 나라야마(平成山)를 넘어서 사호가와(佐保川), 하세가와(初瀬川), 요네가와(米川) 등을 거쳐 이러한 운하를 이용하여 운반된 것으로 추측된다.

운하에서 출토된 목간을 보면 먼저 「도관(陶官, 스에노쓰카사)」에서 사람을 부른 호출장이 있다. 도관은 상자나 도기를 담당한 거도사(筥陶司, 하코스에노쓰카사)의 전신 관사이다. 조영 현장에서는 많은 사람들이 일하고 있었기 때문에 식기 등의 그릇이 대량으로 필요하여 그것을 준비했을 것이다. 또 요건이 확실하지 않지만 8명이나 되는 사람을 급하게 호출하는 목간도 있다. 특히 집단 편성에 관한 「열列」 「부部」나 「대어반(大御飯, 많은 식사)」이라는 말도 나와서 많은 사람이 모인 조영 현장에 어울리는 목간이라 할 수 있다.

그밖에 좌우대사인료(左右大舍人寮, 사유오토네리료) 내지 동궁사인감(東宮舍人監, 도구토네리겐)의 전신 관사인 「사인관(舍人官, 도네리노쓰카사)」이 적힌 목간이 있다. 여러 관사들이 조영에 관여한 것을 시사한다. 또 「마속가(麻續家, 오미노야케)」·「전殿」·「입녀笠女」 등이 쓰여 있는 토기도 존재한다. 귀족 · 황족의 가정기관家政機關이나 여성도 조영에 협력한 것을 보여주고 있다. 나아가 「사키타마 평(前玉評)」「오자토 평(大里評)」이라고 하는 무사시 국(武藏國)의 지명을 기록한 기와가 있다. 운하의 약간 상류에서는 「우원수又遠水」라고 쓰여 있는 목간 단편도 출토되었다. 「수水」 아래는 「해海」자로 추정되고 있다. 「도오쓰오우미(遠水海)」는 도오토우미(遠江)의 옛 표기이다. 「우又」라고 하였기 때문에 그 위에는 별도의 국명이 쓰여 있었을 것으로 생각된다. 일본 열도 각지에서 사람과 물자가 징발되었던 것은 말할 필요도 없을 것이다.

약간 다른 것으로 승려들 사이에 주고받은 것으로 생각되는 목간이 있다. 또 승려의 모습을 묘사한 묵화化畫 목찰【원색도판6】이나 「사오월칠일입寺五月七日入」·「사寺」·「□지□智」 등의 묵서토기도 존재한다. 사원이나 승려는 최첨단의 기술을 가지고 있어 그것이 후지와라 궁의 조영에도 활용되었던 것 같다.

이처럼 후지와라 궁의 조영은 국가적인 프로젝트로서 전국의 다양한 사람들을 끌어들여 대대적으로 실시되었다. 이것을 보여주는 덴무 조 말년 경의 목간이 자재 운반용 운하에서 출토되었다는 것은 후지와라 궁의 조영이 덴무 천황 시대에까지 소급된다는 것을 의미한다. 종래 『일본서기』 덴무기에는 '후지와라(藤原)'

라는 어구가 등장하지 않기 때문에(인명은 제외), 후지와라 궁이나 경의 건설이 지토 조인 690년에 시작되었다는 견해가 일반적이었다. 하지만 재검토의 여지가 마련된 것이다.

『일본서기』 고쳐 읽기-후지와라 궁 · 경의 조영 과정

이와 관련하여 『일본서기』를 고쳐 읽는 것이 진행되었다. 현재 후지와라 경 조영의 출발점으로 생각되는 사료가 676년의 "신성新城에 도읍을 만들려고 하였다. 그러나 그 범위에 있는 전원田園은 공사를 불문하고 모두 경작하지 않아 모조리 황폐해졌다. 결국 도읍을 만들 수 없었다"라고 하는 내용의 기사이다. 임신의 난이 일어난 4년 뒤의 일이다.

이 676년에 새롭게 조영하려고 한 '신성新城'은 예전의 지명(야마토 고리야마 시 니키(新木))이라는 이해가 일반적이었다. 그러나 이것은 '새로운 도성'이라는 뜻이며 나중의 후지와라 경과 직접 연관된다고 생각해도 무방하다. 기사에 따르면 신성의 범위가 정해지고 일부 공사가 시행되었지만 논밭이 황폐해져서 도중에 그만두었다고 한다.

조영 공사가 재개된 것은 그로부터 6년 뒤인 682년이다. 덴무 천황은 3월 1일에 미노 왕(三野王)과 궁내관대부宮內官大夫 등을 신성에 파견함과 동시에 16일에는 스스로 신성에 나아갔다. 그리고 684년 3월 9일에는 '경사京師'에 행행行幸하여 '궁실의 땅(宮室之地)'을 정하였다. 이때의 '궁실宮室'이 어떤 궁에 해당하는지 불명확하지만 전술한 운하에서 출토된 목간에 의해 후지와라 궁을 가리키는 것이 명확해졌다. 후지와라 궁의 하층을 발굴하면 조방을 구획하기 위한 도로(條坊道路)의 측구側溝가 발견된다. 후지와라 경의 건설은 토지를 조성한 다음 왕궁의 내부를 포함하여 일률적으로 조방도로를 설치한 것에서 시작되었던 것이다.

그러나 덴무 천황은 686년 9월 9일, 후지와라 궁 · 경의 완성을 마지막까지 지켜보지 못하고 죽음을 맞게 된다. 후지와라 궁 · 경의 조영이 다시 활발해진 것은 지토 천황이 즉위한 690년이다. 같은 해 10월 29일에는 태정대신太政大臣 다케치(高市) 황자가, 12월 19일에는 지토 천황 자신이 '후지와라 궁의 땅'을 시찰한다. 이후 후지와라 궁 · 경에 관한 기사가 자주 등장한다. 후지와라 궁은 '신익경(新益京, 아라마시노미야코)'으로 불리게 되는데 '신익新益'은 '새롭게 유익한'이라는 의미이다. 이 표현에는 후지와라 경이 아스카 경을 확대했다고 하는 의식이 내포되어 있다. 그 확대라는 의미 안에는 덴무 천황의 아버지, 죠메이(舒明) 천황이 조영한 구다라노미야(百濟宮)(가구야마의 북동쪽 부근)도 포함되어 있으며 그것을 포괄한다는 의도도 있었을 것이다.

694년 12월 6일, 드디어 후지와라 궁 천도의 날을 맞는다. 신성의 건설 계획에서부터 무려 18년이나 걸렸던 것이다. 710년 3월에는 헤이죠 경으로 천도하기 때문에 결과적으로 후지와라 경은 도읍이었던 기간 보다 조영 기간이 더 길었던 것이다.

늦어진 중추부의 완성

후지와라 궁은 남북 약 907미터, 동서 약 925미터 규모로 그때까지의 어떤 왕궁 보다도 더 거대했다. 제3장에서 살펴본 것처럼 전단계인 아스카 기요미하라 궁에서는 다양한 시설들이 각각의 장소에 분산되어 있었지만 후지와라 궁에서는 기본적으로 하나의 공간에 집약되었다【서-3】. 그 중축선에는 북쪽에 천황의 거주 공간인 내리內裏 구역이 있었고, 남쪽 일대에는 국가적인 정치나 의식 · 향연의 장인 대극전大極殿 · 조당원朝堂院 지구가 배치되었다. 그 동서쪽에는 관인들의 일상 업무의 장인 관아官衙 지구가 넓게 펼쳐져 있었다. 이러한 시설들은 큰 담장으로 둘러싸여 있었는데 각 면에 3개씩 궁성문이 있었다(궁성 12문).

그 중 국가의 얼굴이라 할 수 있는 대극전과 조당원 지구는 놀랍게도 694년 천도 시에도 완성되지 않았다. 이것을 알려주는 것이 조당원 동면 회랑의 동남쪽 귀퉁이 부근의 남북 도랑에서 출토된 7,940점의 목간이다. 이 대량의 목간이 출토된 남북 도랑은 동면 회랑을 조영할 때 파서 그것이 완성됨과 동시에 묻은 곳이다. 대부분의 목간이 8세기 초에 속하며 가장 늦은 기년이 다음의 다이호 3년(703)의 것이다.

① (표) 右衛士府移□〔今?〕日□〔可?〕□
(리) 大國　大寶三年□

길이 (191)mm×폭 (8)mm×두께 5mm

문자가 있는 중간 부분을 의도적으로 쪼갠 목간으로 표면의 왼쪽 절반, 이면의 오른쪽 절반 부분만 남아 있다. 붓의 움직임을 따라가다 보면 위와 같이 판독할 수 있다. 후지와라 궁의 경비警備에 해당하는 「우위사부(右衛士府)」가 보낸 「이移」라는 형식의 문서이다. 하단이 결실되었기 때문에 구체적인 요건은 확인할 수 없지만 이면의 「대국大國」은 인명의 일부였을 것이기 때문에 사람의 업무 분장에 관한 것으로 생각된다.

목간이 출토된 지점 가까이에 항상 관사官司가 있었던 것은 아니다. 이 무렵에는, 후지와라 궁의 조영에 종사하던 '조궁직造宮職'이 존재하였기 때문에 그 부서의 하나가 임시로 설치되었을 가능성이 높다.

일련의 목간은 위사衛士에 관한 것이 많다. 「위사」의 삭설이 있을 뿐 아니라 위사나 사정의 편성 단위가 되는 「열列」이나 「부部」의 어구가 복수로 확인된다. 원래 위사는 사정과 미분화된 상태였지만(제3장) 8세기 초에는 분리된다.

「열」 목간 중의 하나로 「야불사인저수열환부국족(夜不仕人猪手列丸部國足)」(밤에 근무하지 않는 사람은 저수열猪手列의 와니베노쿠니타리(丸部國足))가 있다. '밤에 근무하지 않는 사람은'으로 예고한 것에서 야근하는 경우도 있었던 것을 알 수 있고, 밤낮으로 경비를 담당하던 위사의 모습에 어울린다. 「저수열猪手列」은 와니베노쿠니타리의 소속을 보여주며, 「저수猪手」는 통솔자의 이름이다. 또 「아토노사토 일하부□(阿刀里日下部□)」와 같이 '부명+인명'으로 쓴 목간도 다수 있다. 이러한 것들은 출신지와 연관이 깊은 위사에 관한 것이다.

이처럼 조당원 동면 회랑의 조영 현장에 위사가 투입된 것은 틀림이 없다. 물론 위사의 본래 임무는 궁성 내의 경비였다. 그러나 각종 노동 현장에 위사가 동원되었던 것을 전하는 사료는 다수 존재하고 이 경우도 그러하다.

목간①의 출토에 의해 후지와라 궁의 조당원 동면 회랑의 완성이 703년 이후로 매우 늦다는것이 명확해졌다. 여기에서 『일본서기』·『속일본기』를 조사해 보면 후지와라 궁의 대극전은 698년 정월 초하루에 처음 나오고, 조당朝堂은 701년 정월 7일에 처음 나오는 등 의외로 늦다는 것을 알 수 있다. 이것은 초출 기사에 지나지 않지만 697년 8월 1일의 몬무 천황 즉위의례에서는 대극전이 사용되지 않았으며 미완성이었다는 것을 알 수 있다. 조당은 대극전의 완성보다도 더 늦었던 것으로 보이며 동면 회랑의 완성 시기를 염두에 두면 처음 보이는 701년 정월 7일 직전으로 보아도 좋을 것이다.

여기에서 주목되는 것이 701년 정월 초하루의 원일조하元日朝賀이다. 원일조하는 1년이 시작되는 새해 첫날 처음으로 신하들이 천황에게 신년 인사를 행하는 것으로 군신 관계를 확인하는 중요한 의례이다. 701년의 원일조하는 처음으로 대극전원大極殿院 남문의 북쪽에 일곱 개의 당幢·번幡을 세웠던 것이다. 중앙은 천황위天皇位를 상징하는 세발 달린 까마귀를 디자인한 오형당五形幢, 그 양 옆에는 해와 달을 상징하는 일상당日像幢과 월상당月像幢, 양 끝은 다카마쓰츠카(高松塚) 고분 벽화로 친숙한 사신(청룡·주작·현무·백호)의 당이다. 대극전원 남문의 반대쪽이 되는 남쪽에도 추정 13개의 당을 세우기 위한 구멍이 발견되고 있다.

이처럼 701년에는 휘황찬란하게 장엄된 원일조하의 의식이 개최되었다. 『속일본기』에서는 "문물의 의儀가 이 때 갖추어졌다"(국가의 위용威儀에 관한 문물제도가 이 때 모두 갖추어졌다)고 극찬하고 있다. 제7장에서 상세하게 서술하겠지만 이 해는 다이호 령 시행을 시작으로 여러 가지 의미에서 기념할만한 해이다. 대극전에 더하여 조당도 전년도 말에는 완성되어, 원일조하의 의식을 성대하게 개최할 조건이 갖추어졌던 것이다.

대극전 · 조당원 지구는 대륙풍의 초석으로 건물 기단을 세우고 기와를 얹은 거대한 건물들이 늘어서 있고, 회랑도 초석 위에 기둥을 세우고 기와로 지붕을 얹었다. 종래의 굴립주식 회피즙檜皮葺이나 판즙板葺 건물과는 완전히 구조가 달랐다. 기술면에서 커다란 차이가 있는데 무엇보다도 기와를 대량으로 조달하지 않으면 안되었다. 사원에서는 100여 년 전부터 기와를 사용했지만 궁전에서는 후지와라 궁이 최초가 된다.

그러나 후지와라 궁의 모든 건물이 초석 위에 세워졌던 것은 아니며 내리 지구나 관아 지구에서는 전통적인 굴립주건물을 기본으로 하였다. 이러한 건축 양식의 차이는 완성 시기의 차이로 나타나게 된다. 후지와라 궁 대극전의 장대함을 실감하는 데는 2010년에 복원된 헤이죠 궁 대극전에 직접 가보면 좋을 것이다. 헤이죠 궁 대극전은 후지와라 궁 대극전을 이전하여 건축한 것이기 때문이다. 헤이죠 궁의 대극전은 정면 9칸(약 44미터), 측면 4칸(약 19.5미터)으로 높이는 기단을 포함하여 약 27미터로 복원되었다.

사원의 건설도 늦었다

도성의 위용을 높이는데 왕궁과 함께 장대한 가람을 과시하는 사원이 중요한 의미를 가진다. 사원 중에서도 천황이 발원한 칙원사勅願寺라 할 수 있는 다이칸다이지(大官大寺)는 특별한 것이다.

다이칸다이지의 전신은 639년에 발원한 구다라오데라(百濟大寺)와 그것을 673년에 이전한 다케치노오데라(高市大寺)이다. 다이칸다이지의 경우 677년에 다케치노오데라를 개칭한 것(덴무 조 다이칸다이지)과 몬무조에 새롭게 조영한 것(몬무조 다이칸다이지) 두 가지가 있다. 가구야마의 남쪽에 사적으로 지정되어 비석이 서 있는 것은 몬무조의 다이칸다이지이다. 후지와라 경 좌경左京 9조 4방의 남반 2정과 10조 4방의 4정, 즉 남북 약 398미터, 동서 265미터라는 광대한 부지를 차지하고 있다.

몬무조 다이칸다이지의 중심 가람은 남북 약 197미터, 동서 약 144미터로 다른 어떤 사원보다 더 거대하다. 금당은 후지와라 궁의 대극전과 거의 같은 규모이다. 강당도 금당과 평면의 규모가 거의 같다. 탑도 높게 돌출된 9층탑으로 초층은 한 변이 약 15미터이고, 높이는 상륜을 포함하면 약 100미터였을 것으로 추정되고 있다.

이처럼 장대한 가람을 목표로 한 것은 몬무조의 다이칸다이지 뿐으로 건설에는 많은 시간이 걸렸다. 사원 동남쪽 귀퉁이 부근의 토갱에서는 「찬용군 역 리철십련讚用郡 驛 里鐵十連」이라고 쓰여 있는 하찰목간이 출토되었다. 「찬용군(讚用郡, 사요노코오리)」은 하리마 국(播磨國)에 속하며 「역리(驛里, 우마야노사토)」는 역가驛家 소속의 사토였다. 현재의 효고 현 사요쵸에 위치하며 미마사카 국(美作國)으로 향하는 도로에 면해 있다. 철을 공진하고 있는데 송풍관이나 철재 · 손도끼로 잘라낸 부스러기 등이 일련의 조사에서 출토되었다. 이 철은 사원을 조영하는데 사용한 자재로 보아 틀림이 없다. 군리제郡里制 하(701-717)의 하찰로 8세기 초에 다이칸다이지의 조영이 행해졌던 것을 보여주고 있다.

이러한 견해는 발굴 조사의 성과와도 부합한다. 가람에서 최초로 조영된 금당의 하층에서는 후지와라 궁 시기의 토기가 출토되었는데 조영의 개시가 늦었던 것을 알 수 있다. 지붕에 얹은 기와도 야쿠시지나 후지와라 궁의 그것보다도 새로운 형식이다. 탑의 경우 건물은 완성되었지만 최종적으로 마무리하는 기단 외장 공사는 착수되지 않았다. 중문과 회랑은 공사가 시작되려고 하는 단계에 소실되었다. 이것은 『후소랴키(扶桑略記)』가 전하고 있는 711년(헤이죠 경 천도 이듬해)의 소실 기사와 대응하고 있다.

680년에 덴무 천황이 우노노사라라(鸕野讚良) 황후의 질병 치유를 기원하며 발원한 야쿠시지(모토야쿠시지(本藥師寺))도 다이칸다이지 · 가와라데라와 함께 '국대사國大寺'였지만, 후지와라 경 시대에는 완성되지 않았다. 발굴 조사의 성과에 의하면 서탑의 완성 시점은 헤이죠 경 천도 이후까지 내려간다고 한다. 예전에는 헤이죠 경에 있는 야쿠시지가 후지와라 경에 있는 것을 이전하여 건축한 것인지에 대해 논란이 있었지만 건조물은 이축移築되지 않았다는 결론이 났다.

미완성의 도성

한편 『속일본기』에는 704년 11월 20일의 일로 "처음으로 후지와라 궁의 토지를 정했다. 집(宅)이 궁중宮中에 들어 있는 백성 1,505연烟에게 포布를 주었는데 차별이 있었다"라는 기사가 보인다. 후지와라 궁 천도로부터 10년이 지난 704년에 "처음으로 후지와라 궁의 토지를 정했다"라고 한 것은 어떤 까닭에서일까. 이미 후지와라 궁의 장소는 덴무 천황 시대에는 결정되어 있었던 것이 아닐까.

또 '궁중'에 들어 있는 백성들의 집이 1505연(호)이라고 했지만 이것도 의심스럽다. 나라 시대의 우경계장右京計帳(헤이죠 경에서 살던 사람들의 가족 구성 등을 기록한 대장)에 따르면 경京 내의 1호마다 평균 사람 수가 16.4인이었다. 이것을 참고하면 후지와라 경 내의 택에 있었던 백성의 수가 25,000명 정도가 되게 된다. 이 경우 '궁중'은 '경중京中'으로 생각하지 않으면 안 되며, 이것은 대부분의 견해가 일치하고 있다.

여기에서 문제가 되는 것은 704년 11월 20일에 "처음으로 후지와라 경의 토지를 정하였다"고 하는 것의 의미이다. 이것에 대해서 교토 대학의 요시가와 신지(吉川眞司) 씨가 명쾌한 해답을 제시했다. 이 날은 702년에 파견되었던 다이호의 견당사가 귀국한 후 보고(拜朝)를 한지 약 40일 뒤에 해당한다. 이 견당사 귀국을 계기로 하여 당 장안성에 보다 더 가까운 새로운 도성을 건설하기 위해 헤이죠 경 건설을 추진하게 된다. 이 점에 입각하면, 후지와라 경이 완성되지 않은 채 조영 공사를 중단하기로 결정한 기사로 읽을 수 있게 된다. "처음으로 후지와라 궁의 토지를 정하였다"는 것은 704년에 처음으로 후지와라 경의 구역이 정해졌다는 것이 아니라 후지와라 경에서 완성된 부분만을 경역京域으로 정한 것을 말한 것이 된다. 또 백성들에게 포를 지급한 것은 후지와라 경의 시가지 정비에 수반된 보상 조치이다.

앞서 후지와라 궁 조당원 회랑의 완성 시기가 703년 이후까지 내려간다고 말한 바 있다. 그 완성과 거의 동시에 후지와라 경의 폐도廢都가 결정되어 곧바로 새로운 도성의 건설을 목표로 하게 된다.

오랜 시간에 걸쳐 조영되고, 천도한 다음에도 끊임없이 공사가 이어졌던 후지와라 경이지만 마지막까지 진정한 의미에서 완성되지는 못했던 것이다. 하지만 헤이죠 경이나 헤이안 경도 정도의 차이는 있지만 비슷한 양상이었다고 할 수 있다. 우리들은 교과서 등에서 정연한 플랜을 가진 도성의 도면을 보고 있지만 그것은 어디까지나 이념적인 것으로 실상은 약간 달랐던 것이다.

2. 후지와라 경의 거리

후지와라 경과 『주례』

후지와라 경은 조방도로條坊道路를 가진 일본 최초의 본격적인 도성이었다. 산간 등 일부를 제외하고 약530미터 간격으로 대로大路가 남북 · 동서로 달리고, 대로로 둘러싸인 방坊에는 남북 · 동서 각각 3개의 소로小路로 구획된 모두 16개의 정町이 존재한다. 1정은 사방 약 133미터의 크기였다.

후지와라 경의 규모에 대해서는 북쪽 끝은 요코오지(横大路), 남쪽 끝은 아베야마다미치(阿倍山田道), 동쪽 끝은 나카쓰미치(中ッ道), 서쪽 끝은 시모쓰미치(下ッ道)였다고 하는 기시 도시오(岸俊男)의 학설이 오랫동안 통설이었다. 후지와라 경역은 사방이 주요 간선도로로 둘러싸인 남북 3.2km, 동서 2.1km였다. 그러나 그 후 기시 도시오가 가설로 제시한 후지와라 경역 바깥쪽에서도 경내와 동일한 조방도로가 다수 발견되었다. 1996년, 쓰치하시(土橋) 유적(가시하라 시)과 가미노쇼(上之庄) 유적(사쿠라이 시)에서 도성의 동서쪽 양 끝(東西 兩京極)으로 생각되는 유구가 발견된 것이 계기가 되어 현재는 남북 10조(약 5.3km), 동서 10방(약 5.3km)라고 하는 오자와 다케시(小澤毅) · 나카무라 타이치(中村太一) 학설이 가장 유력시 되고 있다【서-2】.

이 최신 학설에서는 후지와라 궁이 후지와라 경의 한 가운데 위치하게 되어 중국의 고전 『주례周禮』 고공기考工記의 영향을 생각할 수 있게 된다. 『주례』에서는 도성의 이상형으로서 정방형 도성의 중앙에 왕궁이 위치하고, 각 변에 세 개의 문을 만들고, 왕궁의 전면에 정치의 장을 두며, 후방에 시장을 설치하고, 남북 · 동서로 9개씩 도로를 통하게 하는 것을 설명하고 있는데, 이것이 후지와라 경과 공통된다. 그 중에서도 왕궁이 도성의 한 가운데 위치한 점이 특이한데 이러한 사례는 본 고장인 중국에도 없을 뿐 아니라 헤이죠 경 이후에도 계승되지 않았다. 헤이죠 경 이후의 주요 도성에서는 왕궁이 도성의 북쪽 끝에 위치하는 소위 '북궐형北闕型'이 채택되는데 이것은 동시대 중국 당나라에서 배운 것이다. 다만 후지와라 궁 · 경을 조영할 때 일본에서 북궐형 도성을 알지 못한 것 같지는 않다. 나의 은사인 도노 하루유키(東野治之) 교수는 야마토 삼산(大和三山)을 도성 안에 포함시키려고 한 결과, 지형적으로 북궐형이 모양새가 나빠져 『주례』의 이론을 빌렸을 가능성을 지적하였다. 내 나름대로 음미해 보면 '신익경新益京'(아스카의 경을 확대한 경)으로서 조영된 후지와라 경은 아스카와 일체적인 경역을 설정하고자 했지만 동시에 지리적인 제약이 있었다. 그래서 야마토 삼산의 중앙이 왕궁의 적지라고 판단하고 『주례』를 활용하여 이념 무장한 것이 아닐까 한다.

이하에서는 목간을 활용하여 후지와라 경의 거리를 잠시 산책해 보고자 한다. 다만 후지와라 경 내의 유적을 특정하여 말할 때는 관례에 따라 기시 도시오 학설에서 말한 후지와라 경의 조방 명칭을 편의적으로 사용하였다.

후지와라 궁 바로 남쪽의 관청①- 우경직

후지와라 궁 정문인 주작문(朱雀門, 大伴門)에서 남서쪽으로 눈을 돌리면 우경직(右京職, 우쿄우시키) 일곽이 눈에 들어온다. 후지와라 경의 서쪽 절반 부분인 우경右京의 전반적인 행정을 취급하던 관청이다. 7세기까지는 단독의 경직京職이 후지와라 경을 통치했지만 다이호 령(大寶令)이 시행된 702년경에는 좌경직(左京職, 사쿄우시키)과 우경직으로 나누어졌다.

이 우경 7조 1방 서북평 북쪽 부근에 대한 세 차례의 조사에서 792점의 목간이 출토되었다. 그 하나에 「우경직해右京職解」가 쓰여 있는 목간이 출토되었다. 「해解」는 소관 관서에 상신上申할 때 쓰는 문서 양식이기 때문에 우경직에서 태정관太政官에 부친 것이 된다. 문서목간은 그것을 수취한 곳(宛所)에서 버리는 경우도 있고, 발신한 곳으로 돌아온 것도 있다. 입지 면에서 볼 때 태정관으로 생각하기 어렵고, 태정관에 관한 목간이 포함된 것으로 보기도 어렵다. 이것은 우경직에서 폐기한 것이다.

다음으로 잡호(雜戶, 특수 기능을 가진 제관사諸官司에 예속된 집단)의 호주戶主·등급等級을 열거한 목간이 있다【6-2의 1】. 그 이면에는 「백제수인百濟手人」이 보인다. 이것은 잡호의 구다라테히토베(百濟手部)에 해당하는 것으로 대장성大藏省이나 내장료內藏寮에 소

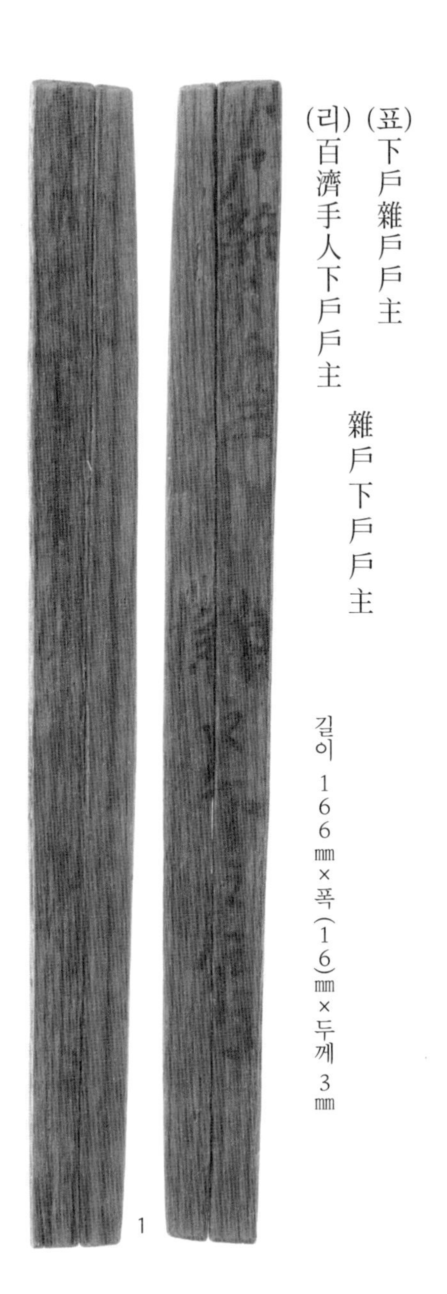

召志良木人毛利今急

길이 163㎜×폭 21㎜×두께 3㎜

2

【6-2】우경직 출토 목간

(표) 符雩物□□〔持?〕

(리) 今卌人州 阿布□

길이(91)㎜×폭 19㎜×두께 3㎜

속되어 다양한 피혁皮革 생산에 종사하였다. 구다라테히토베의 본관지本貫地는 후지와라 경의 좌경과 우경이었다. 잡호의 호적은 네 통이 작성되어 본관지(이 경우는 좌경 또는 우경), 소속 관사(이 경우는 대장성 도는 내장료), 중무성中務省, 민부성民部省에 각각 보관되었다. 이 목간은 잡호의 호적에 근거한 기록으로 보이며, 우경직의 잡호적雜戶籍을 사용했을 가능성이 가장 높다.

우경직에서는 일반 공호公戶의 호적戶籍이나 계장計帳도 관리하였다. 「호주戶主」·「호戶」·「연육십삼年六十三」·「소녀少女」·「질疾」 등이 쓰여 있는 목간이 각각 출토되었으며 이것들과 관련이 있다. 가장 마지막 것은 신체 장해나 질병의 정도에 따라 세 종류로 구분되었는데 잔질殘疾·폐질廢疾·독질篤疾 중 어느 것에 해당하게 된다. 인명을 기록한 목간도 많다.

나아가 「□지손파판옥일간(□地損破板屋一間)」이라고 하여 크게 파손된 가옥의 상황을 기록한 것이나 「가家」가 쓰여 있는 삭설이 있다. 경내의 작은 거주 구획을 의미하는 '방坊'이 쓰여 있는 것도 여러 개 포함되어 있다. 이것들은 경내의 거주나 사람들을 파악하는 것에 관한 기재로 보이며, 우경직을 상정하는데 잘 부합한다.

이처럼 우경 7조 1방 서북평에는 우경직이 설치되었음을 알 수 있다. 따라서 다른 목간도 우경직의 활동을 보여주는 것으로 볼 수 있다. 그 중에는 기우제(우雩, 아마고이)의 준비에 필요한 하물을 운반하기 위해 인부 40인을 징발하는 것을 명한 목간이 있다【6-2의 3】. 우경직이 통괄하는 관사 중에 서시사西市司가 있다. 『속일본기』에 의하면 705년 6월에 후지와라 경과 기나이의 정승淨僧에게 비가 오기를 기원하게 하고 시장의 남문을 폐쇄하였는데 이것과 관계된 목간인지도 모르겠다.

또 「소지량목인모리금급(召志良木人毛利今急)」이 기록된 소환목간召喚木簡이 있다【6-2의 2】. 급하게 부른 「시라기노히토(志良木人)」는 신라인에 해당하며 「모리毛利」는 그 이름이다. 한반도의 신라 출신의 인물이 항상적인지 일시적인지는 알 수 없지만 우경직에 근무했을 가능성이 있다.

또 좌경직의 소재지에 대해서도 주의하면 후지와라 궁 동쪽 인근의 좌경 6조 3방에서 「좌경직左京職」이 쓰여 있는 이구시(齋串, 제사용 꼬챙이)가 출토되었다. 하나의 유력한 후보지이지만 결정적인 재료는 발견되지 않았다.

후지와라 궁 바로 남쪽의 관청②-위문부

다음으로 주작문에서 남동쪽을 바라보면 위문부(衛門府, 에몬후)의 광대한 부지가 눈에 들어온다. 위문부는 후지와라 궁의 궁성 12문 등을 경비하는 관사였다. 그 부지에 해당하는 좌경 7조 1방에서는 두 차례의 조사에서 모두 12,876점의 목간이 출토되었다. 상세한 것은 제7장에서 살펴보겠지만 다이호 원년(701)과 동 2년(702)의 목간이 대부분을 점하며 그 내용에서 위문부의 본사本司가 있었던 것이 확인되었다.

위문부는 4정(약 265미터 사방)이라는 넓은 부지를 점하고 있다. 위문부에는 많은 사람들이 소속되었다고 할 수 있다. 직원령職員令에 따르면 위문부의 구성원은 다음과 같았다.

독督 1인 좌佐 1인 대위大尉 2인 소위少尉 2인
대지大志 2인 소지少志 2인 의사醫師 1인 문부門部 200인
물부物部 30인 사부使部 30인 직정直丁 4인 위사衛士

그 중에서 인원수가 가장 많은 부문은 궁성 12문을 수위하는 무관武官이었다. 궁성문에는 전통적인 궁의 수위에 해당하는 씨족의 이름이 붙어 있고(대반문大伴門 · 좌백문佐伯門 등), 이것을 문호

씨족門戶氏族이라고 부른다. 문부門部는 문호씨족에서 채용되는 경우가 많다는 특징이 있다.

마지막으로 위사衛士는 인원수가 쓰여 있지 않지만 741년에 위사 200명을 증원했으며 805년에 400명이었다는 것이 알려져 있어 당초 정원은 200명이었을 것으로 생각된다. 또 위사가 있는 이상 그 취사계炊事係의 화두火頭도 있었을 것이다. 위사 2명에 대해 화두 1명을 두는 것으로 결정되었기 때문에 100명의 화두가 있었던 것이 된다. 직정直丁은 사정仕丁에 해당하며 같은 수의 시정(廝丁, 화두계)도 있었을 것이다. 이상에 근거하면, 719년에 설치된 의사醫師를 제외하면 그 구성은 578명이 된다.

그리고 중요한 것이 위문부의 구성원 모두가 경호(京戶, 경에 호적을 가지고 있는 자)가 아니었다는 점이다. 예를 들어 문부에 관계된 것으로 볼 수 있는 관인의 고과考課 관계 목간 중에 단바 국(丹波國) 구와타 군(桑田郡)이 본관지에 해당한다는 것을 보여주는 것이 있다. 약간 뒷 시기이기는 하지만 헤이죠 궁 식부성式部省 유적에서 출토된 고과 관계 목간을 근거로 하여 작성된 데이터를 보면, 나라 시대 전반 단계에는 경에 본적지를 가진 자가 약 22%에 지나지 않고, 기나이 전체(경을 포함)가 대략 67%가 된다고 한다. 역으로 말하면 기나이 이외의 제국諸國에 본적지를 두고 있던 하급관인도 적지 않았던 것이다.

위문부에 근무했던 위사 · 사정 · 시정 등도 전국 각지에서 모집되었다. 현재까지의 목간 중에는 사이카이토(西海道)를 제외한 일본 열도 각지의 지명을 찾아 볼 수 있다.

문무나 위사 등은 교체 근무제를 하고 있었기 때문에 비번일 때 후지와라 경을 벗어나는 것이 불가능하지는 않았지만 전국 각지에서 모인 위사의 경우 편안하게 본국으로 돌아갈 수는 없었다. 약간 가까운 기나이 출신의 문부에서도 당번 중일 때는 경내에 있을 필요가 있었다.

일반론에서 보면 고대의 관아는 집무執務의 장이자 숙박宿泊의 장이었다. 그중에서도 위문부에는 다수의 문부 · 위사라고 하는 병사가 있었다. 밤낮으로 궁성 경비에 대처하기 위해서도 후지와라 궁 가까이에 숙소를 확보하는 것이 무엇보다 편리했다. 헤이죠 경이나 헤이안 경에서는 위문부의 본사와는 별도로 관련 시설이 있었는데 이 시설들은 주로 위사 등의 숙소로 이용되었다. 이러한 종류의 숙소를 '쇼시쿠리야마치(諸司廚町)'라고 부른다. 후지와라 경 시대에 위문부의 본사만 4정의 부지를 차지하고 있었다는 것은 대단히 넓은 것이다. 쇼시쿠리야마치와 유사한 시설이 함께 설치되어 있었던 것은 아닐까 생각된다.

후지와라 경 좌경 오하리쵸

이처럼 후지와라 궁에 가까운 장소에는 관아가 설치되어 있었지만 약간 남쪽으로 걸어가면 다양한 저택이나 택지도 찾아볼 수 있다. 아스카의 현관인 이카즈치노오카(雷丘) 바로 앞까지 한 번에 걸어가 보자. 이 부근은 '오하리다(小墾田)'(小治田)로 불리는 장소이다.

603년에 스이코 천황의 왕궁이 된 오하리다 궁(小墾田宮)은 모습을 바꾸어 가며 9세기경까지 존속되었다. 이카즈치노오카 동방 유적에서는 오하리다 궁과 관련된 유구가 일부 발견된 바 있다.

이카즈치노오카 근처에는 덴무 천황의 황자인 오사카베(忍壁) 황자궁도 있었다. 이카즈치노오카 북방 유적에서는 좌경 10조 3방의 서남평과 서북평 2정분(남북 약 265미터, 동서 약 133미터)을 하나로 이용한 넓은 부지가 펼쳐져 있다. 중심부에는 정전이 그 동서쪽에는 장대한 남북동의 협전이 각 두 동씩, 남쪽에도 동서로 세장한 건물 한 동이 세워져 있으며 그 전체를 담장(塀)과 도랑(溝)이 둘러싸고 있다. 7세기 후반에서 8세기 전반대까지 사용되어 이곳을 오사카베 황자궁으로 보는 견해도 있다.

이카즈치노오카 북방 유적에서는 목간이 출토되었는데 「흑월黑月」(16일~월말)이라는 불교 용어가 쓰여 있는 단편, 「혜사화상삼惠思和尙三 / 상□□祥□□」이라는 승려 이름이 기록된 부찰이 눈길을 끈다. 또 「관지사대□시□觀智師大□是□」가 묵서된 암키와도 출토되었다. 「관지觀智」는 707년에 유마강사維摩講師, 712년에 율사律師로 임명된 승려이다. 황족 · 귀족의 저택에서 자주 불교 행사가 개최되어 이러한 관점에서 설명도 가능하다.

다만 이것들이 오사카베 황자궁과 관련되었다는 명확한 증거는 없다. 또 이카즈치노오카 북방 유적 주변에서는 기와가 집중적으로 출토되어 북쪽에 있었던 것으로 상정되는 다케치노오데라(덴무 조 다이칸다이지)와의 관련도 생각할 필요가 있다.

그러나 오하리다의 땅에 상정할 수 있는 것은 궁宮만이 아니다. 헤이죠 궁 주작문을 조영하기 이전의 시모쓰미치 도로 측구에서는 다음과 같은 과소목간過所木簡(통행증)이 출토되었다.

오우미 국(近江國) 가모 군(蒲生郡) 아키노사토(阿伎里)의 사키노스구리타리이와(阿伎勝足石) 아래서 전작인田作人으로 나갔던 아키

오스구리이토코마로(阿伎勝伊刀古麻呂)와 오야케메(大宅女) 두 사람이 후지와라 경의 '좌경소치정左京小治町'의 가사노아소미야스(笠阿曾弥安)(「아소미阿曾弥」는 '조신朝臣'이라는 뜻임)가 있는 곳으로 돌아올 때 사용한 목간이다. 이토코마로 등은 오하리다에 택지를 구축하고 있던 경호京戶였다고 생각되지만 그 출신지인 오우미 국 동족同族과의 연계도 여전히 유지되고 있었던 것이다.

② (표) 關々司前解近江國蒲生郡阿伎里人大初上阿□〔伎?〕勝足石許田作人

(리) 同伊刀古麻呂 大宅女右二人左京小治町大初上笠阿曾弥安戶人右二 / 送行乎我都 鹿毛牡馬歲七 里長尾治都留伎

길이 656mm×폭 36mm×두께 10mm

또 이면의 「송행호아도送行乎我都」를 "우리 도읍으로 배웅하니"로 훈독하여 후지와라 경을 '우리 도읍'으로 부른 점에 의미를 부여하는 견해도 있다. 하지만 앞 단의 「우이인(右二人)」에서 이어지고 있기 때문에 "오른쪽 두 사람을 배웅한 것은 오카쓰(乎我都)"로 훈독해야 할 것이다. 「호아도(乎我都, 오카쓰)」는 동행한 노비의 이름으로 생각된다.

목간②에서 주목되는 것은 후지와라 경 내의 장소를 특정하여 「소치정小治町」이라는 고유명사를 사용하고 있는 점이다. 고유명사에 의한 호칭은 이밖에도 「가루마치(輕坊)」와 「하야시마치(林坊)」가 알려져 있는데, 현존 지명 중에 '우란 방(ウランン坊)'도 그 가능성이 있다고 한다. 헤이죠 경이나 헤이안 경에서는 경내의 지명은 숫자(數詞)를 이용하여 '○○조 ○○방 ○○평(정)'으로 썼지만 후지와라 경에서는 고유명사를 사용했던 것이다.

다만 전술한 우경직 유적에서는 「사방 토네(四坊刀祢)」가 쓰여 있는 목간이 출토되어 숫자를 이용한 호칭도 사용되었던 것을 알려주고 있다. 다만 현상적으로는 '○○조'라고 쓰여 있는 후지와라 경의 사료는 없다. 후지와라 경은 북궐형 도성이 아니기 때문에 후지와라 궁을 기준으로 북쪽에서 남쪽으로 내려오면서 번호를 붙일 수 없었기 때문일 것이다.

헤이죠 경이라면 숫자를 단서로 해서 목적지에 도착할 수 있지만 고유 지명이라면 토지를 감안할 필요가 있다. 대규모의 도성이라면 숫자를 활용한 호칭이 외부 사람들에게는 이해하기 쉬웠겠지만 반드시 그렇지는 않았고 오히려 그렇게 할 수 없었던 것이 후지와라 경의 과도기적인 성격을 보여주고 있다.

호즈미 황자궁과 후지와라노 후히토의 저택

오하리다에서 북쪽으로 방향으로 바꿔 보자. 다이칸다이지를 곁눈질로 살피며 걷다보면 잠시 후 나카쓰미치(동 4방대로)가 나오고, 다시 북상하면 동서 간선대로인 요코오지(横大路)의 바로 앞에서 발을 멈추게 된다.

2003년, 나카쓰미치의 동쪽 도랑에서 목간 133점이 출토되었다. 유수에 의한 마멸이 거의 없어 바로 동쪽에서 폐기된 것으로 보인다. 와도(和銅) 2년(709)의 기년이 적힌 목간이 두 점 포함되어 있어 후지와라 경의 거의 마지막 단계의 것으로 생각된다. 그 중에서도 특히 눈길을 끄는 목간이 있다.

목간③은 왼쪽과 오른쪽이 쪼개졌지만 표면이 【6-3】과 같이 복원된다. 할서割書에는 모두 6인의 이름이 쓰여 있었을 것으로

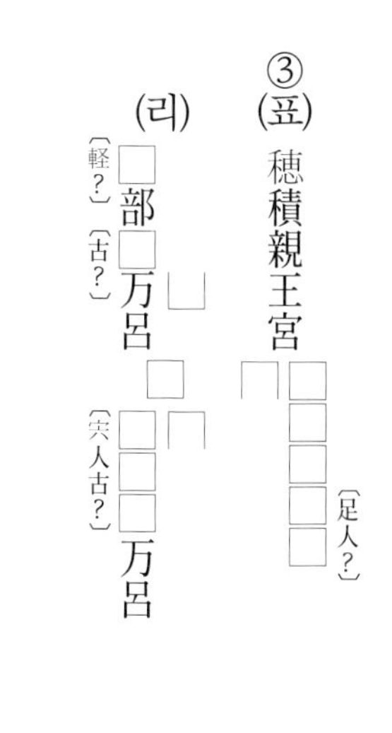

길이 260㎜×폭(13)×두께 5㎜

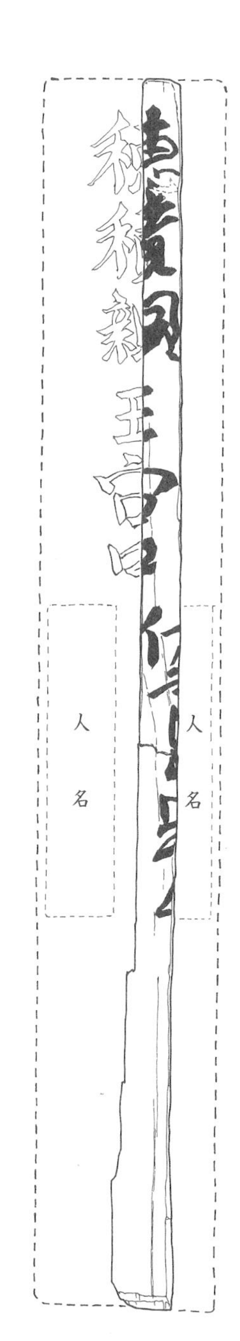

【6-3】「호즈미 친왕궁」이 써 있는 목간

추정되며, 호즈미(穗積) 친왕親王을 시중들던 쥬나이(帳內: 경위警衛 · 잡역雜役에 종사한 사람)로 생각되고 있다. 이것 말고도 「호즈미(穗積)」로 읽을 수 있는 삭설이 있다. 709년 당시 호즈미 친왕은 지태정관사知太政官事라는 요직에 있었는데 우대신右大臣인 후지와라노 후히토(藤原不比等)와 병립한 존재였다.

함께 출토된 목간 중에 물품진상物品進上 목간, 「구백삽이문九百卅二文」으로 기록된 전錢의 부찰 등이 있다. 물품진상 목간의 표면에는 「□□봉상 향자부지상지□(□□奉上 香子夫持上之□)」가 쓰여 있다. 두 번째 글자는 말씀 '언言' 변이 있는 글자로 우부방의 아래에 「구口」가 보이기 때문에 「조詔」일 가능성이 있다. 천황의 명령을 받아 「향자부香子夫」(약초인 바꽃(토리카부토)일까)를 진상한다는 내용일 것이다. 「지상지持上之」(그것을 받들어 올림)는 물품진상의 작법作法을 기록한 표현으로 흥미롭다. 이 물품진상 목간은 천황(겐메이 천황일까)과 가까운 관계에 있던 인물의 존재를 살필 수 있다.

이러한 목간들이 출토되기 전부터 『만엽집』에 남아 있는 다지마(但馬) 황녀가 읊었던 노래에 근거하여 호즈미 황자궁이 다케치(高市) 황자의 가구야마 궁(香具山宮) 근처에 있었다고 추정되고 있었다. 이 일련의 노래들은 덴무 천황의 황자 · 황녀인 다지마 · 호즈미 · 다케치(모두 어머니가 달랐지만)의 삼각 관계를 보여주는 것으로 유명하다.

목간은 가구야마 북쪽 약 1km 장소에서 출토되었는데 『만엽집』을 근거로 추정한 기존 견해와 모순되지 않는다. 『만엽집』의 노래가 보여주는 것은 다케치 황자가 죽은 697년 보다 이전의 것으로 목간과는 시기적인 차이가 있다. 하지만 호즈미 황자(친왕)가 특별히 궁의 장소를 바꿀 이유도 없고, 『만엽집』의 내용과도 합치되기 때문에 목간이 출토된 지점 가까이에 호즈미 친왕의 궁이 있었을 가능성이 높다.

게다가 후지와라 궁 내에서는 「다치마 내친왕궁多治馬內親王宮」에서 약을 청구한 목간이 출토된 바 있다. 다케치 황자가 죽은 이후인 8세기 초의 목간이다. 『만엽집』 소재의 노래가 만들어질 때

다지마 황녀는 다케치 황자궁에 동거하고 있었지만 8세기 초에는 독립된 궁을 지었던 것이다.

이야기를 되돌려보자. 호즈미 친왕궁 추정지의 바로 서쪽에는 '홋케지(法花寺)'의 지명이 남아 있다. 역사에 관심이 있는 사람이라면 헤이죠 경의 '홋케지(法華寺)'가 떠오를 것이다. 헤이죠 궁의 바로 동쪽 인근, 후지와라노 후히토의 저택이 있었던 장소이다. 후히토가 죽은 이후 딸인 고묘시(光明子)에게 계승되고 나중에 홋케지가 된다. 이 후지와라 경역의 '홋케지(法花寺)'는 이 땅이 홋케지(法華寺)의 장원莊園이 된 것에 따른 지명으로 추정되고 있지만 원래는 후지와라노 후히토의 저택인 '죠토다이(城東第)'가 있었던 것에서 유래한 것으로 생각되고 있다.

이것과 관련하여 후지와라 궁의 동면 북문(산부문山部門) 바로 가까운 곳에서 「우대전근팔右大殿芹八」이 쓰여 있는 부찰목간이 출토되었다(제7장 목간⑧). 「우대전右大殿」은 우대신인 후지와라노 후히토를 가리킬 가능성이 높다. 후지와라 궁 내에서 후히토 저택에 미나리(芹)를 운반할 때 동면 북문에서 체크를 받고 거기에서 회수한 목간으로 생각된다. 후히토의 저택인 죠토다이로 향하는데도 동면 북문을 사용한 것은 합당한 점이 있다. 헤이죠 경에서도 후히토의 저택은 헤이죠 궁 바로 동쪽에 입지하는데 이는 후지와라 경에서의 위치가 기본적으로 답습되었던 것이다.

후지와라 경 내의 시장

나카쓰미치에서 다시 요코오지까지 걸어가 보자. 그 바로 북쪽에는 시장의 수호신이자 선박 운행(舟運)의 안전을 지켜주는 이치키시마진자(市杵島神社)가 존재한다. 이 부근은 689년에 무술에 뛰어난 인물을 포상할 때에 사용한 '중시中市'가 있던 장소로 생각되고 있다. 이것과 관련된 목간이 후지와라 궁의 북면 중문(猪使門(이쓰카이몬)) 바로 가까이의 토갱土坑에서 출토되었다.

〔沽?〕
④ (표) □於市□遣糸九十斤蝮王　猪使門 ○
(리) □月三日大屬從八位上津史岡万呂 ○

길이 (254)mm×폭 (18)mm×두께 4mm

후지와라 궁에서 시장까지 교역용의 실을 운반할 때 사용한 목간이다. 다지히몬(蝮王門, 북면 동문)과 이쓰카이몬(猪使門, 북면 중문)을 지정하고 있는 것은 목적지인 '시장'이 후지와라 궁에서 볼 때 북동쪽 방향에 있는 중시中市였기 때문이다.

다만 후지와라 경의 시장은 별도의 장소에도 있었다. 위문부 유적에서 다음 목간이 출토되었다.

⑤ (표) 內藏寮解 門傍 紵二□ …銀五兩二文布三尋分 布十一端 ○
(리) 羅二匹直 銀十一兩分糸卄二□…藏忌寸相茂 ○佐伯門 「中務省□」

길이 (155+102)mm×폭 21mm×두께 5mm

내장료에서 저紵와 나羅를 구입하기 위해 그 대가代價로 사糸와 포布를 궁 밖으로 반출할 때 사용한 목간이다. 여기에서는 좌백문(佐伯門, 서면 중문)이 지정되고 있다. 또 다른 목간에서는 이쓰카이몬(북면 중문)을 지정하고 있다. 일반적으로 통행하는 궁성문은 관사의 소재지와 목적지 두 가지에 의해 정해진다. 같은 내장료에서 문이 달라진 것은 목적지의 방향이 달랐기 때문이다.

목간⑤에서는 그 목적이 저와 나의 입수인 이상, 시장으로 향했던 것으로 생각할 수 있다. 북면의 문을 사용하지 않은 것은 중시와는 다른 시장으로 가기 위한 것에 다름 아니다. 그것은 남서 방향에 있는 가루이치(軽市)일 것이다. 아스카 시대, 가루이치는 나니와이치(難波市)와 함께 중요한 시장이었는데(제5장), 그것은 후지와라 경으로 천도한 후에도 기본적으로 계승되었다고 생각된다.

후지와라 경은 원래 좌경과 우경으로 나누어지지 않았으며, 경내를 통괄하는 관사도 전술한 것처럼 당초에는 단독의 경직京職이었다. 좌경직과 우경직 두 개로 나누어진 것은 다이호 령이 시행된 이듬해인 702년경이다. 703년에는 시장도 동시東市와 서시西市로 두 개가 된다. 그 이후는 아마 중시가 동시로, 가루이치가 서시로 인정되었을 것이다. 그 이전은 중시가 관설 시장이었다고 생각된다. 앞서 살펴본 것처럼 후지와라 경은 『주례』를 의식하여 만들어졌는데 중시가 『주례』에서 설하는 '면조후시面朝後市'(궁 앞쪽에 정치의 장, 뒤쪽에 시장을 개설하는 것)의 이념에 맞고, 중시가 가루이치 보다 더 후지와라 궁에 가깝다는 것이 그 이유이다.

그런데 교역을 위한 대가물로서 목간④에서는 사, ⑤에서는 사와 포가 사용되고 있다. 특히 ⑤에서는 저와 나의 대가로 사와 포의 수량을 직접 기록하지 않고, '저紵 2(바구니(籠)?) = 은 5량 2문 + 포 3심尋 = 포 11단段', '나羅 2필匹 = 은銀 11량 = 사糸 22근'이라는 방식으로, 일단 은이나 포를 매개로 같은 가치가 있는 사 · 포의 양을 산출하고 있는 것이 매우 흥미롭다. 일본에서 가장 오래된 주조화폐인 후혼센과 같은 것이 기록되지 않은 것은 (이 시기는 아직 와도카이친(和同開珎)이 탄생하지 않았다) 당시 그다지 유통되지 않았기 때문일 것이다.

사방 5.3km에 이르는 광대한 후지와라 경. 산책해야 할 장소는 여기저기 더 남아 있지만 지도를 한 손에 들고 각자 걸어가 보는 것으로 하고 여기에서는 일단 마치고자 한다.

3. 도시 문제의 발생과 신앙

질병의 발생과 화장실의 탄생

후지와라 경의 추정 인구는 3만~5만 명으로 헤이죠 경의 5만~10만 명과 비교하면 작지만 많은 사람들이 집주한 최초의 경험이었다. 그것에 수반된 위생 관리는 절실한 문제였다.

그중에서도 후지와라 경의 최종 단계에 가까운 706년부터 이듬해에 걸쳐 후지와라 경과 기나이를 중심으로 질병이 만연하여 전국으로 전염이 확대되는 심각한 상황이 발생했다. 당초에는 후지와라 경과 기나이를 중심으로 의사나 약을 지급하고, 사원과 진자의 청소, 도적의 수색 등을 실시했지만 전국적으로 피해가 확대되자 진휼賑恤, 세금의 일부 면제, 추나追儺, 대불大祓, 진자에의 봉폐奉弊, 사원에서의 독경讀經 등 필사적인 노력이 이루어진다.

이때의 질병 대책과 직접 관련된 것으로 단언할 수는 없지만 야마토 분지를 관통하는 주요 간선도로인 시모쓰미치 동쪽 도랑에서 제사 관계 유물이 다수 출토되었다. 이구시(齋串) · 인형人形 · 마형馬形 · 조형鳥形 등의 목제품과 금속제 인형, 소문경素文鏡, 견絹과 마麻에 옻칠(漆)이 되어 단단해진 협저상夾紵箱 등이 있다. 금속제 인형은 천황 · 중궁 · 동궁에서 제한적으로 사용할 수 있었다. 국가 규모의 제사가 행해진 것에 틀림이 없다.

목간도 37점 출토되었는데 그 중 두 점은 주부목간呪符木簡이다. 모두 '부록符籙'으로 불리는 주술적인 기호를 그린 다음 한 점은 「금 / 술일사인(今 / 戌日死人)」이, 다른 한 점은 「귀급급여율령(鬼急々如律令)」을 기록하였다. 전자는 '술戌 일에 죽은 사람'이 되며 죽음의 부정을 없애기 위한 주부(부적)일 것이다. 후자는 도랑속에 박힌 상태로 출토되었다. '급급여율령'은 주부에 자주 나오는 어구로 '신속하게 율령이 전국에 널리 퍼지도록 원하는 일을 들어 주십시오'라는 의미이다.

706년에 시작된 질병이 후지와라 경과 그 주변국에서 전국으로 만연하게 되었는데, 그 가장 큰 원인은 후지와라 경의 위생상태 때문이었다. 이와 관련하여 화장실의 문제를 살펴보고자 한다.

앞 절에서 우경직 출토 목간을 거론하였는데 그 대부분이 화장실 유적에서 출토되었다. 그 중 확실한 화장실 유적은 길이 약 1.6미터, 폭 약 0.5미터의 장타원형 토갱이다【6-4】. 깊이는 현재 상태로는 약 40㎝에 지나지 않지만 본래는 1미터 가까이 되었다. 벽에는 남북 85㎝, 동서 30㎝ 간격으로 모두 4개소에 말뚝이 박혀 있었는데 밟는 나무판을 고정하던 것이다. 오이 등의 식물 종자, 쇠똥구리나 파리의 번데기 등의 곤충 유존체, 생선뼈 등의 음

식물 찌꺼기, 기생충의 알 등이 발견되어 화장실 유적으로 판단되었다. 목간 33점과 길이 약 20㎝의 판 약 150점이 함께 출토되었다. 이것들은 배변 후에 엉덩이를 닦기 위한 주목(籌木, 뒷나무)이다.

또 우경직 내의 동서 2.4미터 간격으로 세 개의 구멍이 나란히 발견되었는데 이것들도 역시 화장실 유적일 가능성이 있으며 뒷나무로 전용된 것으로 생각되는 목간도 출토되고 있다.

그밖에도 후지와라 경 내에서는 파서 묻는 방식(掘込式)의 화장실 유적도 발견되었다. 또 조방도로의 측구에서 우회도로 처럼 부지 안쪽으로 도랑을 우회시킨 유구가 발견되었는데 수세식 화장실로 생각되고 있다. 이러한 화장실 유구는 모두 부지 안에 설치되었던 것이다.

그러나 부지 밖인 조방도로의 측구나 후지와라 궁 내의 배수구 등에서도 뒷나무로 보이는 목제품이나 목간이 출토된 경우가 있

【6-4】화장실 유구의 검출

다. 예를 들어 호즈미 친왕궁 관계의 목간③도 그 하나이다. 나카쓰미치 동쪽 측구에서는 묵서의 유무와 관계없이 목간③과 같이 쪼개진 젓가락 모양의 막대가 뭉쳐진 채 출토되었다. 도로의 측구나 배수구를 그대로 화장실로 사용한 경우도 있었을 테지만 다른 장소에서 용변을 보고 그것들을 구덩이에 투기한 경우도 많았을 것이다.

확실한 화장실 유적이 발견되고 있는 것은 후지와라 경이 효시가 된다. 많은 사람들이 집주함에 따라 화장실이 탄생하게 된 것이다. 다만 넓게 보급되었다고 말하기는 어렵고, 조방 측구에 아무렇게나 흘러 보내는 것이 일반적이라고 할 수 있어 결코 위생적이었다고 말하기는 어렵겠지만 말이다.

두 개의 전약료 관계 목간

위생 관리와 깊게 연관되는 것이 약이다. 후지와라 궁 유적에서는 약물藥物 관계 목간이 다수 출토되고 있다. 그 중에서 서면 남문(옥수문玉手門) 부근의 내호內濠와 후지와라 궁의 북변(동쪽 기간 배수로와 외호의 합류점을 중심으로 한 장소) 등 두 개소에서 많은 수의 목간이 출토되었다. 이 목간들을 정리하면 약을 청구한 목간, 처방전을 기록한 목간, 약을 공진한 하찰목간, 약을 관리하기 위한 부찰목간, 기타의 것이 있다. 서면 남문 부근에서는 광물성 약물도 출토되었다.

그 중 서면 남문 부근 출토 목간은 7세기 말경의 것으로 「외약□外藥□」이 쓰여 있는 삭설이 포함되어 있다. 나중의 전약료典藥寮로 이어지는 '외약관外藥官'의 이름을 기록한 것으로 추정된다. 헤이죠 궁이나 헤이안 궁에서는 궁의 서남부에 전약료가 입지하였는데 후지와라 궁에서도 거의 비슷한 양상이었던 것으로 보인다.

한편 후지와라 궁 북변 출토 목간은 8세기 초 무렵의 것이 주체가 된다. 그 중에는 다치마 내친왕多治馬內親王 · 탄정대彈正台 · 좌대사인료左大舍人寮 · 방응사放鷹司 등에서 약을 청구한 목간이 있다. 여러 기관들이 청구한 목간이 출토되는 것을 볼 때 청구를 받는 쪽인 전약료에서 폐기한 목간으로 보아도 좋다. 이를 뒷받침하듯 「전약典藥」이 쓰여 있는 삭설 세 점이 출토되었다.

그렇다면 왜 두 가지의 전약료 관계 목간군이 별개로 존재하고 있었을까.

먼저 서면 남문 부근에서 출토된 목간은 7세기 말의 것인데 비해 북변 출토의 목간은 8세기 초의 것이기 때문에 약간의 시기차가 있다. 이것을 근거로 하여 전약료의 이전移轉을 상정하는 견해도 있다. 하지만 헤이죠 궁 · 헤이안 궁에서 전약료의 입지에서 보면 후지와라 궁의 전약료도 일관되게 궁의 서남부에 있었던 것으로 보는 것이 자연스럽기 때문에 이전은 생각하기 어렵다.

다음으로 궁 북변의 동쪽 기간 배수로가 내리의 동쪽을 흐르고 있는 점에 착목하여 북변 출토의 것은 전약료 관계 목간군이 아니라 천황의 의료를 담당하는 내약사內藥司에 관한 것으로 보는 견해가 있다. 다만 북변에서는 전술한 것처럼 「전약」이 명기된 삭설 세 점이 출토되었다. 역으로 내약사였던 것을 적극적으로 보여주는 것은 전무하다. 각종 기관에서 약물의 청구를 받은 관사로는 역시 전약료로 보는 것이 타당할 것이다.

세 번째 해석으로 궁의 서남부에는 전약료의 본사가, 북변에는

그 부속시설이 별도로 설치되었다고 하는 견해가 있는데 나는 이 것을 지지한다. 이미 지적되고 있는 것처럼 후지와라 궁의 북쪽에는 '텐야쿠(テンヤク)' '천역天役'이라는 소자명이 남아 있는데 이 부근에 전약료 부속의 약원藥園을 상정할 수 있다. 아스카 기요미하라 궁의 백금후원白錦後苑, 헤이조 궁 북방의 송림원松林苑, 쿠니 궁(恭仁宮)의 성북원城北苑 등 왕궁의 후방에는 후원後苑이 있었다. 후지와라 궁의 경우도 후원을 상정해야 한다. 백금후원이 그런 것처럼 후지와라 궁의 경우도 약원이나 과수원 등이 갖추어졌을 가능성이 높다.

후지와라 궁 북방의 성격을 고려할 때는 북면 중문(저사문) 앞 토갱에서 출토된「구월이십육일원직진대두삽□九月廿六日薗職進大豆卅□」이 쓰여 있는 목간을 참고할 수 있다. 원지사園池司의 전신 관사인 원직薗職이 대두大豆를 진상할 때 사용한 목간이다. 이러한 종류의 목간은 진상선에서 폐기되는 것이 일반적인데, 북면 중문 부근의 토갱에서 출토되고 있는 점을 중시하면 문에서 회수되었을 가능성도 부정할 수 없다. 그렇다고 하면 후지와라 궁의 북방에 대두를 재배한 밭이 있었던 것이 된다.

질병 치유를 바라다

그러나 약을 입수할 수 있는 것은 일부 특권 계층에 지나지 않았다. 질병의 원인도 반드시 과학적으로 밝혀진 것이 아니다. 그 때문에 사람들은 도움을 요청할 때 주술적인 행위를 하는 경우가 적지 않았다.

인형人形도 그 하나로 몸속의 악한 기운을 옮겨 물에 흘러 보내

【6-5】 옛날부터 현재까지의 다양한 인형

는 것으로 질병이 치료된다고 믿고 있었다【6-5】. 후지와라 궁 북방의 전약료 부속시설에서는 왼쪽 눈을 먹으로 새까맣게 칠한 인형이 출토되었다. 헤이죠 궁 유적에서 출토된 같은 형태의 인형에는 얼굴의 이면에 「좌목병작 금일 / 금□左目病作 今日 / 今□」이 쓰여 있었는데 눈병의 치유를 바랐던 것을 알 수 있다. 전약료典藥寮에는 다음과 같은 의학 전문가가 있었다.

A 의사醫師 10인	의박사醫博士 1인	의생醫生 30인
B 침사針師 5인	침박사針博士 1인	침생針生 20인
C 안마사案摩師 2인	안마박사案摩博士 1인	안마생案摩生 10인
D 주금사呪噤師 2인	주금박사呪噤博士 1인	주금생呪噤生 6인
E 약원사藥園師 2인		약원생藥園生 6인

A는 종합적인 의료 관계자이며 B~E는 각 분야의 전문가이다. 현재 우리들이 볼 때 약간 기묘한 느낌이 드는 것은 주문을 외워

병을 치료하는 D의 존재이다. 하지만 주문도 훌륭한 치료였다. 왼쪽 눈을 까맣게 칠한 인형은 주금사呪噤師가 치료할 때 사용하였을 가능성이 있다.

또 위문부 유적에서는 마감이 나쁜 재료를 이용하여 어딘지 섬뜩한 분위기를 풍기는 목간이 출토되었다. 그 표면에는 「구감료병병료□□장九坎療病病療□□牆」, 이면에는 「손 로巽 露」라는 어구가 쓰여 있다(표면의 세 번째 문자인 「요療」자의 바로 왼쪽에도 묵흔이 있다). 「구감九坎」과 「요병療病」은 역주曆注에 있다. '구감'은 모든 것이 흉한 날, '요병'은 치료하기 좋은 날이다. 이 두 가지 역주의 관계나 기타 기재와의 관계는 잘 알 수 없다. 하지만 단순히 습서와 같은 것으로 생각되지는 않는다. 병의 치료를 바라는 절실한 마음이 깃든 목간이라는 느낌이 든다.

또 역주의 어구가 쓰여 있는 목간은 비교적 자주 눈으로 확인할 수 있다. 위문부 유적에서는 별도로 「축진(진)逐陳(陣)」(만사가 좋지 않은 날)과 「귀기歸忌」(원행 · 귀택 · 이사 · 혼례 등을 꺼리는 날)의 어구가 쓰여 있는 목간이 출토되었다. 또 후지와라 궁 유적의 동쪽 외호에서는 「가관加冠」(남자의 성인식에 길한 날)이나 「가취嫁娶」(가취에 길한 날)의 어구가 쓰여 있는 목간이 각각 출토되었다. 우리들이 매일 아침 달력을 보면서 '대안大安' '불멸佛滅' 등에 일희일비하는 것처럼 당시의 관인들도 구주력을 대단히 의식했던 것에 틀림이 없다.

후지와라 궁 유적에서는 '역작曆作'에 사용하는 붓을 청구한 목간이나 「오월대일일을유수평 칠월대일일갑신五月大一日乙酉水平 七月大一日甲申」이라고 하여 달의 첫 번째 날인 월삭月朔을 기록한 목간도 출토되고 있다. 후자는 월의 대소 · 삭일의 간지 · 납음오행納音五行 · 십이직十二直이 기록되어 있는데 704년의 것으로 추정된다. 월삭을 기록한 목간은 홋큐(發久) 유적(니가타 현 아가노 시)에서도 출토되었다. 달의 첫 간지만 기억해 두면 매월의 간지를 계산할 수 있다. 월삭을 기록한 목간은 간편한 달력으로 이용되었던 것이다.

사람들의 간절한 바람

마지막으로 사람들의 간절한 바람이 깃든 두 점의 목간을 소개하고자 한다. 목간⑥⑦은 모두 후지와라 경 내의 서쪽 4방 방간로坊間路와 9조 조간로條間路가 합류하는 교차점 부근의 도로 측구에서 출토된 것이다.

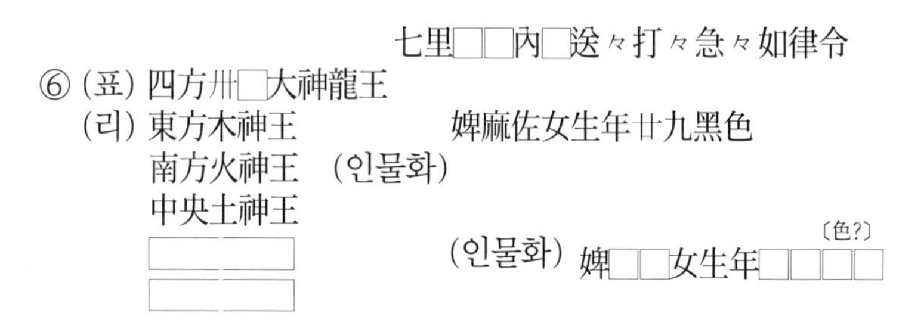

길이 467mm×폭 83mm×두께 7mm

표면의 「대신룡왕大神龍王」은 물과 관계가 깊은 신神이다【6-6의 1】. 그 오른쪽 아래에는 기원하는 내용이 쓰여 있다. 「급급여율령急々如律令」은 주부呪符를 매듭짓는 상투적인 문구이다. 문제는 그 위쪽에 「칠리결개내수송송타타七里結皆內水送々打々」(7리 결개(계界)로 안의 물을 보내라 보내라)라고 하는 안案이 나와 있는 부분이

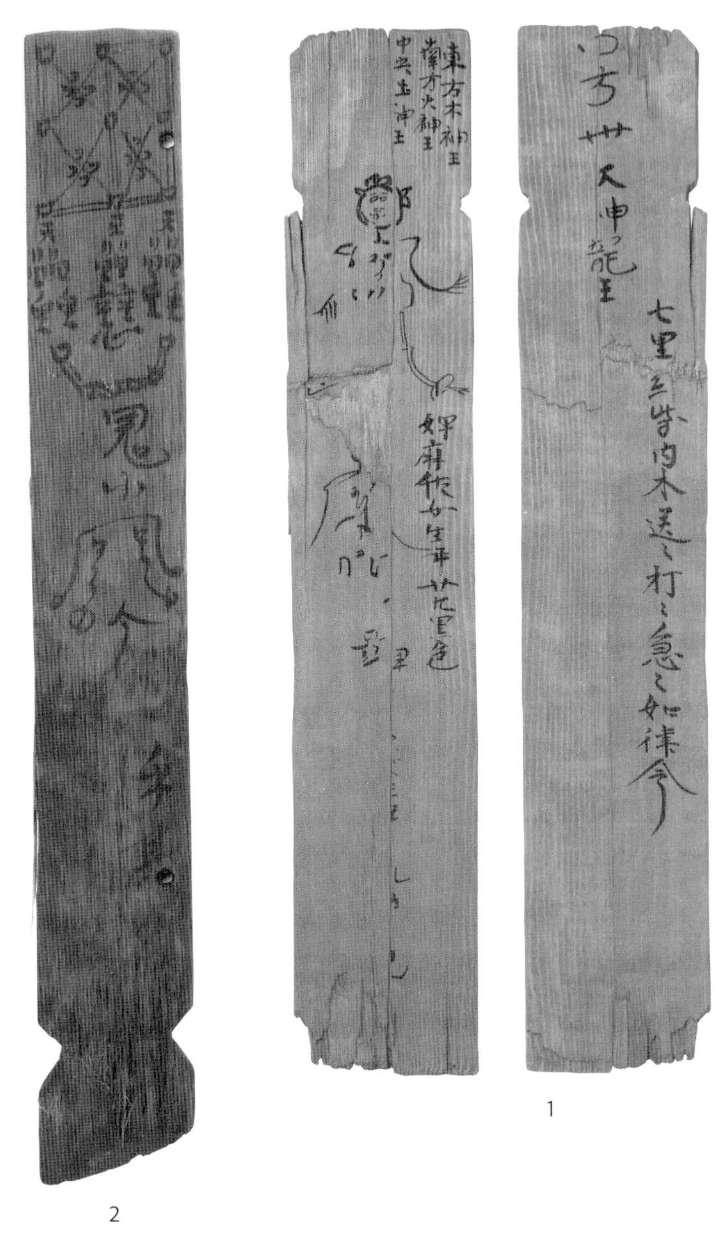

【6-6】 치수 관계 주부목간(1은 복제품)

다. 즉 대신룡왕에 대하여 물을 7리 밖으로 축출하는 것을 바라고 있는 것이다.

이면에는 오방五方 '신왕神王'의 이름이 기록되어 있는 것 같은데 표면의 '사방'과는 어딘가 대응되지 않는다. 이면의 네 번째 · 다섯 번째 묵흔이 남아있지 않아 북방 · 서방 중 어느 한 쪽 신왕의 기재가 없었을 가능성도 있다.

다음 이면에는 두 사람의 인물화가 있는데 각각 오른쪽 아래에 문자가 쓰여 있다. 그 중 명료한 것이 첫 번째 것으로 「비婢」라는 천민 여성의 신분, 「마사메(麻佐女)」라는 이름, 「연이십구年廿九」라는 연령, 「흑색黑色」이라는 5행에 배치되는 색깔(수水의 색깔)이 쓰여 있다. 다른 한 사람도 역시 비婢로 같은 기재가 있었다고 추정된다. 아마 이 두 사람의 여자 노비는 물을 막기 위한 제물이었을 것이다. 하지만 이 두 사람이 실제로 제물이 된 것은 아니니 안심해도 되며 묘사된 그림이 그것을 대신한 것으로 여겨진다.

후지와라 경내에 넓게 펼쳐져 있는 조방도로는 큰 비라도 오게 되면 순식간에 도로 측구의 물이 넘쳐났을 것이다. 목간⑥은 치수에 대한 바람이 깃들어 있는 목간인 것이다.

이와 관련하여 치수를 위한 주부목간이 후지와라 궁을 조영할 때 만든 우물에서도 출토되었다【6-6의 2】. 부록符籙에 나언구성羅堰九星을 묘사한 것이다. 나언羅堰은 홍수를 가로막은 방죽과 같은 것으로 관개용수의 역할을 했다. 직접적으로는 매몰한 우물에서 물이 넘쳐나지 않도록 하기 위한 주부이지만 바로 인접한 곳을 흘러가는 아스카가와의 범람을 막고 나아가서는 후지와라 궁의 무사 조영을 빌었던 것으로 추정되고 있다.

⑦ (표) 年卅五 遊年在乾　絶命在離忌 占者 甚
禍害在巽忌　生氣在兌宜 吉

(리) 宮仕良日 □〔三〕月十一日庚寅木開吉
時者卯辰間乙時吉

길이 205mm×폭 32mm×두께 3mm

목간⑦은 올해 35세가 되는 관인의 팔괘점八卦占 결과를 기록한 목간이다. 표면에는 올해의 금기로 유년遊年 · 절명絶命 · 화해禍害라는 꺼려야 할 방향과 생기生氣라는 좋은 방향 등이 쓰여 있다.

이면은 벼슬살이에 좋은 날을 점친 것으로 3월 11일로 나온 것을 기록하고 있다. 납음오행의 「목木」과 십이직의 「개開」를 조합시키는 것 등에서 705년 3월 11일로 추정되고 있다. 이 날은 십이직에서 「개」에 해당하는 길한 날이었다. 계절이라는 측면에서도 보아도 묘卯와 진辰 사이에 해당하는 을乙의 방향(동쪽 약간 남쪽에서)으로, 청명절淸明節 5일 후에 해당하며 역시 길하다. 벼슬살이하기에 좋은 날이 되는 것이다.

지금까지 팔괘점은 헤이안 시대 이후의 사례밖에 알려지지 않았지만 목간⑦이 후지와라 경 시대에까지 소급된다는 것이 명확해졌다. 지금부터 1,300년이 넘는 오래 전 목간이지만 현재의 우리들과 그다지 바뀐 게 없는 아스카인의 모습이 떠오르게 된다.

칼럼⑥ 「부部」자를 어떻게 썼나

아스카 · 후지와라 경의 목간에는 '부部'자가 자주 등장한다. 이 책에서는 모두 '부部'자로 표기하였지만 실제로는 부수를 빌어 쓴(片假名) '부卩'와 같은 자형字形이 많다【2-1】.6) 이것은 '부部'자의 우부방인 '부阝'로 간략하게 표기한 것이다. 아스카 지역 출토 목간 중에는 정자인 '부部'를 사용한 확실한 사례가 없고 약체자인 '부卩'뿐이다. 이 약체 자형도 한반도에서 확인된다. 그 후 후지와라 궁이나 경 유적에서 출토된 약간 새로운 목간에 조금씩 정자인 '부部'가 등장하고 있다.

여기에서 시험 삼아 본장 제1절에서 살펴본 위사부衛士府 관련 목간과 제2절에서 살펴본 위문부衛門府 관련 목간을 조사해 보았다. 전자의 173례 중 '부卩'는 165례가 되는데 반해 '부部'는 겨우 8례에 지나지 않았다. 후자의 경우 233례 중에 '부卩'는 206례지만 '부部'는 27례밖에 되지 않았다. 모두 다이호 연간(701-704)을 주체로 한 목간이지만 정자인 '부部'의 사용례가 매우 적었다. 특히 전자에서는 정자인 '부' 8례 가운데 7례가 위사衛士 50인의 편성 단위인 '열列'과 같은 뜻으로 사용되었던 것으로 추정할 수 있었다. 인명이나 지명 등을 기록할 때에는 약체자인 '부卩'를 사용하는 것이 기본이었던 것이다.

이러한 비교에서 흥미로운 것이 동일한 다이호 연간의 미노 국(御野國, 美濃國) 호적 · 사이카이 도(西海道) 호적이다. 호적에서는 인명이나 지명을 기록할 때 예외 없이 정자인 '부部'가 사용되고 있다. 다이호 연간의 호적은 근직謹直한 해서체로 썼는데 이러한 서사書寫 태도가 정자를 선택하게 한 것이다. 이것에 대하여 일상적인 장면에서 사용한 목간에는 보다 더 쓰기 쉬운 약체인 '부卩'가 사용되었던 것이다. 여기에서 종이紙와 나무木의 사용 구분의 일단을 발견하는 것도 가능할 것이다.

---

6) 일본어 원서에는 '부卩'를 아(ア)에 가깝게 표기하고 있지만 우리나라에서는 '卩'라고 표기하는 것이 옳다는 의견이 있어 이와 같이 옮겼다.

또 약체인 '부卩'는 오래된 것은 '**ア**'에 가깝지만 새롭게 될수록 '**マ**'에 가까워지고 있다. 목간의 시기를 판별하는데도 종종 주목되는 점이다.

제7장

일본 고대국가의 전환점

다이호 률 제정의 파문

1. 1,300년 후의 대발견

위문부 · 위사부 목간의 대량 출토

21세기가 개막된 2001년, 후지와라 궁의 바로 남쪽에서 후지와라 경 유적 좌경 7조 1방 서남평의 중앙 부분에 대한 발굴 조사가 실시되었다(아스카후지와라 제115차 조사). 이 조사에서는 A기(7세기 중엽에서 후반), B기(후지와라 궁기 전반), C기(후지와라 궁기 후반), D기(나라 시대 이후)라는 네 시기의 유구가 확인되었다【7-1】. B기에서 C기로 이행할 때 매몰된 '지상유구(池狀遺構 S501)'로 불린 웅덩이(窪地)에서는 1만 2,615점이나 되는 대량의 목간이 출토되었다. 목간은 다이호 원년(701) · 동 2년의 것이 대부분을 점하고 있어 바야흐로 1,300년 후의 대발견이라 할 수 있다.

내용은 후지와라 궁의 궁성 12문의 경비에 관한 것이 많다. 궁성 12문은 전통적으로 궁성의 경비를 맡은 씨족의 이름을 관칭冠稱하여 불렀다. 이 씨족들은 제3장에서 말한 것처럼 '문호씨족門號氏族'이라고 한다. 궁성 12문의 경비는 주로 문호씨족에서 임용된 문부門部와 전국의 농민층에서 징발된 위사衛士가 맡아 이와 관련된 목간이 다수 포함되어 있다.

문부와 위사는 위문부衛門府에 소속되었는데 '위문부'라는 말 자체를 습서한 목간도 있다. 위문부에는 죄인을 결정 처벌하는 내물부內物部가 소속되어 있었는데, 내물부에서 사용한 도구와 관련된 「장태오십杖笞五十」이라고 쓰여 있는 부찰이나 「장이십杖卄」이라고 쓴 목간도 있다. 나중에 거론할 문방목간門牓木簡을 보아서도 이 지역에 위문부 본사가 설치되었다는 것은 거의 의문이

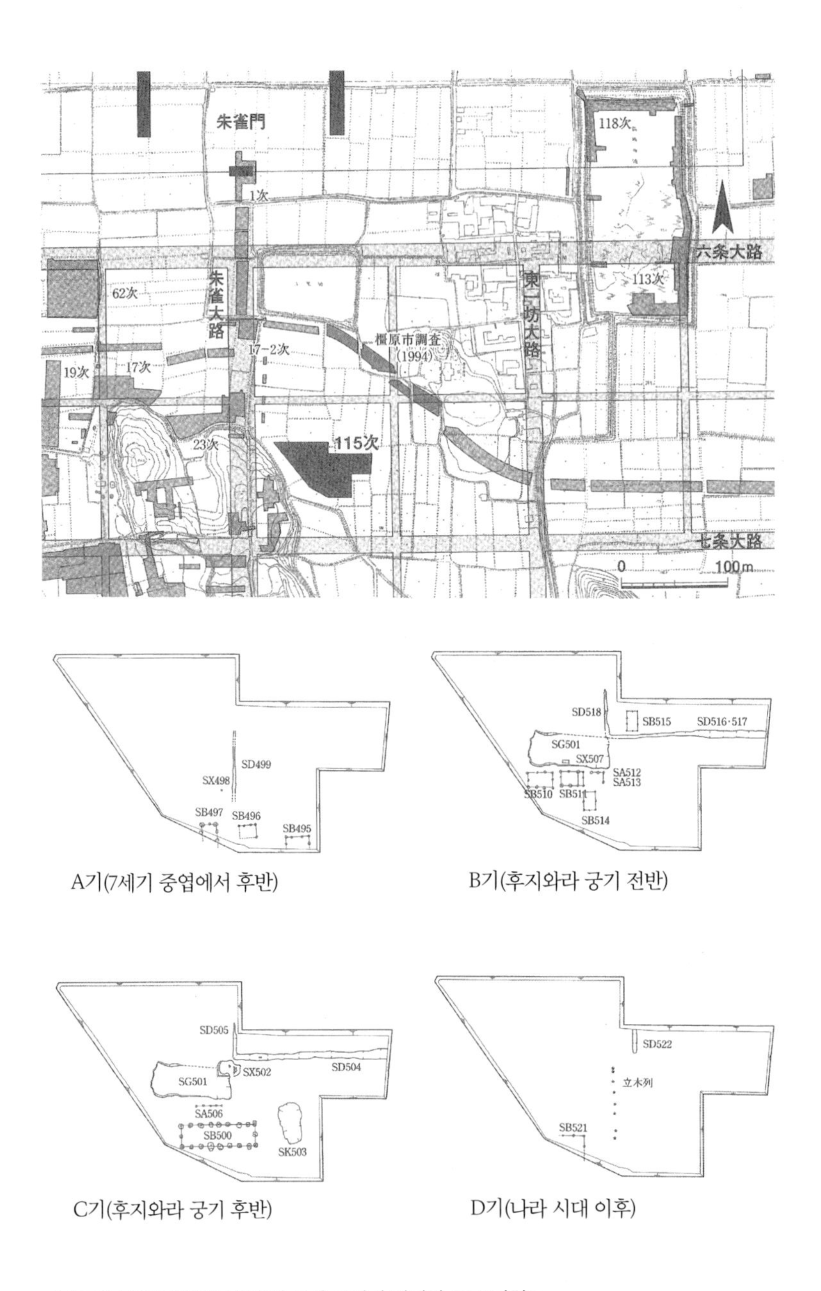

【7-1】 아스카 후지와라 제115차 조사 구역의 위치와 유구 변천도

없다.

이 부지 내에서는 지상유구에서 떠내려 간 퇴적층인 소택지나 토갱 · 구에서도 목간이 출토되었다. 소택지 출토 목간의 「궁시弓矢」, 지상유구 출토 목간의 「기騎」 · 「흑우시黑羽矢」 · 「전箭」 등을 통해서 위문부 관인들이 참가한 기사騎射가 상정될 수 있다. 이것과 관련된 유물이 6점의 과녁 모양(的狀) 목제품이다. 원형으로 된 판재의 한쪽에 먹으로 동심원을 그려 놓았는데 화살을 쏜 흔적도 남아 있다. 701년 5월 5일 단오절에는 주마走馬가 행해지고 기사도 실시되었다고 생각된다. 그때의 기사에서 사용된 유물이라면 재미있겠지만 확언할 수는 없다.

다른 하나 1,300년 후의 대발견에 해당하는 목간군이 있다. 그것은 앞 장에서 중요한 의미를 가진, 후지와라 궁 유적 조당원朝堂院 동면 회랑 부근의 남북 도랑에서 출토된 목간 7,940점이다. 다이호 3년(703) 목간을 포함하고 있는데(제6장의 목간①) 2003년에 발굴되었다.

2001년 출토된 것은 **위문부**衛門府 관계 목간, 2003년에 출토된 목간은 **위사부**衛士府 관계 목간으로 모두 후지와라 궁의 경비를 담당한 관사의 목간이다. 그 중에서 위문부 관계 목간은 701 · 702년의 목간이 주류를 이루며 이 시기 특유의 재미있는 것이 많다. 701년은 일본 고대국가에서 하나의 큰 전환점이 된 해로 특히 다이호 령(大寶令)의 시행은 큰 의미를 갖는다. 위문부 관계 목간을 검토해 보면 다이호 령 시행의 영향을 여기저기서 확인할 수 있다. 이하 두 가지 사례를 소개하고자 한다.

신위계제로의 전환

첫 번째 사례로 다이호 령 위계제位階制의 실시에 수반된 목간을 제시하였다.

① 本位進大壱　今追從八位下　山部宿祢夜部冠

길이 215mm×폭 28mm×두께 6mm

이것은 야마베노오야베(山部乎夜部)의 승진에 관한 목간이다. 「진대일進大壱」은 승진 전 관위로 685년에 시행된 48계 관위제冠位制 중 아래에서 8번째에 해당한다. 「추종팔위하追從八位下」는 승진 후 관위로 701년에 시행된 다이호 령의 30계 관위제官位制 중 아래에서 5번째에 해당한다. 본래대로라면 단순히 '종팔위하從八位下'라고 하면 되지만 전대前代 관위와의 대응관계를 보여주기 위해 '추追'를 앞에 붙이고 있다. 이것은 701 · 702년 특유의 과도기적 위계 표기였다. 종8위하는 전대의 추대사追大肆 · 추광사追廣肆에 상당하는 것이기 때문에 진대일과 비교하면 1계 내지 2계 승진한 것이 된다.

701년 5월 27일, 6위 이하 중하급의 모든 관인들에 대해 신위계제新位階制의 실시에 수반하여 1계의 승진이 특별히 인정되었는데 야마베노오야베도 그 혜택을 받았던 것이다.

나아가 '관冠'이라는 말도 주목할 필요가 있다. 다이호 위계제의 큰 특징은 위관位冠이 완전히 폐지되고 서위敍位의 증서인 위기位記가 교부되었던 것이다. 위관은 관冠의 재료나 장식의 조합에 의해 시각적으로 관인의 지위를 드러냈다.

다만 위관은 681년에 폐지되었는데 관冠이 일률적으로 칠사관漆紗冠(얇은 명주로 만들어 옻칠로 꾸민 관)이 되고 대신 위기位記가 부여되었다. 이것은 701년에 더욱 철저해져 관이 위계를 표시하는 기능을 완전히 잃게 된다. 이에 따라 유교적인 덕목이나 관의 재료 등으로 부르던 관위冠位에서 숫자를 기본으로 한 관위官位로 전환하게 된다. 숫자로 상하 관계를 드러내는 방법은 당나라 관품제官品制를 모방한 것이다.

다만 당나라 관품제와 일본의 관위제는 본질적으로 다른 것이다. 당나라 관품제는 관직의 등급을 보여주는 것이지만 일본의 관위는 관인에게 준 지위였다. 또 임관할 때 당에서는 사령서辭令書인 고신告身을 본인에게 주지만 일본에서는 그렇지 않았다. 일본에서 본인에게 준 것은 서위敍位를 기록한 위기位記였다. 일본에서는 위계가 보다 더 중요시되었던 것이다.

위문부 목간 중에는 구관위舊冠位를 가진 자의 사람 수를 기록한 것이 몇 점 남아 있다. 모든 관인의 관위를 철저히 조사하여 빈틈없이 신관위를 수여하는 것은 상당한 사무량이었던 것에 틀림없다.

물품의 반출에 사용된 목간

두 번째 사례로 문방제門牓制와 관련된 목간을 제시하였다.

궁위령宮衛令에 따르면, 무기武器 10 이상을 궁 안으로 반입하는 경우와 모든 물품(무기 포함)을 궁 밖으로 반출하는 경우에 '문방門牓'으로 불리는 통행 허가증이 필요하였다. 중무성中務省은 위문부의 문사門司(궁성문의 경비를 담당하는 부서)에게 문방을 주고, 문사는 문방과 실물을 서로 맞추어 본다. 다만 별칙사물別勅賜物(천황으로부터 특별히 하사한 물건)의 경우 문방은 필요하지 않았다.

위문부 유적에서는 문방으로 사용된 목간이 다수 출토되고 있다. 제6장에서 거론한 목간⑤도 그 하나이다. 여기에서는 별도의 사례를 제시하였다.

② (표) 畵工司解今加畵師十人分布七端 □□四兩 由布三束 并三品

(리) 受志太連五百瀨「佐伯門 中務省〔移?〕□出」 今持退人使部和尓積木万呂

길이 295mm×폭 29mm×두께 5mm

이것은 원래 화공사畵工司에서 중무성에 문방을 상신했던 목간이다. 「해解」는 소관부서에 상신할 때 사용한 것이기 때문에 이 경우는 중무성이 수신자가 된다. 「문방門牓」이라는 말이 특별히 쓰여 있지 않지만 동종의 다른 목간에 「문방門傍」이 명기된 것이 있다. 목간②는 화공사에서 새로 더해진 화사畵師 10인분(화사의 본래 정원은 4명)의 포布 · 유포(由布, 목면) 등을 좌백문佐伯門(서면 중문)을 통해 반출하려고 문방 발급의 권한을 가진 중무성에 상신한 목간이다.

화공사로부터 문방 신청을 받은 중무성은 허가한다는 증거로서 「중무성이출中務省移出」(중무성, 내보냄)이라는 추기追記를 더하고 있다. 「이移」는 직속 관계인 관사 사이에서 주고받는데 사용한 서식으로 이 경우는 중무성에서 위문부의 문사에게 부친 것이다.

요컨대 (1) 물품을 궁 밖으로 반출하는 기관(목간②의 경우는 화공사)이 문방을 신청하기 위한 목간을 중무성에 제출하고, (2) 중무성은 수리한 신청목간에 추가로 써넣어(판判) 물품 반출을 허가해 주었던 것이다. 즉 문방 신청 목간은 중무성의 판判이 들어간 것에 의해 문방목간으로 바뀌게 된 것이다. 문방목간의 실례 중에는 신청 단계에 중무성의 판이 더해질 것을 의식하여 일부러 여백을 마련한 것도 있다【7-2】.

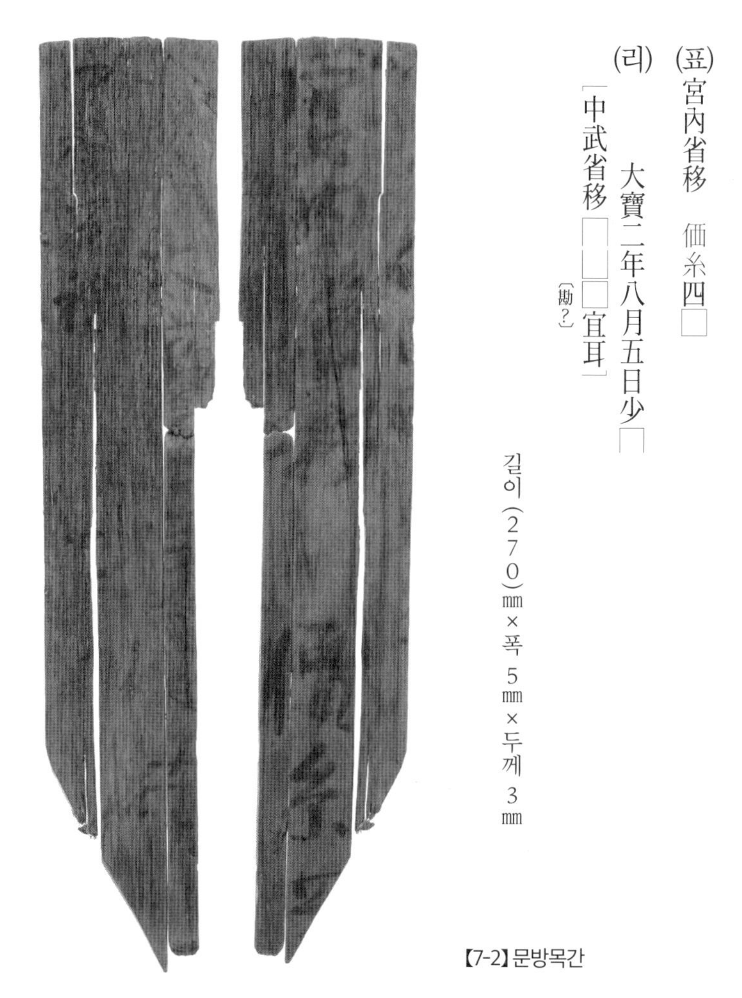

【7-2】 문방목간

또 문방목간 중에는 두 개의 문을 지정하는 경우도 있다. 당연히 한 점의 문방목간을 두 개소의 문사에게 보낸 것은 아니었다. 문방목간은 서식 상, 중무성이 위문부의 문사에게 보내고 있지만 그것을 실제로 전달한 것은 물품을 반출하는 기관(목간②의 경우는 화공사)이었다. 반출품과 함께 문방목간을 휴대하고 궁성문의 문사에게 가서(두 개의 문이 지정된 경우는 보다 더 편리한 문을 선택), 문사에 의해 체크를 받게 된다. 궁위령의 규정만 보고 있으면 문방은 마치 중무성이 모든 것을 준비하여 위사부의 문사에게 보냈다는 인상을 받지만 실제로는 그렇지 않았던 것이다.

문방목간에 더해진 판判의 하나로 「중무성이여령감의이中務省移如令勘宜耳」(중무성에서 이移한다. 영令과 같이 잘 살폈다)가 있다. '영과 같이'로 되어 있는 것처럼 다이호 령의 규정에 근거하여 운용하려고 했다. 다이호 령의 시행을 강하게 받았던 관인들의 숨소리라고 해야 할까, 고지식함이 전해지고 있다.

조사의 진전으로 해석이 바뀌다

한편 별칙사물別勅賜物을 반출할 때 사용한 목간도 위문부 유적에서 다수 출토되고 있다. 이것을 '별칙사물의 송장送狀'이라고 부르는데 ⓐ새로 작성한 문서, ⓑ별칙사물을 지급할 때 사용한 목간을 전용한 것, ⓒ부찰 등 세 종류가 있다. ⓐ의 사례를 한 점 제시하였다.

목간③은 이시카와 궁(石川宮)의 가정家政을 맡은 서리書吏가 작성한 목간이다【7-3】. 「출出」은 상橡 · 사糸 · 포布를 이시카와 궁의 저택으로 반출하는 것을 의미한다. 이러한 물품들은 별칙사

③

(표) ○石川宮出橡一石 糸一斤 / 布一常

(리) ○大寶二年八月十三日 書吏進大初位下□

길이 (230)㎜×폭 34㎜×두께 3㎜

【7-3】 별칙사물의 송장

물로 보인다. 별칙사물을 반출할 때에 문방은 필요하지 않았지만 문방을 대신하는 목간은 필요했던 것이다.

별칙사물의 송장을 잘 살펴보면 통행하는 궁성문을 기입하지 않았고 중무성의 판도 더해지지 않았다. 별칙사물은 문방제의 적용 밖에 있었기 때문에 중무성의 허가를 얻을 필요가 없고, 통행하는 문도 지정해 둘 필요가 없었기 때문이다.

이 새로운 식견은 과거에 출토된 목간의 재검토를 가능하게 하였다. 1994년, 좌경 7조 1방 서남평의 동쪽 인근, 동남평의 서북쪽 귀퉁이에 있는 토갱(화장실 유구일 가능성도 있다)에서 24점의 목간이 출토되었다. 뒷가지(주목) 같은 것인데 2차적으로 젓가락처럼 쪼개진 것이 많다. 판독 가능한 것은 네 점밖에 되지 않지만 그 중 다음의 두 점은 유적의 성격을 암시하는 것으로 많은 주목을 받았다.

④ (표) □以□務人等□□急

(리) □□□
遣帳內祢連國人

길이 (179)mm×폭 (16)mm×두께 3mm

⑤ (표) □皇子宮奉入□□〔斤?〕小庭□

(리) □〔草?〕

길이 (227)mm×폭 (13)mm×두께 5mm

목간④에는 친왕가親王家를 섬기는 「장내帳內」가 등장한다. 목간

⑤에는 「황자궁皇子宮」이라는 말이 보인다. 다른 곳에 「□지궁일근□之宮一斤」이 쓰여 있는 목간이 있다. 이 세 점에 근거하여 이 지역에 어떤 궁의 저택이 있었던 것으로 추정되었다.

1994년 조사에서는 만약 부지 내를 1정씩 사등분했다면 당연히 있어야 할 소로小路 클래스의 조방도로가 검출되지 않고, 역으로 도로로 상정한 위치에서 건물과 담장 등이 발견되었다. 그래서 이 부지가 4정 규모(약 254미터 사방)였을 가능성이 제시되었다. 이것은 대신大臣 클래스의 저택에 해당한다. 후지와라 궁의 바로 눈앞에 입지하는 것에서 매우 유력한 황족임이 틀림없다고 여겨진다.

그 후 2001년 서남평西南評에서 위문부 관계 목간이 대량으로 출토되어 별칙사물 송장의 존재가 명확해졌다. 그러한 관점에서 ④⑤를 재검토해 보면 모두 별칙사물의 송장으로서 설명할 수 있게 된다. ④는 어떤 물품을 급히 운반하면서 장내帳內에 있던 누노무라지쿠미니히토(祢連國人)를 보낸 것을 말하였을 가능성이 있다. ⑤도 모 황자궁에 대하여 어떤 물품을 봉입奉入한 것을 말하고 있는 것 같다. 이처럼 ④⑤와 같이 볼 수 있다면 좌경 7조 1방에 위문부가 설치되어 있었던 것을 보여주는 증거가 된다. 조사가 진전됨에 따라 목간의 해석도 바뀌게 된 것이다.

또 2001년 조사에서 조사 구역의 동북쪽 귀퉁이에서 L자의 도랑이 발견된 점도 중요하다. 이것은 부지를 구획하는 도랑(溝)으로 보이는데, 4정분의 부지 중앙에 1정분의 내곽內郭을 상정할 수 있게 된다. 그 결과 좌경 7조 1방이 4정 규모였을 가능성이 더 높아졌다.

엄격한 운영에서 간략한 운용으로

한편 문방목간과 별칙사물의 송장은 궁 밖으로 물품을 반출할 때 사용되는데 궁성문의 문사에 의한 체크를 거친 후 회수되었다. 목간③과 같이 끈을 통과시키기 위한 구멍이 2차적으로 들어 있는 것도 있다. 문사는 회수된 목간을 끈으로 묶어 일시적으로 보관했던 것이다.

위문부에서 출토된 목간 중에는 문사가 작성한 궁성문 별 통과 기록으로 생각되는 목간이 다수 존재한다. 나뭇결 방향과 직교하여 문자를 기록한 '횡재목간橫材木簡'으로 불리는 것으로 집계 기록으로 사용된 것이 많다. 원형을 유지하고 있는 것은 거의 없고 나뭇결을 따라 목간이 파손된 것뿐이기 때문에 극히 일부의 문자밖에 읽을 수 없다. 하지만 수량이 매우 많아 그 단편적인 정보를 합쳐보면 궁성문 별 통과기록으로 추정할 수 있다. 이 횡재목간은 회수된 문방문간 · 별칙사물의 송장을 근거로 하여 문사가 작성한 것이었다고 생각된다.

이러한 문방제에 관한 일련의 목간들은 모두 후지와라 경 좌경 7조 1방에 있었던 위문부의 본사에서 출토되었다. 즉 각 궁성문의 문사에서 본사로 보냈던 것이다. 문사는 자신이 작성한 통과기록을 위문부로 보냈을 뿐 아니라 그 근거가 되는 문방목간 · 별칙사물의 송장을 덧붙여 위문부의 본사에서 엄밀하게 대조하여 확인할 수 있도록 하였다. 대단히 엄격한 방법이다【7-4의 상】.

그러나 이것은 오래 이어지지 않고 수년 후에 바로 간략화 된다. 그것은 두 가지 면에서 나타난다. (1) 중무성은 문방의 발급에 관여하지 않고, 물품을 반출하는 기관이 궁성문의 문사에 대

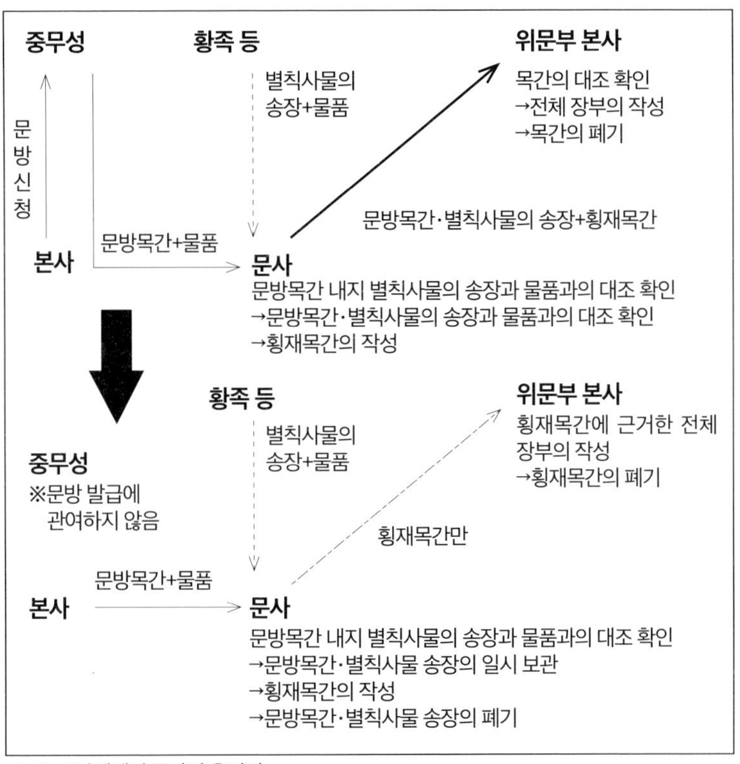

【7-4】 문방제에서 목간의 움직임

해 문방목간을 직접 보내게 된다. (2) 궁성문의 문사가 회수하여 사용이 끝난 문방목간 · 별칙사물의 송장은 위문부의 본사로 보내지 않게 된다【7-4의 하】. 구체적인 사례를 살펴보자.

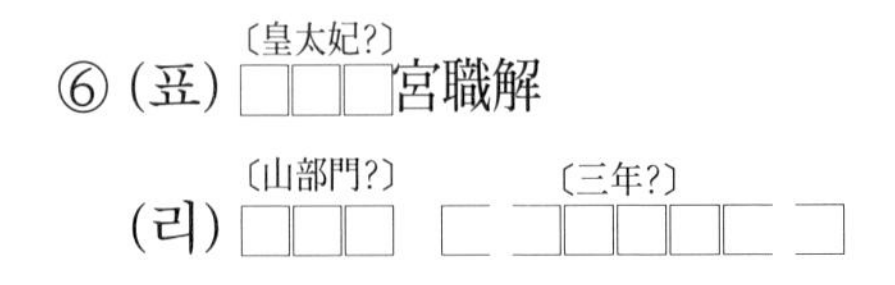

길이 (154)mm×폭 (13)mm×두께 5mm

목간⑥은 후지와라 궁의 동면 북문(산부문山部門) 부근의 외호에서 출토된 문방목간이다. 헤이죠 궁 유적에서도 다수의 문방목간이 궁성문 가까이에서 출토되고 있다. 헤이죠 궁 유적 출토의 사례는 (가) 첩牒 · 이移 · 해解 등의 문서양식을 가지고 문사를 수신자로 하는 타입, (나) 수신자는 생략되지만 통행하는 문을 기록한 약식 타입 등 두 가지로 나눌 수 있다. 모두 중무성을 경유하지 않고 문사에게 직접 보낸다는 점에서 공통된다. ⑥은 (나)타입의 문방목간으로 실질적인 수신자는 산부문의 문사로 생각된다. 모某 3년이라는 기년이 쓰여 있는데 황태비皇太妃는 몬무 천황의 어머니인 아헤(阿閇) 황녀를 가리키며, 그녀가 707년에 즉위(겐메이 천황)하기 때문에 703년(다이호 3)이나 706년(게이운 3)의 어느 한 쪽일 것이다.

제6장의 목간④도 후지와라 궁의 북면 중문(저리문) 가까이에서 출토된 문방목간이다. 위계 표기의 방식에서 703년 이후의 것일 가능성이 높다(701 · 702년이라면 「추종팔위상追從八位上」이라는 과도기적 표기가 달렸을 것이다). 이것도 약식인 (나)타입이다. 목간⑥과 동일하게 중무성의 판이 없어 직접 문사에게 보낸 것으로 생각된다.

후지와라 궁의 궁성문 부근에서 출토된 확실한 문방목간은 이 두 점에 지나지 않는다. 다만 헤이죠 궁 유적의 궁성문 부근에서도 동종의 목간이 다수 출토되고 있는데, 목간②와 같이 중무성의 판이 더해진 것은 전무하다.

동일하게 별칙사물의 송장도 궁성문 부근에서 폐기되었던 것 같다.

⑦ (표) 御門方大夫前白上毛野殿被賜
(리) 烏草六十斤□□頓首白之

길이 219mm×폭 24mm×두께 3mm

⑧ 右大殿□八 〔芹?〕

길이 (241)mm×폭 25mm×두께 5mm

목간⑦은 후지와라 궁 북면 중문(저리문) 앞 외호에서 출토되었다. 「어문방대부御門方大夫 전前에 아룁니다. 상모야전上毛野殿에게 보낼 오초烏草 60근, □□머리를 조아려(頓首) 아룁니다」로 훈독할 수 있다. 「어문방대부御門方大夫」는 저리문의 문사門司를 가리킨다. 상모야전上毛野殿에게 사여한 오초烏草를 운반할 때 사용했던 것이다.

목간⑧은 후지와라 궁 동면 북문(산부문) 앞 외호에서 출토되었다. 「우대전右大殿」은 우대신右大臣에 해당하며 다른 목간에 기년이 쓰여 있기 때문에 708년에 우대신으로 임명된 후지와라노 후히토를 가리킬 가능성이 높다. 제6장에서 말한 것처럼 후히토의 저택은 '죠토다이(城東第)'로 불렸는데 후지와라 궁의 북동쪽에 남아 있는 지명인 '홋케지(法花寺)' 부근의 고지였다고 생각된다. 동면 북문을 통행하는 것은 이치에 맞다고 할 수 있다.

현실을 응시하다

이처럼 다이호 령이 시행된 수년 후에 문방제의 수속이 간략화된다. 중무성은 문방의 발급에 관여하지 않게 되며 물품 반출 관사가 직접 궁성문의 문사에게 문방목간을 보내게 된다. 또 문사도 회수된 문방목간이나 별칙사물의 송장을 위문부의 본사로 보내지 않는다.

이것은 역으로 말하면 궁위령의 규정에 근거하여 문방제를 운용했던 701 · 702년경이 특이한 시대였다는 것을 의미한다. 다이호 령이 시행된 직후였기 때문에 율령의 규정에 따라 엄밀하게 운영하려고 했던 의식이 작용했다고 생각된다. 그러나 물품의 운반은 너무도 일상적인 다반사였기 때문에 수년 후에는 수속을 간략화하게 된다.

그 상세한 시기는 알 수 없지만 게이운 연간(慶雲: 704-708)이 되면 율령의 시행에 수반되는 모순 등이 드러나기 시작하기 때문에 몇 가지 수정이 시도된다. 그 중에서도 706년 2월 16일의 그것은 대규모적인 것이었다. 새롭게 4위에게도 위봉位封을 지급하는 것, 선한選限을 짧게 하는 것, 음위蔭位 적용법의 불비를 바르게 하는 것, 제명除名의 죄에 관한 율과 영의 정합성을 강구한 것, 조調의 인신人身 부과를 중지하고 '호별戶別의 조'로 한 것, 세역歲役의 용庸을 반감하는 것, 의창義倉에서 조粟의 징수 대상 범위를 축소하는 것, 5세왕五世王도 황친皇親으로 하는 것 등과 같은 개정이 이루어진다.

이러한 시대적인 풍조에 입각하면 문방제의 운용 방법도 게이운 연간에 개정되었을 가능성이 높다. 그 전환은 연연히 남아 있는 목간을 통해 판명된 것으로 이러한 종류의 소규모적인 변경은 다른 방면에서도 찾아볼 수 있을 것이다. 다이호 율령이라는 본격적인 법전이 생기고, 실제로 기를 쓰고 운용해 보았지만 여러 가지 실정에 맞지 않는 점을 알게 되어 현실적인 대응책을 찾았던 것이다.

712년 5월에 겐메이 천황이 낸 조서에는 "법을 만든 이래, 시간이 오래 지났으나 율령에 익숙하지 않아 과실을 범하는 경우가 있다"라는 말이 있다. 하지만 이것은 반드시 관리들의 태만에 문제가 있었기 때문만은 아닐 것이다. 원래 율령은 중국의 율령을 이어받았던 것이다. 일본의 실상에 맞추기 위해 영令을 중심으로 일정하게 변경했다고 하더라도 운용하는데 무리한 규정도 많았던 것이다. 다이호 령이 시행되고 오래지 않아 점차 현실이 보이기 시작했던 것이다.

2. 획기로서의 701년

문물의 의가 이 때 갖추어졌다

앞 절에서는 좌경 7조 1방에서 출토된 두 종류의 목간에 근거하여 701년에 다이호 령이 시행된 직후의 상황을 살펴보았다. 여기에서는 다시 701년을 되돌아보고자 한다.

'신세기' 701년은 정월 1일의 원일조하元日朝賀로 막을 연다. 제6장에서 잠깐 언급한 것처럼 처음으로 7개의 일곱 개의 당幢·번幡이 세워졌는데 『속일본기』 편자는 "문물의 의儀가 이 때 갖추었다"고 극찬하였다. 그 하나의 배경으로 697년 말경에 대극전이, 700년 말경에 조당이 완성된 것을 들 수 있다. 다만 다른 한편으로 2003년 출토된 위사부 관련 목간에서 명확해진 것처럼 701년 단계에는 조당원 회랑이 아직 완성되지 않았다.

본래대로라면 진정한 의미에서 중추부의 완성을 바랐을 것이다. 하지만 701년 그것은 기한을 맞추지 못했다. 그럼에도 불구하고 701년의 원일조하의 의례는 성대하게 개최되었다. 그것은 왜일까. 그것은 "문물의 의가 이 때 갖추어졌다"의 내용과도 밀접하게 관련된다. 701년은 다양한 의미에서 기념해야 할 해로 예정되어 있어 어느 때 보다도 더 획기적인 원일조하의 의례를 연출할 필요가 있었기 때문이다.

정월 23일에는 669년 파견된 이래로 끊겼던 견당사遣唐使가 임명된다. 5월 7일에 견당사의 최고책임자인 아와타노마히토(粟田眞人)가 절도絶刀(천황 대권의 일부를 위임하는 것을 상징적으로 보여주는 칼)를 받고, 드디어 쓰쿠시(筑紫)로 향하지만 날씨가 좋지 않아 출발은 이듬해로 연기된다. 다만 본래는 701년 파견 예정이었다. 이 견당사의 사명의 하나가 국호를 '왜倭'에서 '일본日本'으로 변경하는 것을 당에게 승인받는 것이 있었는데 이것은 무사히 달성되었다.

3월 21일에는 쓰시마(對馬)에서 산출된 금이 공상貢上되는 경사를 기념하여 '다이호(大寶)'라는 연호가 사용된다. 항상적인 연호의 사용은 이것이 최초이며 현재의 '헤이세이(平成)'까지 일본 독자의 연호가 계속 사용되고 있다. 그런데 쓰시마에서 올린 금은 나중에 사기였다는 것이 발각되었다. 이른 단계부터 701년의 건원建元이 예정되어 그 때문에 상당한 무리를 한 것 같다.

3월 21일은 다이호 령의 관직官職·위계位階·복제服制가 시행된 날이기도 하다. 다만 이 시점에서 신위계는 5위 이상의 귀족에게만 수여되었다. 6위 이하의 중·하급관인에게 신관위가 수

여된 것은 5월 27일로 특별히 1계의 승진이 인정되었다. 이것이 실행되었다는 것은 이 장의 목간①에서 확인할 수 있다. 6월 8일에는 다이호 령을 통해 시정施政 한다는 선언이 이루어져, 이에 다이호 령이 전면적으로 시행된다.

다이호 령의 편찬은 697년의 몬무 천황 직후 곧바로 시작된 것 같다. 700년에는 완성되어 위에서 살펴본 것처럼 701년에 시행되었다. 이것에 대하여 다이호 률(大寶律)은 700년 3월 15일에 편찬이 개시되어, 그 완성은 701년 8월 3일, 반포는 702년 2월 1일이었다.

이상의 여러 정책은 연동되어 있다. 700년의 다이호 령 완성에 이어 그것을 이듬해에 시행할 수 있도록 착착 준비를 진행하여 701년 원일조하를 출발점으로 여러 정책을 연달아 실시한 것이다. "문물의 의가 이 때 갖추어졌다"고 한 것은 이러한 문맥에서 이해할 필요가 있을 것이다.

그리고 701년의 사건으로 잊어서는 안되는 것이 몬무 천황과 후지와라미야코(藤原宮子) 사이에 오비토(首) 황자가 탄생한 것이다. 나중의 쇼무(聖武) 천황이다. 701년에는 후지와라노 후히토와 아가타이누카이노미치요(縣犬養三千代) 사이에 아스카베히메(安宿媛)도 탄생한다. 나중의 고묘(光明) 황후이다. 위문부 출토의 별칙사문의 송장에는 701년의 미치요의 것도 있다. 쇼무 천황과 고묘시 황후는 나라 시대의 키 포인트이다. 이 두 사람이 701년에 탄생했다는 것은 상징적으로 새로운 시대의 도래를 알리는 듯하다.

기요미하라 령에서 다이호 령으로

그런데 701년에 시행된 다이호 령은 689년에 시행된 기요미하라 령(淨御原令)과 어떤 차이가 있는 것일까. 기요미하라 령은 22권본이었는데 어떤 편목篇目과 조문條文으로 되어 있는지 알 수 없는 것이 많다. 확실한 편목으로 지적되고 있는 것은 「고사령考仕令」과 「호령戶令」뿐이다. 그것 말고는 상세하지 않지만 목간의 출토에 의해 조금씩 그 실태를 추정할 수 있다. 율령 체제의 구조를 민중을 지배하기 위한 공민제公民制, 정치 구조를 움직이기 위한 관료제官僚制로 나눌 때 호령 등 공민제에 관한 규정은 다이호 령과의 사이에 그다지 큰 차이가 없었을 것이다. 한편 고사령 등 관료제에 관한 규정은 큰 차이가 있었다. 특히 중요한 것이 다음의 두 가지이다.

첫 번째는 관사官司의 등급을 보여주는 호칭의 유무이다.

다이호 령제에서는 관사의 격에 따라 기본적으로 중앙에서는 '관官 · 성省 · 대台 · 부府 · 직職 · 료寮 · 사司 · 방坊 · 감監 · 서署'10종, 지방에서는 '부府 · 직職 · 사司' 3종으로 나누어졌다. 각 관사들의 상하 통할 관계나 관사의 규모, 직무의 성격 등에 의해 관사의 호칭은 정연하게 구별되었다.

이에 대해 기요미하라 령에서는 중앙관사에서는 '○○관官'을 기본으로 하고 일부 '○○직職'이 있을 뿐 관사의 등급에 따른 호칭의 구분이 거의 이루어지지 않았다. 이것은 목간 출토 수량이 증가하면서 대단히 명료하게 드러난 사실이다. 그 중에는 예를 들어 「원관薗官」과 「원직薗職」, 「대학관大學官」과 「학직學職」, 「간관干官」과 「선직膳職」과 같이 동일한 관사로 있으면서 '관' '직' 양쪽으로 쓴 것도 있다. 한편, 지방 관사의 경우는 사례가 그리 많지 않지만 「국재國宰」 「대재大宰」와 같이 '○○재宰'로 쓰는 것이 일반적이었다.

두 번째로 관사의 통할 관계에 근거한 문서 양식의 유무이다.

공문서의 서식을 정한 공식령公式令에 따르면 다이호 령제 아래에서는 관사의 통할 관계에 따라 「부符」(소관所管 관사에서 피관被管 관사로 명령), 「해解」(피관 관사에서 소관 관사로 상신), 「이移」(소관-피관 관계가 없는 관사 사이의 교환)를 엄밀하게 구분하여 사용하였다.

그 중 기요미하라 령제 아래서도 사용되었을 가능성이 있는 것은 부符로 후지와라 궁 유적 출토 목간에 「부처처색직등수符處々塞職等受」로 되어 있는 것이 보인다. '색직(塞職, 세키노쓰카사)'은 다이호 령제 아래의 '관사(關司, 세키노쓰카사)'에 해당한다. 그러나 이 목간의 '부符'는 공식령의 원칙에 근거한 것이라기보다는 일반적인 명령을 보여주는 어구에 지나지 않는 것으로 생각된다. 또 이 한 점을 제외하면 확실한 부의 사례가 없다.

해解와 이移에 대해서도 기요미하라 령제 아래(그 이전 포함)에 사용된 확실한 사례는 존재하지 않는다. 오히려 상신문서에서는 해와는 전혀 다른 문서양식이 사용되고 있다. 일례를 들어보자.

⑨ (표) 大夫前恐万段頓首白 □〔僕?〕眞乎今日國

(리) 下行故道間米无寵命坐整賜

길이 293mm×폭 31mm×두께 6mm

【7-5】 일본의 전백목간(적외선 사진)

목간⑨는 아스카 경 유적 원지 유구의 수로에서 출토되었다【7-5】. "대부大夫 전前에 황송하오나 몇 번이고 머리를 조아려(万段頓首) 아룁니다. 하인 마오(僕眞乎, 야쓰코마오), 오늘 국國으로 내려가는 까닭에, 도중道中에 쌀이 떨어졌습니다. 총명(寵命, 오오미코토)에 있으니 준비하여 주십시오"로 훈독된다. 「총명寵命」은 본래 '천황의 명령'을 의미하지만 여기에서는 넓은 의미로 '상사 · 주인의 명령'을 가리킨다. 「총명좌(寵命坐, 오오미코토마)」는 '상사의 명령을 받들어'의 뜻이다. 갑자기 지방으로 내려가게 된 마오(眞乎)라는 사람이 도중에 식료미食料米의 지급을 청원하는 목간이다.

이처럼 「아무개 전前에 아뢰다」라고 하는 서식(이하 전백前白)은 7세기 목간에 다수 보인다. 상신하는 곳을 전백에서는 반드시 써야 하지만 해解에서는 원칙적으로 생략한다. 또 전백의 경우 다양한 사람과 기관에 상신할 수 있어 상신하는 곳이 직속 관사에 한정되는 해 보다도 자유롭다.

기요미하라 령제 아래서도 관사들 사이의 상하 관계는 어느 정도 정해져 있었지만 상기의 첫 번째 사례에서도 알 수 있는 것처럼 미숙한 단계에 머물러 있었다. 그 때문에 다이호 공식령과 같이 원칙에 의거하여 부 · 해 · 이를 구분하지 않았고 그럴 필요도 없었던 것이다.

이 두 가지 말고도 다음과 같은 차이가 있었다. 먼저 다이호 령제 아래의 관사와 관직은 명확하게 구별되어 있지만 기요미하라 령제 아래서는 약간 애매했다. 또 관인의 평정評定도 다이호 령제 아래서는 매년의 근무평정인 '고考'를 받고, 일정 연한의 평정인 '선選'을 거쳐 서위되는 구조였다. 한편 기요미하라 령제 아래서는 매년의 고가 그대로 선으로 이어졌는데 평정의 기준도 '씨성氏姓의 대소'라는 씨성적인 요건이 가미되어 있었다. 690년에는 6년 · 7년이라는 선한選限(종합 평가의 연한)이 새롭게 설치되지만 그 구분도 다이호 령제 아래에서처럼 관직이 아니라 위계의 유무에 있었다.

정리하면 기요미하라 령제 아래에서 관료제의 구조는 대단히 단순한 것이었다고 할 수 있다. 701년의 다이호 령 시행을 받아 관료 기구도 대폭적으로 정비되어 갔던 것이다.

전백목간의 원류

앞서 언급한 것처럼 7세기 일본에서는 전백목간前白木簡이 빈번하게 사용되었지만 그것은 일본 독자의 것이 아니었다. 서울 근교의 이성산성(二城山城, 경기도 하남시)에서는 다음과 같은 목간이 출토된 바 있다.

⑩ (1) 戊辰年正月十二日明南漢城道使
(2) 須城道使村主前南漢城城火□□
(3) 城上蒲黃去□□□□賜□

길이 350mm×폭 12mm×두께 10mm

이것은 3면에 묵서된 목간이다. 「무진년戊辰年」은 608년이다. 정월 12일 새벽에 남한성 도사道使가 (□) 수성須城 도사 촌주에게 보낸 것이다. 시간대를 보여주는 「명明」이 기록되어 있는 것은 두 번째 행에 「성화城火」(봉화일 가능성이 있다)로 쓰여 있는 것에서 어떤 긴급 사태가 발생하여 신속하게 연락할 필요가 있었기 때문일 것이다. 여기에서 주목되는 것이 (2)의 「전前」이라는 문자이다. 이것은 '누구에게 보냄'이라는 의미를 가진 전백목간과 궤를 같이하는 용법이다.

또 다른 한 점을 살펴보자. 목간⑪은 경주의 월성(月城, 신라의 왕궁)을 둘러싼 해자에서 출토된 것으로 7세기 전반경의 것으로 추정되고 있다【7-6】.

⑪ (A) 大烏知郎足下万拜白々
(B) 經中入用思買白不雖紙一二斤
(C) 牒垂賜教在之 後事者命盡
(D) 使内

길이 189.5mm×폭 12mm×두께 10mm

이것은 4면에 묵서가 있는데 어떤 순서로 읽어야 할지 논란이 있다. 지금까지의 유력한 설의 하나가 (C)→(B)→(A)→(D)라

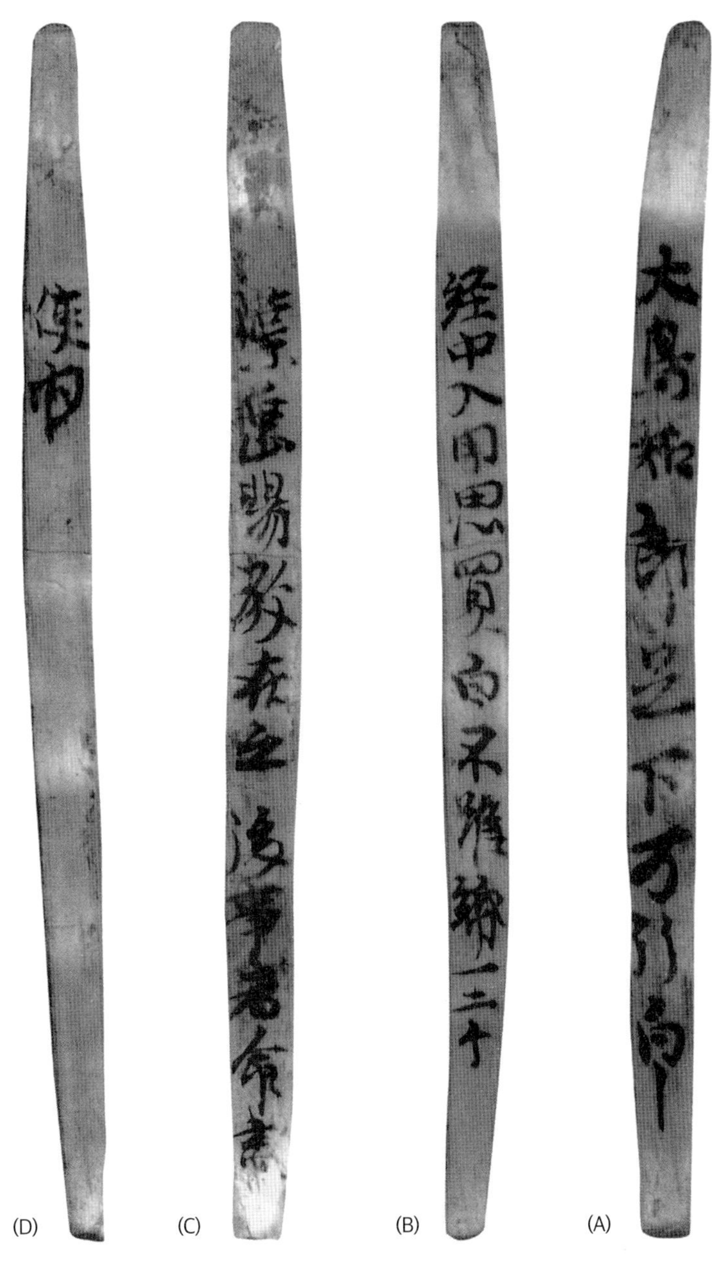

【7-6】한국의 전백목간 사례

는 순번으로 읽어 '첩牒' 형식의 문서로 이해하는 것이었다. 이렇게 읽는 방식은 위쪽에서 볼 때 반시계 방향으로 돌려가며 문자를 읽게 되는데 이것은 부자연스럽다. 그래서 시계 방향으로 돌려가며 다시 읽은 것이 (A)→(B)→(C)→(D)라는 순번으로, 이것이 보다 더 타당하다고 할 수 있다. 일본풍으로 읽어보면 다음과 같다.

시훈試訓 대오지랑大鳥知郎의 족하足下에 만배万拜하여 아룁니다. 경經에 입용入用한 것으로 생각되어 백白이 아니더라도 종이(紙) 12근을 구입하라는 첩牒을 하사받은 교敎가 있음. 후사後事는 명命을 진盡하는 것을.

※(D)의 「사내使內」는 이두(한자의 음과 훈을 이용한 한국어를 표기한 것)의 하나로 '처리하다'라는 의미이다. 여기에서는 편의상 (C)의 「명진命盡」과 합쳐 위와 같이 훈독하였다.

시역(試譯) 대오지랑大鳥知郎의 족하足下에 항상 절하며 다음과 같이 바라옵니다. 경經에 필요한 종이(紙)를, 예를 들어 백지白紙가 아니어도 좋으니 12근 구입하라고 하는 첩牒을 내려 받으라는 명령이 있었습니다(따라서 이 명령의 뜻(旨)을 전하여 첩을 발급하도록 요청드리는 바입니다). 뒤의 일은 명령의 뜻을 충분히 살핀 뒤에 처리해 주십시오.

이와 같이 이해하는데 참고가 되는 것이 사실은 일본의 전백목간⑨이다. ⑨와 ⑪을 비교하면 '대부大夫-대오지랑大烏知郞', '전前-족하足下', '만단万段-만万', '돈수頓首-배拜', '백白-백백白々'이라는 대응관계가 주의된다. ⑪은 「전前」자는 사용하지 않았지만 전백목간과 거의 차이가 없다. 또 오른쪽의 훈독에서 주목되는 것처럼 한문으로서 대단히 어색하다. 그러나 일본의 목간에 익숙해진 눈으로 보면 특별히 놀랄만한 것이 없다. 잘 알려진 것처럼 한국어와 일본어의 문법 구조는 매우 유사한데 반해 중국어와는 전혀 다르다. 일본이나 신라 등에서도 정식의 문서는 거의 대부분 정확한 한문체로 쓰여 졌지만 목간 레벨의 일상적인 것에서는 구어체 같은 어순이 그대로 나오기 때문이다. 일본에서 말하는 '변체한문變體漢文'을 한반도에서도 볼 수 있는 것이다. 오히려 한반도에서 한자를 자유자재로 구사하는 과정에서 변체한문이 생겨나서 그것이 일본에 도입되었다고 하는 것이 정확할 것이다.

더욱이 ⑪을 잘 살펴보면 (C)의 「지之」와 「후後」 사이에 약간의 간격이 있는 것에도 주의할 필요가 있다. 이것을 '공격空格'이라고 하는데 문장의 단락을 명료하게 하기 위해 고안한 것이다. 공격은 일본의 문서목간에서도 자주 볼 수 있는데 이것도 한반도에서 한자를 능숙하게 구사하는 과정에서 고안해낸 사소한 방편이었다고 할 수 있다. 또 (C)의 「사賜」는 존칭의 보조동사로 불리는 것으로 일본에서도 자주 보이는 용법인데 역시 한반도에 원류가 있었다는 것을 함께 언급하고자 한다.

한반도 방식에서 중국 방식으로

일본의 문자문화가 한반도의 강한 영향 아래에 있었다는 것은 이 책에서 반복하여 말해 왔다. 한자는 중국에서 발명된 것이기 때문에 우리들은 무심결에 중국과의 직접적인 관계만을 생각하게 된다. 그러나 보다 더 직접적으로는 한반도와의 관계를 고려해야 한다.

일본 고대의 긴 역사를 되돌아 볼 때 국교國交 수준으로 일본과 중국 사이에 직접적인 교섭이 이루어진 기회는 그다지 많지 않았다. 478년에 왜 5왕의 마지막 왕인 무(武, 유랴쿠 천황)가 남조의 송나라에 사신을 파견한 후 600년에 견수사(遣隋使)가 파견될 때까지 약 120년 간, 일본과 중국 사이의 국교는 없었던 것이다. 이처럼 일본과 중국의 국교 단절의 시기, 대륙에서 유래한 문물들이 일본으로 전해진 대동맥이 백제를 대표로 한 한반도와의 사이에 있었다.

600년 이후에도 격동의 유라시아 정세 속에서 일본과 한반도와의 교섭은 여전히 활발했다. 663년, 일본은 백제를 구원하려고 당나라와 신라와 전쟁을 벌이다가 큰 패배를 맛본다. 이것이 백촌강의 전투이다. 668년에 당나라와 신라가 고구려를 멸망시키자 이번에는 한반도의 통일을 목표로 신라가 당나라와 강하게 대립한다. 신라와 당나라는 일본과의 제휴를 모색하는데 일본이 최종적으로 선택한 것은 신라였다. 그 결과 670년부터 701년까지 견당사가 파견되지 않는다. 이것과 대조적으로 신라와 일본 사이에는 빈번한 사신 왕래가 있었다. 즉 덴무 · 지토 천황 시대는 주로 한반도에 출신을 둔 도래인의 자손, 백촌강의 패전에 따른 백제로부터의 망명인, 그리고 신라와의 직접 교섭을 통해 국가 만들기가 진행되었던 것이다.

그렇지만 701 · 702년의 견당사 임명과 파견은 이러한 방침을 크게 전환하는 계기가 되었다. 이때까지는 주로 한반도를 매개로 하여 중국의 여러 제도를 섭취했지만 동시대의 중국(당)을 보다 더 직접적으로 마주 보게 된 것이다.

이 점에 대하여 가쿠슈인 대학 가네가에 히로유키(鐘江宏之) 교수는 "한반도 방식에서 중국 방식으로" 전환한 것으로 규정하였다. 7세기까지 일본은 한반도를 통해 문명을 받아들였지만 7세기 말의 후지와라노 후히토의 대두와 함께 친신라 노선에서 당풍화唐風化 노선으로 전환하게 되었고, 다이호 율령이나 독자적인 연호의 제정, 견당사의 파견 등이 실시되었다고 말한다.

한반도 방식에서 중국 방식으로의 전환은 용자用字 수준에서도 확인할 수 있다. 예를 들어 코호리(コホリ)의 표기가 한반도계의 '평評'에서 중국계의 '군郡'으로 바뀌었다. 물품을 수납하기 위한 고상식 창고도 '경椋'에서 '창倉' · '고庫' · '장藏'자로 바뀐다. 제1장에서 말했지만 '경'자는 고구려에서 '부桴'와 '경京'을 조합시켜 만든 한자로 곧바로 신라 · 백제 · 가야, 그리고 일본에 전해졌던 것이다. '경'자는 중국에는 없는 전형적인 한반도계 문자이다.

701년의 다이호 건원에 따라 날짜를 쓰는 위치도 일부 예외는 있지만 첫머리에서 말미로 전환된다. 이것도 한반도 방식에서 중국 방식으로 바뀌게 된 하나의 사례이다. 숫자로 상하 관계를 드러낼 수 있도록 한 다이호 령의 관위도 역시 당나라 관품제를 모방한 것이다. 본질적으로는 일본의 관위와 당나라의 관품 사이에 큰 차이가 있지만 명칭만 중국풍으로 바꾼 것이다. 또 문자의 서풍書風도 8세기 초까지는 중국의 남북조시대에 유행하던 옛 육조풍의 서체를 써서 현재의 우리들에게는 약간 위화감이 있는 자형이 주류였다. 하지만 그 이후에는 당풍의 새로운 서체가 채용되어 우리들에게도 친숙한 자형이 된다.

이상은 매우 제한된 현상을 언급한 것에 불과하다. 모든 변화가 701년에 말끔하게 나타난 것도 아니다. 8세기 이후가 되어도 그때까지 한반도를 매개로 하여 배웠던 것은 기층으로서 남아 있고, 신라와의 교류도 이어졌다. 그러나 701년이 커다란 전환점이 되었다는 것도 틀림없는 사실이다. 물론 702년에 견당사가 재개되었다고 해도 원칙적으로 20년에 한 번 파견되었기 때문에 과도한 평가는 삼가야 할 것이다. 하지만 중국에 보다 더 직접적으로 시선을 돌리게 되었다는 것은 정확히 해 둘 필요가 있다.

후지와라 궁 · 경에에 미친 영향

701년의 정책 전환은 후지와라 궁 · 경에도 큰 영향을 주었다.

전술한 것처럼 701년의 다이호 령 시행에 의해 관료 기구는 대폭적으로 변경된다. 이것에 수반하여 후지와라 궁 관아 지구의 건물 배치도 바뀌게 되었다.

그러한 변화가 가장 현저하게 나타난 장소가 내리의 동쪽 인근에 있던 '내리 동쪽 관아 지구'였다【서-3】. 이곳에는 남북으로 3개 이상의 구획 시설이 늘어서 있는데 북쪽부터 관아A, 관아B, 관아C로 부르고 있다. 후지와라 궁 시기의 전반과 후반에 각각의 구역 내 건물 배치가 완전히 달라지고 있다. 또 후반 단계에는 새롭게 잔자갈(石敷)을 깐 포장도 이루어진다. 그 변경 시기는 관아C 전반 단계의 토갱에서 697년의 하찰목간이 출토된 것, 관아B에 잔자갈 포장을 하기 직전의 토갱에서 군제郡制 아래의 하찰이 세 점 출토된 것 등으로 미루어 보아 8세기 초로 파악할 수 있다.

위문부 유적도 두 시기로 나눌 수 있다(제1절). 후기에 이르러 개조할 때 폐기한 목간의 기년이 701 · 702년에 집중되기 때문에 다이호 령 시행에 따른 개작改作이었다는 것이 보다 더 명료하게 드러나고 있다. 또 후지와라 궁 내의 다른 관아 지구에서도 재건축 사례가 확인되고 있다.

후지와라 궁 16년간은 기요미하라 령제 아래의 전반 단계(694-700), 다이호 령제 아래의 후반 단계(701-710)로 양분할 수 있는데 이 시기는 일본 율령국가의 여러 제도가 크게 전환하는 시기였다. 그 구체적인 변화의 상황이 발굴 조사를 통해 계속해서 명확해지고 있는 것이다.

701년에 임명된 견당사는 704년에 귀국하지만 그 직후, 후지와라 경의 조영은 미완성인 채 중단되기에 이른다. 706년에는 헤이죠 궁 조영에 필요한 많은 노동력을 징발하기 위한 법 정비가 이루어지고 이듬해에는 5위 이상에 대해 '천도의 일'을 의논하게 한다.

원래 후지와라 궁은 지형적으로 큰 결함을 안고 있었다. 북서쪽으로 갈수록 낮아지는 지형이었기 때문에 오수를 포함한 배수가 왕궁 내로 유입되었다. 후지와라 궁의 바로 남쪽에는 히다카야마(日高山)가 솟아 있고, 그 남쪽에는 아스카가와가 흐르고 있다. 메인스트리트로서의 주작대로朱雀大路가 불충분하여 도성의 정면이 되는 나성문羅城門도 건설할 수 없었다. 그 때문에 국가의 위용을 보여줄 수 없다는 근본적인 약점을 안고 있었다. 이 결점을 은폐하기 위하여 『주례』 사상을 이용했지만 당나라 장안성의 위용을 직접 보고나서 이러한 약점을 근본적으로 극복한 헤이죠 경 건설에 나서게 된다.

물론 후지와라 경에서 헤이죠 경으로 천도한 것은 새롭게 다이호 율령을 시행한 결과, 조그마한 변경으로는 해결할 수 없었던 것이나 702년 지토 태상천황이 숨을 거두었던 것도 크게 관련되었다고 할 수 있다. 그 중에서도 지토천황에게 후지와라 경은 지아비인 덴무 천황이 조영에 착수하고 자신이 그것을 인계받아 완성시킨 왕도였다는 것만으로 강한 애정을 가졌을 것이다. 이듬해 703년, 지토 태상천황의 주검(亡骸)은 덴무 천황이 잠든 대내릉大內陵에 안장된다.

전술한 것처럼 701년의 오비토(首) 황자 · 아스카베히메(安宿媛)의 탄생은 새로운 나라 시대의 도래를 상징하는 사건이었다. 702년 지토 태상천황의 죽음은 아스카 시대의 종언을 보여주는 것이라 할 수 있다.

칼럼⑦ 두 명의 환속승

이 장에서는 701년을 경계로 하여 '한반도 방식에서 중국 방식으로' 전환을 보인다는 것을 언급했다. 이와 관련하여 후지와라 궁 동쪽 외호에서 출토된 당나라 · 신라와 관계가 깊은 두 사람의 이름이 쓰여 있는 목간을 소개하고자 한다.

① (표) 粟田申民部省…　寮二處衛士□

(리) 檢校定　十月廿九日

길이 117+118mm× 폭 17mm× 두께 4mm

② 義法師

길이 100mm× 폭 19mm× 두께 5mm

목간①의 「아와타(粟田)」는 705년 5월에 민부경民部卿이었던 아와타노 마히토(粟田眞人)를 가리킨다. 「요이처위사寮二處衛士」는 민부성 관할 아래 있는 주계료主計寮 · 주세료主稅寮를 경비하는 위사였다. 위사가 민부성을 방수防守하는 것은 다른 사료에서도 알 수 있는 것이지만 그것이 8세기 초까지 소급된다는 것, 그 대상에 주계료 · 주세료도 포함된다는 것을 가르쳐 주고 있는 목간이다.

아와타노 마히토는 다이호 율령의 제정에 관여하고 다이호 견당사로 지명된 저명한 인물이다. 그 귀국 보고에 의하면 당나라 사람으로부터 "해동海東에 대왜국大倭國이 있다. 그것을 군자의 나라로 부른다. 인민이 풍족하고 예의가 도탑게 행해지고 있다고 들었다. 지금 사신을 보고 있으니 예의 바르고 당당함에 과연 그대로구나"라고 말했다고 한다. 중국측의 『당회요唐會要』에도 아와타노 마히토에 대해 "경전經典과 사적史籍을 읽고, 문장을 지을 줄 안다고 한다. 위용은 정숙하고 단아하다"고 평하고 있다.

이 아와타노 마히토는 본래 '도칸(道觀)'이라는 이름의 승려였던 것으로 추정되고 있다. 도칸은 653년에 학문승으로서 후지와라노 카마타리(藤原鎌足)의 장남인 죠에(定惠) 등과 함께 당나라에 건너간 인물이다. 제5장에서 말했지만 당시의 사원은 '지식의 거점'으로 승려들은 지식인이었다. 7세기 후반부터 8세기 초에 걸쳐 승려가 가진 최신의 지식과 기술을 국가 만들기에 활용하기 위해 승려를 속인으로 돌리는 환속還俗이 많이 행해졌다. 아와타노 마히토도 환속승의 한 사람이 아니냐는 것이다. 만약 그렇다면 예전에 입당 학문승으로 당나라에 유학한 경험을 높이 평가하여 30여년 만에 당으로 파견하면서 다이호 견당사의 집절사執節使라고 하는 최고책임자를 맡게 한 것이다.

목간②의 「의법義法」도 학문승으로 알려져 있는데 그는 신라로 유학한 경험을 가지고 있다. 의법은 점술의 재주가 뛰어났는데 714년에 환속하여 오쓰노 오비토(大津意毗等)로 이름을 바꿨다. 721년에는 음양陰陽에 뛰어난 것으로 포상을 받았고, 730년에는 제자를 뽑아 업業을 가르치도록 명을 받았다.

참고로 의적(오쓰노 오비토)의 아들은 오쓰노 오우라(大津大浦)이다. 나라시대를 대표하는 정치가이자 후지와라노 나카마로(藤原仲麻呂)의 신임이 매우 두터웠는데, 나카마로는 어떤 일이든지 오우라에게 그 일의 길흉을 물었다고 한다. 그런데 764년 후지와라노 나카마로의 난 직전에는 재앙이 자신에게 미치는 것이 두려워 나카마로가 모반의 뜻을 가지고 있다는 것을 조정에 밀고하여 포상을 받게 된다. 그러나 765년에는 모반을 꾸민 와케 왕(和氣王)에 가담한 것으로 인해 일향수日向守로 좌천된다. 나중에 죄를 사면 받아 음양두陰陽頭로 임명된다.

당과 신라, 각각 유학한 곳이 달랐지만 학문승에서 관인으로 신분을 바꾸고 각각 다른 각도에서 국가 만들기에 관여했던 인물의 이름이 쓰여 있는 목간을 소개해 보았다.

종장

아스카 목간의 의의

한반도로부터의 지대한 영향

격동의 유라시아 정세 속에서 일본은 어떻게 고대국가를 형성해 갔을까.

이 점을 의식하면서 이 책에서는 '아스카의 목간'(주로 아스카 · 후지와라 궁에서 출토된 목간)을 독해하여 보았다. 재차 돌이켜 보면 무엇보다도 강하게 느끼는 것이 한반도로부터 대부분을 배워서 일본 고대국가의 골격이 형성되었다는 사실이다.

물론 일본에게 중국의 존재는 엄청나게 크다. 다만 고대 일본과 중국의 관계는 의외로 제한된 것이었다. 왜왕 무武에 의한 사신 파견(478년)에서부터 견수사 파견(600년)까지 약 120년 간 국교가 없던 시기도 있다. 이것과는 대조적으로 일본과 한반도 사이의 교류는 대단히 활발했다. 그 중에서도 백제는 고구려나 신라, 가야 제국과 홍정하거나 전쟁을 벌이면서 일본에게서 군사원조를 끌어낼 필요가 있어 각종 문물과 기술, 사상을 전해 주었다. 또 주로 한반도에 출자가 있는 도래인으로부터 커다란 영향을 받았다.

600년 이후에도 일본과 중국 사이의 국교는 단속적이었고 역시 일본과 한반도 사이의 교섭이 중요한 의미를 가졌다. 660년 백제 멸망, 663년 백촌강의 전투, 668년 고구려 멸망을 거쳐 한반도의 통일을 이룬 신라는 다시 당나라와 강하게 대립하게 된다. 신라는 일본과의 연대를 모색하고 일본도 최종적으로는 그것에 응한다. 그 때문에 670년부터 701년까지 견당사가 파견되지 않은데 반해 일본과 신라 사이에는 매년 계속해서 교류를 전개하였다.

이러한 한반도와의 오랜 교류는 '아스카의 목간'을 통해서도 쉽게 읽어낼 수 있다. 예를 들어 「경椋」·「일鎰」·「평評」 등의 한반도계 문자, 각재의 『논어論語』·『천자문千字文』 목간, 한음漢音 보다도 오래된 오음吳音과 고한음古韓音, 날짜를 문서 첫머리에 쓰는 것, 상신할 때 사용하는 전백목간前白木簡, 당풍唐風 보다도 오래된 육조풍六朝風의 서체 등등.

한자를 능숙하게 사용하기 위한 기술도 그 하나이다. 중국어와 일본어 · 한국어는 문법 구조가 전혀 다르다. 일본어를 표현하는 수단으로써 한자를 능숙하게 사용하기 위해 선인들은 부단히 노력하여 마침내 음훈音訓을 섞은 한자의 사용이나 가나(仮名)의 발명을 끌어냈다. 하지만 그것을 가능하게 한 것도 마찬가지 문제에 직면했던 한반도에서 일본에 앞서 한자를 섭취하기 위한 시행착오가 있었고, 많은 창의적인 고안이 있었기 때문이다. 이두吏讀(한자의 음과 훈을 이용하여 한국어를 표기한 것), 공격空格(해당 부분에서 문자가 끝난 것을 표시하기 위해 문자 사이에 약간 공백을 두는 것), 변격한문變格漢文(자국어의 문법 구조에 근거하여 문자를 배열하는 것) 등이 그것이다. 이러한 한반도로부터의 성과를 바탕으로 하여 일본에서는 한층 더 쉽게 개량할 수 있는(결코 간단하지는 않지만) 좋은 조건의 혜택을 받게 되었다.

이처럼 일본 열도에 문자가 본격적으로 보급되기 시작할 때 당시의 중요한 서사書寫 재료는 종이와 나무였다. 종이와 나무의 특성을 활용하여 각각을 구분하여 사용하였다. 현재 일본에서 가장 오래된 확실한 목간은 640년경의 것이다. 다만 앞으로 6세기의 목간이 출토될 가능성은 충분하다. 왜냐하면 6세기에 전국 각지

에 설정된 둔창屯倉에는 도래인의 지식을 활용하여 '적籍'이 작성되고 있었는데 이것은 '나무후타(ナムフタ)'(명찰)라는 고훈古訓이 있어 목간이었을 것으로 생각되기 때문이다. 실제로 한국에서는 6세기대 목간이 다수 출토되고 있다.

임신의 난 이후의 비약

그러나 38만점 이상 출토되고 있는 일본의 목간을 시기별로 정리해 보면 7세기 전반까지의 목간 사용 빈도는 그다지 높지 않았다. 현상적으로는 640년대의 목간도 100점이 되지 않기 때문이다. 목간의 수량이 비약적으로 증가한 것은 672년 임신의 난에서 승리를 거둔 덴무 천황의 시대(672-686)였다. 그 후 목간의 사용 빈도는 순조롭게 증가하여 8세기 말까지 '목간의 시대'라 불릴 정도로 성황을 이루게 된다.

국가 기구의 정비는 문자의 사용을 크게 촉진시킨 측면이 있다. 물론 양자의 관계가 반드시 정비례 관계에 있지는 않지만 어느 정도의 타임라인도 상정할 수 있다. 또 목간의 잔존 상황은 토양의 특성에 크게 좌우되고 목간 발견 자체도 대부분 우연에 의한 것이다.

이러한 점을 충분히 고려할 필요가 있지만 덴무 조에 국가기구가 대폭적으로 정비되었던 것은 부정할 수 없다. 예를 들어 이시가미 유적은 영빈관에서 관아 구역으로 성격이 바뀌고, 아스카이케 공방도 조업이 본격화되었다. 목간을 통해 아스카데라의 활동이 명료하게 드러나게 된 것도 역시 이 시대였다. 덴무 천황의 왕궁은 아스카 기요미하라 궁이었지만 본격적인 도성으로서 후지와라 궁 건설이 시작된 점도 특필할 만하다. 덴무 조와 그것에 이어지는 지토 조(686-697)에는 일본과 당나라 사이에 국교가 없고 신라와의 직접 교섭을 통하여, 특히 도래인의 자손이나 백제 망명인 지식을 총동원하면서 국가 만들기가 진행되었던 것이다.

그렇지만 701년 견당사의 임명, 이듬해 파견을 계기로 하여 일본은 동시대 중국에 보다 더 직접적으로 접근할 수 있게 된다. 이것은 목간 레벨에서도 인정되며, 상기와 같은 한반도 방식으로도 부를 수 있는 것들이 급속하게 모습을 감추게 된다. 한반도를 경유하여 중국의 옛날 여러 제도를 배운 것이 아니라 직접 중국으로부터 최신의 여러 제도를 섭취하려는 지향이 강해진 것이다.

701년은 다이호 율령이 제정 · 시행되고 독자적인 연호의 사용이 계속적으로 시작된 해이기도 하다. 문방목간門榜木簡을 제재로 거론했던 것처럼 관인들은 다이호 령의 시행을 충실하게 받아들였다. 다만 다이호 령 속에는 일본의 실상에 부합하지 않는 규정도 많고 대단히 무리가 컸던 것도 사실이다. 그 때문에 수년 후에는 일본의 실정에 더 합치되는 방향으로 궤도를 수정하고 있다.

701년은 쇼무 천황과 고묘시 황태후가 탄생한 해이기도 했다. 그 이듬해에는 지토 태상천황이 사망한다. 704년에 견당사가 귀국하자 후지와라 궁의 폐도廢都가 결정되어 710년 헤이죠 경 천도를 향해 나아간다. 아스카 시대에서 나라 시대로, 일본 고대국가는 새로운 단계로 들어간다.

기존 사료의 상대화

이상에서 '아스카의 목간'을 정리하는 과정에서 생각할 수 있는 것을 일본 고대국가의 형성 과정이라는 문맥에서 매우 대략적으로 정리해 보았다. 독자들은 이때까지의 역사관과 비교하여 공통점이 많다고 느꼈을까. 아니면 상이한 점이 많다고 느꼈을까. 나로서는 엉뚱한 것은 말하지 않을 작정이었다. 오히려 '상식적인' 서술이 되고 말았다는 느낌이 든다.

이 책을 손에 쥔 독자의 대부분은 고고학이나 발굴 조사에 대한 로망을 가지고 있을 것이다. 땅 속에 어떤 진실이 숨어 있어 그것을 고고학자가 멋지게 파내서 대발견을 하게 되었다는. 분명히 그러한 측면이 다분히 있다. 땅 속에서 목간을 파내서 많은 새로운 사실이 명확하게 밝혀졌다. 이 책에서도 많은 새로운 사실을 소개할 작정이었다. 그러나 그것을 참다운 의미의 재발견이라고 할 수 있는가. 어디까지나 나의 부족한 경험에 지나지 않지만 "뭐, 믿을 수 없어"라고 하기 보다는 "역시 그랬던 것일까"라고 느낄 때가 많다.

예를 들어 2013년의 목간 출토에 의해 후지와라 궁의 조당원朝堂院 회랑의 완성이 703년경이었다는 것이 판명되었다. 이것은 『일본서기』·『속일본기』에는 기록되지 않은 신발견이다. 후지와라 경 천도가 694년이기 때문에 목간 정리 담당자였던 나도 대단히 놀랐다. 다만 후지와라 궁의 오랜 발굴 조사를 감안하여 『일본서기』·『속일본기』를 재차 다시 읽어본 바 조당원 회랑의 완성은 703년경으로 보는 것이 적당하다고 확신할 수 있게 되었다.

1979년에 후지와라 궁을 조영할 당시의 운하에서 덴무 조 말년 경의 목간이 출토되었을 때도 당초에는 대단히 충격적으로 받아들여졌다. 그때까지 후지와라 궁·경의 건설은 지토 조로 생각되고 있었기 때문이다. 다만 목간 출토에 의해 『일본서기』를 고쳐 읽는 것이 가능해져 676년에 일시 중단되었던 신성(후지와라 경)의 조영이 682년에 재개되었다는 것, 684년에 정식 결정된 '궁실의 땅'이 후지와라 궁을 가리키는 것이 명료해져 보다 더 모순 없이 이해할 수 있게 되었다.

모두 중대한 사실을 제시한 목간 출토였지만 『일본서기』 『속일본기』 등에서 얻을 수 있는 식견과 부합하는 것도 사실이다. 그렇지만 목간이 출토되지 않았다면 과연 『일본서기』 · 『속일본기』를 새롭게 고쳐 읽는 것이 가능했을까 라는 생각도 강하게 품고 있다.

물론 뛰어난 통찰력이 있는 연구자라면 『일본서기』 등의 분석만으로도 많은 진실을 밝힐 수 있을 것이다. 하지만 그것을 모든 사람들이 납득할 수 있는가는 다른 문제이다. 그것을 뒷받침할 다른 계통의 사료를 더 갖고 싶어 한다. 특히 『일본서기』와 같은 편찬사료의 경우는 모종의 정치적인 주장으로 인해 어떤 윤색이 더해졌을 위험성이 있기 때문에 고도의 사료 비판이 요청된다.

이에 반해 목간은 일상의 아무런 의도 없는 장면에서 사용되다가 마지막에는 쓰레기로 버려진 것이다. 의도적인 변경은 우선 없다고 해도 좋다. 그 때문에 목간은 『일본서기』 등 기존 사료를 상대화하여 역사의 실상에 다가가는 것을 가능하게 한다. 사료 수가 절대적으로 부족하여 막연하게 막혀 있다는 느낌이 떠도는 일본 고대사 연구에 대해 새로운 목간의 출토는 계속해서 많은 활력을 주고 있다.

전술한 것처럼 한반도로부터의 강한 영향력에 대해서도 『일본서기』 등을 주의 깊게 읽어보면 큰 틀은 이해할 수 있을 것이다. 하지만 720년 성립된 『일본서기』는 편찬 시의 대신라 정책과의 관계도 있고, 한반도를 멸시하는 관점에 덮여 있어서 자칫하면 이 당연한 것을 알아차리지 못하게 된다. 『일본서기』에는 풍부한 한일교류사의 모습이 각인되어 있는데 그것을 재평가하게 하는 것이 '아스카의 목간'이며, 최근에 서서히 모습을 드러내고 있는 한국의 목간이다.

다이카 개신에 대한 의심과 재평가

물론 목간이 만병통치약은 아니다. 그 상징적인 사례로 다이카 개신에 대한 평가에 대해 다시 살펴보고자 한다.

『일본서기』 다이카 2년(646) 춘정월 갑자삭조에는 유명한 '개신의 조'가 게재되어 있다. 소위 공지공민제公地公民制의 원칙을 제시하면서, '국-군-리'라는 새로운 지방 행정 구분에 입각하여 호戶를 단위로 공민을 호적 · 계장에 등록하며, 반전수수班田收受를 실시하고 새로운 세제를 부과하는 것을 선언하고 있다. 개신의 조에 대한 의문은 전전戰前부터 있었지만 1950년대에는 '군평논쟁郡評論爭'으로 활발하게 논의되었다. 개신의 조에 쓰여 있는 '군郡'이 바른 것일까, 금석문 등에 등장하는 '평評'을 취해야할까.

1966년, 후지와라 궁에서 기다리던 목간이 일괄 출토되었다. 그 중에는 「기해년시월상구국아파평송리己亥年十月上捄國阿波評松里」라고 쓰여 있는 하찰목간이 포함되어 있었다. 「기해년」은 697년에 해당하며 701년의 다이호 령 시행 직전까지 「평」자가 사용되었다는 것을 보여준다. 이 후지와라 궁 목간의 출토를 계기로 개신의 조에 대한 신빙성은 실추되었다.

그로부터 36년 후 이시가미 유적에서 놀랄만한 목간이 모습을 드러냈다. 「을축년십이월삼야국무하평乙丑年十二月三野國ム下評 / 대산오십호조무하부지쓰大山五十戸造ム下部知ツ / 종인전부아안從人田部阿安」이라고 쓰여 있는 하찰이다. 「을축년」은 665년. 이 목간은 덴지 조에 '국-평-오십호'라고 하는 중층적인 지방 행정 구분이 성립되었다는 것을 보여주고 있다. 그렇지만 「대산오십호大山五十戸」는 지명이 쓰여 있는 사토이므로, 전대적前代的인 부민部民 집단을 그대로 편성한 사토가 아니라 지역적인 편성 원리에 의한 사토로 보는 것이 가능하다.

이 「을축년」 하찰목간의 출토를 계기로 현재는 다이카 개신을 재평가하는 움직임이 계속해서 일어나고 있다. 목간에 의해 『일본서기』 등 기존 사료를 상대화하는 것이 가능하다고 말했지만 그 위험성도 되새기게 한다. 그렇지만 난처하게도 「을축년」 하찰목간은 「정丁」으로 써야 할 것을 「을乙」로 잘못 썼을 가능성이 남아 있다(문자는 누가 봐도 「을」이다). 우리들은 생생한 동시대 사료인 목간에 절대적인 신뢰를 부여하고 있지만 한편으로는 오기誤記가 일어날 가능성도 머리 한쪽에는 넣어둘 필요가 있다.

이처럼 목간을 취급하는 것은 한 가지 방법만으로는 불가능하다. 하지만 『일본서기』 등의 내용을 상대화하는데 목간이 커다란 역할을 담당하고 있는 것은 틀림없는 사실이다. 나의 솔직한 느낌은 "아, 믿을 수 없어"라기 보다는 "역시 그랬던 것일까"라는 것이다. 하지만 후자야말로 비록 그 수는 적더라도 역사상을 바른 방향으로, 보다 더 풍부한 것으로 이끌어간다고 믿고 있다. 일본 고대국가가 형성된 시기를 재검토하는 소재로서 땅 속에서 파낸 '아스카의 목간'은 앞으로도 끊임없이 빛나게 될 것이다.

후기

일본 고대사를 공부하기 시작한지 20년이 되어 간다. 학부생 · 대학원생 시절에는 일본 고대 교통사를 중심으로 공부하였고 목간에 대해서는 문외한이었다. 그렇지만 2001년 1월 1일(21세기가 시작되는 첫날) 운 좋게도 나라문화재연구소의 연구원으로 채용되어 도성의 발굴 조사와 목간 정리에 몸담을 수 있었다. 2002년 5월 이후에는 야마토 삼산의 하나인 가구야마(香具山) 기슭에 청사를 두고 있는 아스카 후지와라 궁 유적 발굴조사부(당시)에 적을 두고, 당시 한창 대량으로 출토되던 '아스카 목간'의 정리를 담당하게 되었다.

목간의 정리는 단순히 문자를 해독하는 것만이 아니다. 목간은 발굴 조사에서 출토된다. 발굴 현장에서 한 점씩 나오는 경우도 있지만 대량으로 목간이 출토되는 경우에는 흙 채로 대형 컨테이너 박스에 넣어서 가지고 들어온다. 가장 먼저 해야 하는 것이 컨테이너 박스 안에 물을 넣는 작업이다. 몇 박스 안되면 모르지만 하루에 수백 박스를 가지고 들어오는 경우도 있기 때문에 만만치 않은 육체노동이 된다. 밖에서 하는 일이기 때문에 특히 겨울철이 괴롭다.

곧바로 세척을 하게 되는데 붓이나 송곳 · 대꼬챙이 등을 사용하여 신중하게 진흙을 제거한다. 목간 중에는 잘게 쪼개진 얇은 삭설도 대량으로 포함되어 있어 점성이 강한 흙을 떼기가 쉽지 않다. 이렇게 세척을 마친 목간은 출토 유적 · 유구 · 지점 등을 정리하여 소형 컨테이너 상자에 수납한다. 사전에 상자 바닥에는 탈지면을 거즈처럼 감싸 박음질한 방석을 깔아 둔다. 적당한 양의 목간을 방석 위에 놓은 후 다시 한 장의 방석을 덮은 다음 부식 방지용 붕산과 붕사를 섞은 수용액을 살짝 붓고 마지막으로 덮개를 덮는다. 삭설의 경우는 수용액 속에 떠다니면 뿔뿔이 흩어져 버려 곤란해지기 때문에 원칙적으로 10편씩 아크릴 판에 붙여 부직포 같은 것으로 감싸둔다.

목간의 세척과 수납이 끝나면 '목간의 기장記帳'을 하게 된다. 목간을 차분하게 관찰하면서 B5 크기의 방안용지에 목간의 윤곽을 그리고, 가공이나 결손 등을 기록하며 묵서의 내용을 기재한다. 가장 주의를 기울이는 것은 붓을 어떻게 돌려 문자를 썼는지를 관찰하여 기록하는 것이다. 종이에 쓴 문자와 달리 나뭇결의 영향으로 문자가 번지거나 먹이 흘러버린 경우가 있다. 목편의 심과 묵흔을 구별하기 어려운 경우도 있다. 육안으로 면밀하게 관찰한 후에 적외선 영상 카메라 장치를 보조적으로 이용하여 붓의 흐름을 읽어 내고 그것을 재현해 둔다.

이 작업은 문자를 판독하는 것과도 연계된다. '아스카 목간'의 경우 위화감을 주는 자형字形이 적지 않지만 붓의 움직임을 알면 의외로 읽을 수 있는 경우가 있다. 판독을 할 때는 다카다 치쿠산(高田竹山) 감수 『오체자류五體字類』(西東書房)를 반드시 휴대하고, 나라문화재연구소에서 제공하는 각종 데이터베이스도 함께 활용한다.

기장을 마치면 목간의 사진 촬영을 하게 된다. 사진은 가시광선을 이용한 흑색 사진을 기본으로 하지만 칼라 사진이나 적외선 사진을 찍는 경우도 있다. 나라문화재연구소에서는 사진을 전문으로 하는 직원이 촬영하기 때문에 그 보조 작업을 하게 된다. 촬영할 때는 출납 작업을 능수능란하게 해야 한다. 목간이 여러 개의 단편으로 분해되어 있는 경우 제대로 접속되었는지도 주의할 필요가 있다. 현상을 마치고 사진을 인화하면 원판 필름에 정리 번호를 붙이거나 사진 대지 등도 작성해 두어야 한다.

이러한 기초 작업을 마치면 각종 보고서를 작성한다. 발굴 조사의 현장 설명회 팸플릿으로 개략적인 보고를 한 다음 『나라문화재연구소기요(奈良文化財硏究所紀要)』나 『아스카 · 후지와라 궁 발굴 조사 출토 목간 개요(飛鳥 · 藤原宮發掘調査出土木簡概要)』 등에 중간보고를 하고, 목간 도록 『아스카 후지와라 궁 목간(飛鳥藤原宮木簡)』이나 『후지와라 궁 목간(藤原宮木簡)』 및 발굴 조사의 정식 보고서 등에 최종 보고를 한다. 이 과정을 거치면서 여러 차례 재검토를 통해 당초의 석문釋文이 변경되는 경우도 없지 않다. 최종보고서가 간행될 때까지 시간이 걸리는 것은 어쩔 수 없다. 목간 도록이 간행되면 순차적으로 과학적인 보존처리를 행하게 된다.

이때까지 목간은 소형 컨테이너 상자에서 수용액이 담긴 상태로 보존된다. 목간에 배어 있던 오염 물질이 수용액에 스며 나오기 때문에 출토된 초기에는 수용액을 자주 갈아주지 않으면 안된다. 점차 안정이 되지만 적어도 수년에 한 번은 수용액을 갈아줄 필요가 있다.

이상 목간의 정리 작업을 간단하게 설명해 보았다. 마침 '아스카 목간'이 대량으로 계속 출토되었기 때문에 눈 돌릴 틈도 없이 바빴지만 연구보조원인 미야가와 토모코(宮川伴子), 다케우치 료(竹內亮), 다케모토 아키라(竹本晃) 씨를 비롯하여 아르바이트를 하러 온 여러 대학원생들이 매일매일 최선을 다해 도와주었기 때문에 목간 정리에 푹 빠질 수 있었다. 헤이죠 궁지 발굴조사부 사료연구실(당시)의 와타나베 아키히로(渡辺晃宏) 실장을 비롯한 목간 스텝들로부터도 많은 도움을 받았다는 것은 말할 필요도 없다. 또한 나라현립카시하라고고학연구소(奈良縣立橿原考古學硏究所), 아스카무라교육위원회(明日香村教育委員會), 카시하라시교육위원회(橿原市教育委員會), 사쿠라이시교육위원회(櫻井市教育委員會)를 시작으로 한 여러 기관으로부터 많은 교시를 받았다. 또 현장설명회나 강좌 등에서 아스카나 후지와라 경을 사랑하는 사람들을 알게 되고 많은 격려를 받았다.

이러한 나라문화재연구소의 꿈같은 날들은 2009년 3월까지 이어졌다. 운 좋게 이처럼 좋은 환경에 몸담을 수 있었기 때문에 목간에 문외한인 나도 조금씩 '아스카 목간'에 대한 이미지를 만들어 갈 수 있었다. 그리하여 2010년 2월에는 전문서적인『아스카 후지와라 목간의 연구(飛鳥藤原木簡の硏究)』(塙書房)를 발간하게 되었다.

2009년 4월부터는 모교인 오사카 대학에서 교편을 잡고 있다. 지금까지의 경험을 활용한 강의를 하고 싶었지만 전문교육이라는 점도 있어 결국 이야기는 상세하게 할 수 없게 되어 버렸다. 1년 간 강의를 해도 이 책의 두 장 분량 정도 밖에는 나가지 못했다. 또 각종 강연회에 참석하여 강연할 기회도 있었다. 거기에서는 대략적인 이야기를 염두에 두긴 하지만, 약 한 시간 반 동안 전달할 수 있는 내용에는 한계가 있어 이 책의 한 장 정도 밖에는 말하기 어렵다.

좀처럼 전체상을 전달하는 것이 어려워 약간 답답함을 느끼던 차였다. 주오코론샤(中央公論社)의 시라토 나오토(白戸直人) 씨로부터 "신서新書를 써 보지 않겠습니까"라는 연락을 받게 되었다. 목간 정리에 몸담은 것이 8년 3개월 밖에 되지 않은 내가 신서를 쓰는 것은 쑥스러운 일이지만 그 매력을 떨치기 어려워 감사하게 받아들이게 되었다. 여러 가지 생각이 있었지만 일본 고대국가의 성립과정에 관심을 두고 있었기 때문에 그러한 관점에서 집필하려고 했다.

집필은 좀처럼 진척되지 않았지만 시라토 씨의 정확한 조언과 시종 따뜻한 격려가 있었다. 교정을 할 때는 오사카 대학 대학원생인 야나기사와 나나(柳澤菜菜) 씨의 도움을 받았다. 도판의 제공 등은 나라문화재연구소를 시작으로 한 각 기관의 많은 배려가 있었다. 이러한 많은 사람들의 후의를 입어 이 책이 간행될 수 있었다는 것을 밝히며 마음으로부터 감사를 드리고 싶다.

2012년 4월 필자

옮긴이의 말

일본 간사이에 있는 조그만 시골 마을 아스카(飛鳥). 이곳은 일본이 율령제에 기반한 고대국가로 발전하기 이전 외부로부터 폭넓게 문화를 수용하여 국가를 발전시킨 아스카 시대의 중심지였다. 아스카 시대는 불교 문화가 눈부시게 발전하던 시대로 특히 백제의 영향이 지대했다. 백제 위덕왕은 588년에 고위 관료와 승려, 기술자들을 하나의 프로젝트팀으로 만들어 일본에 파견했는데 그 결과물이 바로 유명한 아스카데라(飛鳥寺)이다. 이 책은 아스카데라를 비롯하여 그 주변에서 발굴된 이시가미 유적, 아스카이케 유적, 아스카 궁 유적, 나아가 후지와라 궁 유적에서 출토된 목간들을 집중적으로 분석하여 일본의 고대국가가 어떻게 형성되었는지를 새로운 시각에서 정리했다.

일본의 고대국가 형성 과정에 대해서는 이미 많은 연구가 축적되어 있지만 동아시아라는 거시적인 관점에서, 또 목간이라는 1차 사료를 폭넓게 활용하여 접근한 경우는 거의 없다. 특히 기존의 일본사 연구자들은 중국의 영향을 강조하고 인정하면서도 한반도에 대해서는 자료가 없다는 이유로 등한시 했던 것이 사실이다. 하지만 이 책에서는 목간에 쓰여진 문자를 바탕으로 한반도의 영향을 구체적으로, 또 계속해서 강조하면서 향후 비교 연구의 가능성을 제시하고 있다. 이러한 새로운 시각과 방법론이 이 책이 가진 가장 큰 매력이다.

저자인 이치 히로키 교수는 우리나라 학계에는 그다지 알려지지 않은 연구자이지만, 일본 목간 연구의 중추 기관인 나라문화재연구소에서 실제 발굴에 참여하고 직접 목간을 정리한 신진 학자이다. 이 책을 읽으면서도 실제 유적을 발굴하고, 목간을 정리하면서 느낀 현장의 어려움을 조금이나마 느낄 수 있었을 것이다. 그런 점에서 이 책은 목간 연구에 관심을 가진 사람들에게는 좋은 입문서이자 안내서가 될 것으로 기대한다.

번역자인 내가 이 책을 처음 접하게 된 것은 일본어판이 간행된 직후이다. 이 책에서도 가끔 등장하는 일본 와세다대학 이성시 선생님으로부터 선물을 받은 것이다. 그 때 "지금까지 이런 일본 연구자가 없었어요. 정말 참신한 시각에서 한국과 일본 고대 목간을 정리했어요. 젊은 친구가 진짜 대단해요"라며 칭찬을 연발하셨다. 그러면서 이 책이 한국의 많은 연구자들에게도 소개됐으면 하는 바람을 내비치셨다.

나와 저자는 동갑내기 친구이고, 실제 유물을 다루고 정리한 비슷한 경험을 갖고 있다. 일부러 말하지 않아도 박물관이나 연구소의 연구원들만이 느낄 수 있는 동질감 같은 것이 있다고 할까. 하지만 막상 번역을 진행하면서 문장 하나하나를 꼼꼼하게 읽어가는 과정에서 저자의 성실하고 치밀한 자료 정리와 넓은 식견에 탄복하지 않을 수 없었고, 다른 한편으로는 한국과 일본의 고대사 연구자들이 가진 연구의 토대나 문제의식의 차이를 조금이나마 인식하게 되었다.

사실 나는 우리나라 연구자들이 4~6세기를 삼국의 국가 형성기로 보는 시각에 익숙해져 있어서 7세기를 고대국가의 형성기로 설명하는 일본 연구자들의 관점에 대해 그다지 숙고하지 않았던 것을 고백하지 않을 수 없다. 이 책을 번역하면서 처음으로 일본 고대사가 어떤 방식으로 연구되어 왔는지 연구사의 문제를 생각하게 되었다. 또 7세기 중후반이라는 격동의 시대를 일본에서 고대국가 형성사라는 관점에서 파악한다면 우리나라 삼국의 역사에서는 어떻게 서술할 수 있을지에 대해서도 자문하게 되었다. 향후 이러한 문제의식을 가지고 나의 연구를 확장시켜 볼 작정이다.

이 책이 간행될 때까지 많은 분들의 도움이 있었다. 먼저 좋은 책을 선물해 주시고 번역할 수 있도록 격려해 주신 이성시 선생님, 출판사를 소개시켜 주고 출간을 독려해 주신 경북대 주보돈 선생님과 동국대 윤선태 선생님, 『만엽집』을 비롯한 까다로운 문장의 해석을 도와주신 동국대 최연식 선생님께 감사드린다. 또 난삽한 문장을 꼼꼼하게 읽고 교정을 도와준 국립중앙박물관의 권강미·정미연 학예연구사, 이하나 님, 그리고 서울대 대학원의 최상기, 박지현 님, 동국대 대학원의 오택현 님에게도 감사를 표한다. 특히 어려운 여건 속에서도 출판을 맡아 주신 주류성 출판사의 최병식 사장을 비롯한 관계자 여러분께 감사드린다. 이 책이 한일 고대사의 비교 연구, 특히 목간을 중심으로 한 학제 간 연구에 조금이나마 도움이 되길 바란다.

2014년 6월

참고문헌

1. 이 책은 저자의 저서인 아스카 후지와라 목간의 연구(飛鳥藤原木簡の研究) (塙書房, 2010년)를 바탕으로 그 후의 식견을 더하여 쓴 것이다. 참고한 문헌이 방대하기 때문에 다음에서는 특별하게 관계 깊은 문헌만을 정리하였다. 특히 발굴 보고서나 도록 등은 거의 제시할 수 없었다.
2. 문헌을 제시할 때 부제는 생략했다. 또 나라(국립)문화재연구소는 나문연(奈文研), 나라현립카시하라고고학연구소는 강고연(橿考研)으로 약칭하였다.

□ 아스카 · 후지와라 경 출토 목간의 주요 사료 · 보고서

橿考研編,『奈良縣遺蹟調查概報1976年度』, 1977년

橿考研編,『奈良縣遺蹟調查概報1984年度(第2分冊)』, 1985년

橿考研編,『奈良縣遺蹟調查概報2001年度(第3分冊)』, 2002년

橿考研編,『飛鳥京跡 II 』, 1980년

橿考研編,『飛鳥京跡 V 』, 2012년

奈良縣教育委員會編,『藤原宮』, 1969년

奈良縣教育委員會編,『藤原宮跡出土木簡概報』, 1968년

奈文研編,『藤原宮木簡1~3』, 1978·1980·2012년

奈文研編,『飛鳥·藤原宮跡發掘調查出土木簡概報1~22』, 1973~2008년

奈文研編,『飛鳥藤原京木簡1·2』, 2007년, 2009년

奈文研編,『評制下荷札木簡集成』, 2006년

明日香村教育委員會編,『酒船石遺蹟發掘調查報告書』, 2006년

木簡學會編,『木簡研究』1~33, 1979년~2011년

木簡學會編,『日本古代木簡選』, 岩波書店, 1990년

木簡學會編,『日本古代木簡集成』, 東京大學出版會, 2003년

沖森卓也·佐藤信,『上代木簡資料集成』, おうふう, 1998년

□ 저자의 관계 문헌

市大樹,『飛鳥藤原木簡の研究』, 塙書房, 2010년

市大樹,「具注暦木簡の周邊」『季刊明日香風』88, 2003년

市大樹, 「明日香村石神遺蹟 最古の暦」『考古學ジャーナル』513, 2004년
市大樹, 「奈良文化財研究所都城發掘調査部[飛鳥藤原地區]における木簡整理」『日韓共同研究資料集 咸安城山山城木簡』(早稲田大學朝鮮文化研究所·國立加耶文化財研究所編), 雄山閣, 2009년
市大樹, 「木簡から『日本書紀』を讀み直す」『木簡から古代がみえる』(木簡學會編), 岩波新書, 2010년
市大樹, 「木簡からみた飛鳥·藤原の都」『古代の都1-飛鳥から藤原京へ』(木下正史·佐藤信編), 吉川弘文館, 2010년
市大樹, 「木簡からみた飛鳥寺」『季刊明日香風』119, 2011년
市大樹, 「飛鳥浄御原令について」『歴史と地理』645, 2011년

□ 머리말

古畑徹, 「7世紀末から8世紀初にかけての新羅·唐關係」『朝鮮學報』107, 1993년
菅沼愛語 · 菅沼秀夫, 「7世紀後半の「唐·吐蕃戦争」と東部ユーラシア諸國の自立への動き」『史窓』66, 2009년
鬼頭清明, 「壬申の亂と國際的契機」『大和朝廷と東アジア』, 吉川弘文館, 1994년
吉川眞司, 『シリーズ日本古代史③ 飛鳥の都』, 岩波新書, 2011년
奈文研編, 『飛鳥·藤原京展』, 朝日新聞社, 2002년
森公章, 『「白村江」以後』, 講談社選書メチエ, 1998년
倉本一宏, 「天智末年の國際關係と壬申の亂」『日本古代國家成立期の政權構造』, 吉川弘文館, 1997년
千田稔, 『飛鳥』, 中公新書, 2001년
和田萃, 『飛鳥』, 岩波新書, 2003년

□ 서장 1,300년의 시간을 넘어서

狩野久編, 『日本の美術160 木簡』, 至文堂, 1979년
新川登龜男, 「隼人制 と物部氏」『日本古代史を生きた人々』, 大修館書店, 2007년
井上和人, 「出土木簡籌木論」『日本古代都城制の研究』, 吉川弘文館, 2008년
冨谷至, 『木簡·竹簡の語る中國古代』, 岩波書店, 2003년
和田萃, 「木簡は語る」『木簡から古代がみえる』(앞 책)

□ 제1장 일본 최고의 목간

제1절 기년명 목간에서 찾기

舘野和己, 「釋迦三尊像台座から新發見の墨書銘」『伊珂留我』15, 1994년

吉川眞司, 「難波長柄豊碕宮の歷史的位置」『日本古代國家の史的特質 古代·中世』(大山喬平敎授退官記念會編), 思文閣出版, 1995년

渡邊晃宏, 「木簡の世紀以前」『推論機能を有する木簡など出土文字資料の文字自動認識システムの開發』(同編), 奈文研, 2008년

東野治之, 「7世紀以前の金石文」『大和古寺の研究』, 塙書房, 2011년

東野治之, 「法隆寺金堂釋迦三尊像の光背銘」『日本古代金石文の研究』, 岩波書店, 2004년

榮原永遠男, 「難波宮跡西北部出土木簡の諸問題」『大阪の歷史』55, 2000년

李成市, 「古代朝鮮の文字文化」『古代日本 文字の來た道』(平川南編), 大修館書店, 2005년

제2절 고고학적 입장에서 찾기

橋本義則, 「山田寺跡出土の木簡」『考古學ジャーナル』339, 1991년

東野治之, 「上之宮遺蹟と聖德太子の上宮」『大和古寺の研究』(앞 책)

川越俊一, 「藤原京條坊年代考」『研究論集 』, 奈文研, 2000년

제3절 일본에서 목간 사용의 시작

鎌田元一, 「暦と時間」『律令國家史の研究』, 塙書房, 2008년

橋本繁, 「古代朝鮮における『論語』受容再論」『韓國出土木簡の世界』(朝鮮文化研究所編), 雄山閣, 2007년

橋本繁, 「金海出土『論語』木簡と新羅社會」『朝鮮學報』193, 2004년

多田伊織, 「觀音寺遺蹟出土『論語』木簡の位相」『觀音寺遺蹟 I (觀音寺遺蹟木簡篇)』(財團法人德島縣埋藏文化財センター編), 2002년

東野治之, 「近年出土の飛鳥京と韓國の木簡」『日本古代史料學』, 岩波書店, 2005년

鈴木靖民, 「古代東アジアのなかの日本と新羅」『日本の古代國家形成と東アジア』, 吉川弘文館, 2011년

岸俊男, 「日本における「戸」の源流」『日本古代籍帳の研究』, 塙書房, 1973년
李成市, 「羅州伏岩里百濟木簡の基礎的研究」『日本古代の王權と東アジア』(鈴木靖民編), 吉川弘文館, 2012년
李成市, 「新羅の識字教育と『論語』」『漢字文化三千年』(高田時雄編), 臨川書店, 2009년
田中史生, 「6世紀の倭·百濟關係と渡來人」『百濟と倭國』(辻秀人編), 高志書院, 2008년
冨谷至, 「書記官への道」『文書行政の漢帝國』, 名古屋大學出版會, 2010년
平川南, 「百濟の都出土の「連公」木簡」『國立歷史民俗博物館硏究報告』153, 2009년
平川南編, 『古代日本の文字世界』, 大修館書店, 2000년

칼럼① 창고와 목간
滋賀縣立安土城考古博物館編, 『古代地方木簡の世紀』, 2008년
財團法人滋賀縣文化財保護協會·滋賀縣立安土城考古博物館編, 『古代地方木簡の世紀』, サンライズ出版, 2008년

ㅁ 제2장 다이카 개신은 있었는가

제1절 개신의 조의 신빙성
關晃, 『關晃著作集1·2 大化改新の研究 上·下』, 吉川弘文館, 1996년
吉村武彦, 「大化改新詔研究にかんする覺書」『千葉史學』1, 1982년
大山誠一, 『古代國家と大化改新』, 吉川弘文館, 1988년
大隅清陽, 「大化改新論の現在」『日本歷史』700, 2006년
大町健, 「律令制的國郡制の特質とその成立」『日本古代の國家と在地首長制』, 校倉書房, 1986년
門脇禎二, 『「大化改新」史論 上·下』, 思文閣出版, 1991년
山尾幸久, 『「大化改新」の史料批判』, 塙書房, 2006년
石上英一, 「大化改新論」『律令國家と社會構造』, 名著刊行會, 1996년
岸俊男, 「造籍と大化改新詔」『日本古代籍帳の研究』(앞 책)
野村忠夫, 『研究史 大化の改新(增補版)』, 吉川弘文館, 1978년

原秀三郎,『日本古代國家史研究』, 東京大學出版會, 1980년
井上光貞,『井上光貞著作集1 日本古代國家の研究』, 岩波書店, 1985년
井上光貞,『井上光貞著作集 4 大化前代の國家と社會』, 岩波書店, 1985년
鐘江宏之,「「國」制の成立」『日本律令制論集 上』(笹山晴生先生還曆記念會編), 吉川弘文館, 1993년
津田左右吉,「大化改新の研究」『津田左右吉全集3』, 岩波書店, 1963년
坂本太郎,『坂本太郎著作集6 大化改新』, 吉川弘文館, 1988년

제2절 을축년 하찰목간의 충격

鎌田元一,「7世紀の日本列島」『律令公民制の研究』, 塙書房, 2001년
龜谷弘明,「乙丑年木簡と「五十戸」制について」『古代木簡と地域社會の研究』, 校倉書房, 2011년
吉川眞司,「律令体制の形成」『日本史講座1 東アジアにおける國家の形成』(歷史學研究會·日本史研究會編), 東京大學出版會, 2004년
吉川眞司,「税の貢進」『文字と古代日本3 流通と文字』(平川南ほか編), 吉川弘文館, 2005년
狩野久,「律令國家の形成」『日本古代の國家と都城』, 東京大學出版會, 1990년
狩野久,「法隆寺幡の年代について」『發掘文字が語る 古代王權と列島社會』, 吉川弘文館, 2010년
岩宮隆司,「律令里制の歷史的前提」『ヒストリア』169, 2000년
早川庄八,「律令制の形成」『天皇と古代國家』, 講談社學術文庫, 2000년

제3절 하찰목간에서 본 군-평-오십호제

南部昇,「庚午年籍と西海道戸籍無姓者」『日本古代戸籍の研究』, 吉川弘文館, 1992년
山中敏史,「評制の成立過程と領域區分」『考古學の學際的研究』, 昭和堂, 2001년
森公章,「7世紀の荷札木簡と税制」『木簡研究』28, 2006년
岸俊男,「「白髮部五十戸」の貢進物付札」『日本古代文物の研究』, 塙書房, 1988년
佐々木惠介,「律令里制の特質について」『史學雜誌』95-2, 1986년
直木孝次郎,「「五十戸造」と五十戸一里制」『飛鳥奈良時代の考察』, 高科書店, 1996년
淺野啓介,「庚午年籍と五十戸制」『日本歷史』698, 2006년

平野邦雄,『大化前代政治過程の研究』, 吉川弘文館, 1985년
浦田(義江)明子「編戸制の意義」『史學雜誌』81-2, 1972년
荒井秀規,「領域區画としての國·評(郡)·里(郷)の成立」『古代地方行政單位の成立と在地社會』(奈文研編), 2009년

칼럼② 구카이(空海)의 출신지

東野治之,「大和文化館所藏の延暦二十四年太政官符」『日本古代史料學』(앞 책)

ㅁ 제3장 덴무 천황과 지토 천황의 왕궁

제1절 일본 최고의 역

岡田芳朗,「日本最古の暦」『歷史研究』503, 2003년
吉川眞司,「律令体制の展開と列島社會」『列島の古代史8 古代史の流れ』(上原眞人ほか編), 岩波書店, 2006년
細井浩志,「奈良時代の暦に關する覺書」『朱』45, 2002년
新川登龜男,「アジアの中の新發見具注暦木簡」『月刊しにか』163, 2003년
原秀三郎,「静岡縣城山遺蹟出土の具注暦木簡について」『木簡研究』3, 1981년
竹内亮,「木に記された暦」『木簡研究』26, 2004년

제2절 이시가미 유적의 성격

鎌田元一,「暦と時間」(앞 책)
今泉隆雄,「飛鳥の漏刻臺と時刻制の成立」『古代宮都の研究』(앞 책)
今泉隆雄,「飛鳥の須彌山と齋槻」『古代宮都の研究』, 吉川弘文館, 1993년
森公章,「民官と部民制」『弘前大學國史研究』118, 2005년
相原嘉之,「飛鳥古京の攻防」『琵琶湖と地域文化』(林博通先生退任記念論集刊行會編), サンライズ出版, 2011년
岸俊男,「皇子たちの宮」『古代宮都の探求』, 塙書房, 1984년
千田稔,「小墾田·飛鳥·橘」『古代日本の歷史地理學的研究』岩波書店, 1991년

제3절 아스카 기요미하라 궁의 모습

橿考研編, 『飛鳥京跡苑池遺構調査概報』, 學生社, 2002년

龜田博, 「飛鳥浄御原宮の諸問題」『日韓古代宮都の研究』, 學生社, 2000년

金子裕之, 「宮と後苑」『瓦衣千年』(森郁夫先生還曆記念論文集刊行會編), 眞陽社, 1999년

東野治之, 「近年出土の飛鳥京と韓國の木簡」(앞 책)

林部均, 『古代宮都形成過程の研究』, 青木書店, 2001년

林部均, 『飛鳥の宮と藤原京』(歷史文化ライブラリー), 吉川弘文館, 2008년

森公章, 「二條大路木簡と門の警備」『長屋王家木簡の基礎的研究』, 吉川弘文館, 2000년

相原嘉之, 「飛鳥浄御原宮の宮城」『明日香村文化財調査研究紀要』3, 2003년

小澤毅, 「飛鳥の朝廷」『史跡で讀む日本の歷史3 古代國家の形成』(森公章編), 吉川弘文館, 2010년

小澤毅, 『日本古代宮都構造の研究』. 青木書店, 2003년

野村忠夫, 「村國連氏と身毛君氏」『律令官人制の研究(增訂版)』, 吉川弘文館, 1970년

伊佐治康成, 「苑池と「嶋官」」『日本歷史』671, 2004년

竹内亮, 「春日寺考」『シリーズ歩く大和 I 古代中世史の探究』(大和を歩く會編), 法藏館, 2007년

鶴見泰壽, 「飛鳥京跡苑池遺構出土木簡」『奈良縣遺蹟調査概報2001年度(第3分冊)』(앞 책)

和田萃, 「飛鳥岡について」『橿原考古學研究所論集 創立35周年記念』(橿考研編), 吉川弘文館, 1975년

칼럼③ 이시가미 유적 출토 정목

竹内亮, 「文書用界線割付定木二態」『奈文研紀要2004』, 2004년

□ 제4장 아스카의 종합 공방

제1절 후혼센을 주조한 공방

橋本義則, 「1991年出土の木簡 奈良·飛鳥池遺蹟」『木簡研究』14, 1992년

掘部猛,「工房の運營」『文字と古代日本3 流通と文字』(앞 책)
吉川眞司,「飛鳥池木簡の再檢討」『木簡研究』23, 2001년
飛鳥資料館編,『飛鳥池遺蹟』, 2000년
寺崎保広,「飛鳥池遺蹟とその木簡」『古代日本の都城と木簡』, 吉川弘文館, 2006년
杉山洋,「飛鳥池遺蹟」『唐式鏡の研究』, 鶴山堂, 2003년
松村惠司,『日本の美術512 出土錢貨』, 至文堂, 2009년
直木孝次郎·鈴木重治編,『飛鳥池遺蹟』, ケイ アイ メディア, 2000년
直木孝次郎·鈴木重治編,『飛鳥池遺蹟と龜形石』, ケイ アイ メディア, 2001년
花谷浩,「飛鳥池工房の發掘調査成果とその意義」『日本考古學』8, 1999년

제2절 아스카이케 공방의 성격
加藤謙吉,『大和の豪族と渡來人』(歷史文化ライブラリー), 吉川弘文館, 2002년
古尾谷知浩,「古代の鑄銅」『文獻史料·物質資料と古代史研究』, 塙書房, 2010년
上原眞人,「寺院造營と生產」『シリーズ都市·建築·歷史1 記念的建造物の成立』(鈴木博之ほか編), 東京大學出版會, 2006년
十川陽一,「內匠寮について」『續日本紀研究』377, 2008년
坂靖·青柳泰介,『シリーズ「遺蹟を學ぶ」79 葛城の王都-南鄕遺蹟群』, 新泉社, 2011년
舘野和己,「史料に見える葛城の漢人と金屬技術者たち」『ヤマトの開發史(1)』(奈良女子大學21世紀COEプログラム報告集17), 2007년

칼럼④ 임신기 편찬 때의 목간일까
岸俊男,「飛鳥出土の木簡削片」『季刊明日香風』17, 1986년
岸俊男,「最近發見の飛鳥木簡について」『日本と東アジアの考古學一』, 橿考研史友會, 1987년

□ 제5장 아스카데라의 다채로운 활동

제1절 아스카데라와 도쇼
宮川伴子,「道昭と黃文連本實」『『親信卿記』の研究』(佐藤宗諄先生退官記念論文集刊行會編), 思文閣出版, 2005년

吉川眞司, 「飛鳥池木簡の再検討」(앞 책)
松木裕美, 「飛鳥寺と飛鳥池遺蹟出土木簡」『日本宗教文化史研究』6-2, 2002년
新川登龜男, 「古代日本からみた東アジアの漢字文化とメンタリティの多様な成り立ち」『古代文字史料の中心性と周縁性』(立教大學東アジア地域環境問題研究所ほか編), 春風社, 2006년
伊藤敬太郎·竹内亮, 「飛鳥池遺蹟出土の寺名木簡について」『南都佛教』79, 2000년
竹内亮, 「大寺制の成立と都城」『古代都城のかたち』(舘野和己編), 同成社, 2009년
花谷浩, 「飛鳥寺東南禪院とその創建瓦」『瓦衣千年』(앞 책)
和田萃, 「船氏の人々」『ものがたり日本列島に生きた人々たち3 文書と記録 上』(網野善彦編集協力) 岩波書店, 2000년

제2절 종교·의료·경제 활동

犬飼隆, 『木簡による日本語書記史(2011 訂版)』, 笠間書院, 2011년
犬飼隆, 『漢字を飼い慣らす』, 人文書館, 2008년
飛鳥資料館編, 『木簡黎明』, 2010년
濵修·山本崇, 「1977년以前出土の木簡 滋賀·北大津遺蹟」『木簡研究』33, 2011년
小川環樹·木田章義注解, 『千字文』, 岩波文庫, 1997년
勝浦令子, 「7·8世紀の佛教救濟活動」『史論』54, 2001년
新川登龜男, 「「天皇」木簡を考える」『月刊しにか』127, 2000년

칼럼⑤ 만엽가를 새긴 목간

犬飼隆, 『木簡から探る和歌の起源』, 笠間書院, 2008년
鈴木喬, 「「あさなぎ木簡」における「也」字」『美夫君志』82, 2011년
森岡隆, 「萬葉集を記した7世紀後半の木簡の出現」『書の美』73, 2008년
榮原永遠男, 『萬葉歌木簡を追う』, 和泉書院, 2011년

□ 제6장 후지와라 경의 탄생

제1장 오랜 조영 공사

鎌田元一, 「平城遷都と慶雲三年格」『律令公民制の研究』(앞 책)

橋本義則, 「「藤原京」造營試考」『研究論集IX』(앞 책)
鬼頭清明, 「藤原宮下層大溝出土の木簡について」『日本歷史』374, 1979년
吉川眞司, 「7世紀宮都史研究の課題」『日本史研究』507, 2004년
吉村武彦, 「地名·固有名と數字」『古代史の新展開』, 新人物往來社, 2005년
金子裕之, 「飛鳥·藤原京と平城京」『都城制研究(1)』(奈良女子大學21世紀COEプログラム報告集), 2007년
木下正史, 『藤原京』, 中公新書, 2003년
木下正史, 『飛鳥幻の寺, 大官大寺の謎』, 角川選書, 2005년
寺崎保広, 『藤原京の形成』(日本史リブレット), 山川出版社, 2002년
小澤毅, 「寺名比定とその沿革」『吉備池廢寺發掘調查報告』(奈良文化財研究所編), 2003년
小澤毅, 「平城宮中央區大極殿地域の建築平面」『日本古代宮都構造の研究』(앞 책)
仁藤敦史, 「倭京から藤原京へ」『古代王權と都城』, 吉川弘文館, 1998년

제2장 후지와라 경의 거리

吉川眞司, 「王宮と官人社會」『列島の古代史3 社會集團と政治組織』(上原眞人ほか編), 岩波書店, 2005년
東野治之, 「藤原不比等傳再考」『坪井清足先生卒壽記念論文集 下』(坪井清足先生の卒壽をお祝いする會編), 明新社, 2010년
露口眞広·平岩欣太·竹内亮, 「2003年出土の木簡 奈良·藤原京跡」『木簡研究』26, 2004년
小澤毅, 「古代都市「藤原京」の成立」『日本古代宮都構造の研究』(앞 책)
松村惠司, 「墨書土器の出現と展開」『駿台史學』117, 2003년
岸俊男, 「緊急調查と藤原京の復原」『日本古代宮都の研究』, 岩波書店, 1988년
岸俊男, 「皇子たちの宮」(앞 책)
竹本晃, 「2006年出土の木簡 奈良·藤原京跡」『木簡研究』29, 2007년
竹本晃, 「京職と祈雨祭祀」『奈文研紀要2008』, 2008년
中村太一, 「藤原京と『周禮』王城プラン」『日本歷史』582, 1996년
村井康彦, 「官衙町の形成と變質」『古代國家解体過程の研究』, 岩波書店, 1965년
제3장 도시 문제의 발생과 신앙

吉野祐子,「藤原京右京區出土木簡の推理」『東アジアの古代文化』80, 1994년
露口眞広·橋本義則,「1993年出土の木簡 奈良·藤原京跡右京九條四坊」『木簡研究』16, 1994년
三上喜孝,「古代地方社會における曆」『日本歷史』633, 2001년
松村惠司,「藤原宮呪符木簡に描かれた星座」『季刊明日香風』61, 1997년
和田萃,「下ツ道と大祓」『日本古代の儀禮と祭祀·信仰 中』, 塙書房, 1995년
丸山裕美子,「年料雜藥の貢進と官人の藥」『日本古代の醫療制度』, 名著刊行會, 1998년
黒岩重人,「藤原京出土木簡と陰陽五行」『東アジアの古代文化』80, 1994년

□ 제7장 일본 고대국가의 전환점

제1절 1,300년 후의 대발견

今泉隆雄,「門牓制·門籍制と木簡」『古代木簡の研究』, 吉川弘文館, 1998년
露口眞広·橋本義則,「1994年出土の木簡 奈良·藤原京跡左京七條一坊東南坪」『木簡研究』17, 2005년
阿部健太郎·内田和伸,「射禮とその復原に關する基礎的研究」『遺蹟學研究』1, 2004년
稻垣垣彰,「「善事」と「善言」」『續日本紀研究』370, 2007년

제2절 획기로서의 701년

鬼頭清明,「藤原宮木簡と新羅の書風」『古代木簡の基礎的研究』, 塙書房, 1993년
大隅清陽,「大寶律令の歷史的位相」『日唐律令比較研究の新段階』(大津透編), 山川出版社, 2008년
東野治之,「藤原宮木簡の書風について」『日本古代木簡の研究』, 塙書房, 1983년
東野治之,「木簡に現われた「某の前に申す」という形式の文書について」『日本古代木簡の研究』(앞 책)
東野治之,「日出処·日本·ワークワーク」『遣唐使と正倉院』, 岩波書店, 1992년
鈴木靖民,「日本律令の成立と新羅」『倭國史の展開と東アジア』, 岩波書店, 2012년
岸俊男,「大寶令と木簡」『日本古代文物の研究』(앞 책)

尹善泰, 「木簡からみた漢字文化の受容と變容」『東アジア古代出土文字資料の研究』(工藤元男·李成市編), 雄山閣, 2009년
尹善泰, 「月城垓字出土新羅木簡に対する基礎的検討」『韓國出土木簡の世界』(앞 책)
李成市, 「新羅文武·神文王代の集權政策と骨品制」『日本史研究』500, 2004년
李成市, 「韓國出土の木簡について」『木簡研究』19, 1997년
井上光貞, 「日本律令の成立とその注釋書」『井上光貞著作集2 日本古代思想史の研究』, 岩波書店, 1985년
早川庄八, 「公式様文書と文書木簡」『日本古代の文書と典籍』, 吉川弘文館, 1997년
早川庄八, 「飛鳥浄御原「官員令」私考」『日本古代の政治と文化』(青木和夫先生還曆記念會編), 吉川弘文館, 1987년
早川庄八, 『古典講讀シリーズ 續日本紀』, 岩波セミナーブックス, 1993년
鐘江宏之, 「口頭傳達と文書·記録」『列島の古代史6 言語と文字』(上原眞人ほか編), 岩波書店, 2006년
鐘江宏之, 「藤原京造營期の日本における外來知識の摂取と內政方針」『東アジア海をめぐる交流の歴史的展開』(鐘江宏之·鶴間和幸編), 東方書店, 2010년
鐘江宏之, 『日本の歴史3 律令國家と萬葉びと』, 小學館, 2008년
直木孝次郎, 「大寶令前官制についての二·三の考察」『飛鳥奈良時代の考察』(앞 책)
直木孝次郎, 「飛鳥浄御原令と大寶令」『市大日本史』2, 1999년

칼럼⑦ 두 명의 환속승
關晃, 「遣新羅使の文化史的意義」『關晃著作集3 古代の歸化人』, 吉川弘文館, 1996년
佐伯有清, 「山上氏の出自と性格」『日本古代氏族の研究』, 吉川弘文館, 1985년

ㅁ 일본 고대 목간의 일반서적
國立歴史民俗博物館編『, 古代日本 文字のある風景』, 朝日新聞社, 2002년
鬼頭清明, 『木簡』, 考古學ライブラリー, ニュー サイエンス社, 1990년
鬼頭清明, 『木簡の社會史』, 講談社學術文庫, 2004년
大庭脩編, 『木簡』, 大修館書店, 1998년
渡邊晃宏, 『平城京1300年「全検証」』, 柏書房, 2010년
東野治之, 『木簡が語る日本の古代』(同時代ライブラリー), 岩波書店, 1997년

岸俊男,『宮都と木簡』, 吉川弘文館, 1977년
鐘江宏之,『地下から出土した文字』日本史リブレット, 山川出版社, 2007년
佐藤信,『木簡から讀み解く平城京』, 日本放送出版協會, 2010년
平野邦雄·鈴木靖民編,『木簡が語る古代史 上·下』吉川弘文館, 1996·2000년
横田拓實·鬼頭清明,『古代史演習 木簡』, 吉川弘文館, 1979년

□ 일본 고대 목간의 전문서적

高島英之,『古代出土文字資料の研究』, 東京堂出版, 2000년
鬼頭清明,『古代木簡と都城の研究』, 塙書房, 2000년
奈文研編,『長屋王家·二條大路木簡を讀む』, 吉川弘文館, 2010년
大山誠一,『長屋王家木簡と金石文』, 吉川弘文館, 1998년
東野治之,『長屋王家木簡の研究』, 塙書房, 1996년
東野治之,『正倉院文書と木簡の研究』, 塙書房, 1977년
小谷博泰,『木簡·金石文と記紀の研究』, 和泉書院, 2006년
小谷博泰,『木簡と宣命の國語學的研究』, 和泉書院, 1986년
小谷博泰,『上代文學と木簡の研究』, 和泉書院, 1999년
佐藤信,『古代の遺蹟と文字資料』, 名著刊行會, 1999년
佐藤信,『日本古代の宮都と木簡』, 吉川弘文館, 1997년
佐藤信,『出土史料の古代史』, 東京大學出版會, 2002년
竹内理三編,『伊場木簡の研究』, 東京堂出版, 1981년
八木充,『日本古代出土木簡の研究』, 塙書房, 2009년
平川南,『古代地方木簡の研究』, 吉川弘文館, 2003년

□ 나라문화재연구소에서는 목간 종합 커뮤니티 '목간 광장(木簡ひろば)'을 인터넷 상에서 공개하고 있다(http://hiroba.nabunken.go.jp/index.html). '목간 데이터베이스' 등 각종 데이터베이스, 목간 문자 자동인식 시스템 'Mokkanshop' 그 밖의 목간에 관한 유용한 정보를 얻을 수 있다.

□ 주요 도판 제공 · 출전 일람

나라문화재연구소

오사카부문화재센터
나라현립카시하라고고학연구소
森公章篇, 『史跡で讀む日本の歷史3 古代國家の形成』, 吉川弘文館, 2010년
목간학회편, 『목간연구』 제26호, 2004년
국립문화재연구소편, 『한일문화재연구논집』 I , 2008년

※ 이 책의 한국어판 출간을 위해 나라문화재연구소를 비롯한 일본의 주요 소장처로부터 관련 사진을 무상으로 제공받았음을 밝히며 진심으로 감사를 표한다.

아스카의 목간 관련 연표

581	양견(문제), 북주에서 선양을 받아 수隋를 건국
587	요메이(用命) 천황 죽음. 소가노 우마코(蘇我馬子)가 모노노베모리야(物部守屋)를 멸망시킴. 스슌(崇峻) 천황 즉위
588	아스카데라(飛鳥寺)의 조영 개시
589	수, 진陳을 멸망시키고 중국을 통일함
592	스슌 천황 암살. 스이코(推古) 천황이 도유라 궁(豊浦宮)에서 즉위
600	처음 견수사遣隋使 파견
602	백제 승 관륵觀勒이 역본 · 천문지리서 · 둔갑방술서를 가져옴
603	오하리다 궁(小墾田宮)으로 옮김. 관위冠位 12계의 제정
604	헌법 17조 제정. 역일曆日을 처음 이용함
607	오노노이모코(小野妹子)를 수나라에 파견(이듬해 수사隋使 배세청裵世清이 일본에 옴)
612	백제인 미마지未摩之가 기악伎樂을 전함
618	수 양제 살해. 이연(고조), 수에서 선양을 받아 당唐을 건국
620	「천황기天皇記」「국기國記」의 편찬
622	쇼토쿠 태자(聖德太子) 죽음
628	스이코 천황 죽음
	당 태종, 중국을 통일함
629	죠메이(舒明) 천황 즉위
630	처음 견당사遣唐使 파견. 아스카 오카모토 궁(飛鳥岡本宮)으로 옮김
	동돌궐東突厥의 멸망
636	아스카 오카모토 궁 소실. 다나카 궁(田中宮)으로 옮김. 조참朝参의 제
639	구다라 궁(百濟宮) · 구다라오데라(百濟大寺) 조영 개시
640	구다라 궁으로 옮김
	고창국高昌國의 멸망
641	야마다데라(山田寺) 조성 개시. 죠메이 천황 죽음
642	교고쿠(皇極) 천황 즉위

백제 의자왕이 신라를 공격. 고구려에서 쿠테타가 일어남

643 아스카 이타부키 궁(飛鳥板蓋宮)으로 옮김. 소가노 이루카(蘇我入鹿)가 야마시로노오에왕(山背大兄)을 급습(상궁왕가上宮王家 멸망 사건)

645 나카노오에(中大兄) 황자 · 나카토미노 가마타리(中臣鎌足), 소가노 이루카를 살해, 소가노 에미시(蘇我蝦夷)를 자살하게 함(을사의 변 · 다이카(大化) 개신). 교고쿠 천황 퇴위. 고토쿠(孝德) 천황 즉위. 나니와 궁(難波宮)으로 옮김

646 다이카 개신(大化改新)의 조詔. 부민部民 폐지의 조

647 나니와 오고리 궁(難波小郡宮)으로 옮김. 예법의 제정. 13계 관위제의 제정

649 19계 관위제의 제정. 소가노쿠라야마다노 이시카와노마로(蘇我倉山田石川麻呂)의 모반 사건. 전국에 평評을 세움

652 나니와 나가라토요사키 궁(難波長柄豊碕宮)의 완성

653 도쇼(道照)의 입당. 나카노오에 황자를 나니와에 남기고 아스카 시모베(河邊) 행궁으로 옮김

654 고토쿠 천황 죽음

655 사이메(齊明) 천황 즉위(다시 즉위함). 아스카 이타부키 궁 소실. 아스카 가와라 궁(飛鳥川原宮)으로 옮김

656 노치노 아스카 오카모토 궁(後飛鳥岡本宮)으로 옮김

658 아베노 히후라(安倍比羅夫)의 원정(659 660년에도). 치타쓰(智達)의 입당. 아리마(有間) 황자의 모반

660 나카노오에 황자, 물시계(漏刻)를 설치

백제의 멸망

---

661 사이메 천황 등이 백제 구원을 위해 기타큐슈로. 사이메 천황 죽음. 나카노오에 황자의 칭제稱制. 도쇼의 귀국

663 백제 구원에 참가한 일본군이 당·신라 연합군에게 참패(백촌강 전투)

664 갑자甲子의 선宣(26계 관위제, 씨상제氏上制, 민부民部 가부家部의 제). 방인防人의 배치

667 오우미 오쓰 궁(近江大津宮)으로 옮김

668 덴지(天智) 천황의 즉위

고구려의 멸망

670 경오년적庚午年籍의 작성

신라, 고구려의 유민 반란을 원조. 신라, 당 지배하의 백제 옛 영토로 진출. 토번吐藩, 당을 침공

671 관위官位 법도法度의 일(오우미 령(近江令)의 시행. 오아마(大海人) 황자, 요시노(吉野)로. 당나라 사신 곽무종郭務悰이 내항(신라 출병 요청일까). 덴지 천황의 죽음

672 오아마 황자가 거병하여 오우미 조정·오토모 황자를 멸망시킴(임신의 난) 오아마 황자, 노치노 아스카 기요미하라 궁(→아스카 기요미하라 궁(飛鳥淨御原宮))으로 옮김

당과 신라의 전쟁 격화

673 덴무(天武) 천황의 즉위. 가와라데라(川原寺)에서 일체경一切經의 서사 개시. 구다라오데라를 다케치(高市)로 이전. 아스카데라에 봉호奉戶 1,700호 시입

675 점성태占星台 설치. 부곡部曲의 폐지

신라, 당에 승리

676 신성新城(후지와라 경(藤原京))의 조영에 착수하지만 중지

신라, 실질적으로 한반도를 통일

677 야마토노아야노 아타이(東漢直)를 질책하는 조. 아스카데라에서 재회齋會를 거행하고 일체경을 독경함

678 이 무렵 아스카이케(飛鳥池) 공방이 조업을 본격화

---

681 기요미하라 령(淨御原令)의 편찬 개시. 구사카베(草壁) 황자를 태자로 세움. 제기帝記·상고제사上古諸事의 기록 편찬을 명함(나중의 일본서기 편찬 개시)

682 『신자新字』의 편찬 개시. 신성(후지와라 경)의 조영 재개

683 은전 사용을 정지하고 동전으로 일체화(이미 후혼센(富本錢)은 주조). 국경획정사업(~685년). 복도제複都制를 선언하고 나니와 경을 부도部都로 지정

684 '궁실宮室의 땅'(후지와라 경)의 정식 결정. 팔색八色의 성姓 제정

685 48계 관위제의 시행

686 나니와 궁의 소실. 민관民官의 소실. 덴무 천황의 죽음. 오쓰 황자의 모반

689 구사카베 황자의 죽음. 기요미하라 령을 제사諸司에 배포. 호적 작성의 명령. 중시中市에서 포상

690 지토(持統) 천황의 즉위. 후지와라 경의 조영 재개. 경인년적庚寅年籍의 작성. 원가력元嘉曆과 의봉력儀鳳曆의 병용

　　당에서 측천무후 즉위하여 국호를 주周로 함

694 후지와라 경으로 옮김

696 다케치 황자의 죽음

697 가루(珂瑠) 황자를 태자로 세움. 지토 천황의 양위. 몬무(文武) 천황의 즉위

698 　　발해가 일어남

700 도쇼의 죽음. 다이호 령(大寶令)의 완성

---

701 '문물의 의儀가 이때 갖추어졌다'고 칭해지는 원일조하元日朝賀의 실시. 다이호 견당사의 임명. 다이호 령의 시행. 다이호 률의 완성. 오비토(首) 황자 · 아스카베히메(安宿媛)의 탄생

702 다이호 률의 시행. 다이호 견당사의 파견. 지토 태상천황의 죽음

703 이 무렵 후지와라 궁의 대극전 조당원 지구가 완성됨. 동시東市 · 서시西市의 설치

704 다이호 견당사의 귀국. 후지와라 경의 폐도廢都를 결정

706 다이호 령의 여러 제도를 고침

707 몬무 천황의 죽음. 겐메이(元明) 천황의 즉위

708 헤이죠 천도의 조. 후지와라노 후히토가 우대신右大臣이 됨. 와도카이친(和同開珎)의 발행

710 헤이죠 경(平城京)으로 옮김

아스카의 목간

일본 고대사의 새로운 해명

지은이 | 이치 히로키

옮긴이 | 이병호

펴낸이 | 최병식

펴낸날 | 2014년 11월 27일

펴낸곳 | 주류성출판사

주소 | 서울특별시 서초구 강남대로 435(서초동 1305-5) 주류성빌딩 15층

전화 | 02-3481-1024(대표전화) 팩스 | 02-3482-0656

홈페이지 | www.juluesung.co.kr

값 18,000원

잘못된 책은 교환해 드립니다.

ISBN 978-89-6246-226-5 93910